장애아동 교육을 위한

가족참여와 지원

최민숙 지음

2판

2판 서문

누구나 복잡한 조건 없이 아이를 세상에 태어나게 할 수 있다. 그러나 태어난 아이를 잘 키워 내는 일은 세상에서 가장 힘들고 복잡한 일이다. 행복한 아이로 키워내는 것, 이 세상의 한편에 아이의 자리를 마련해 주는 것……. 이것은 모든 부모님들이 갖는 자녀에 대한 최소한의 소망일 것이다. 이 작은 소망은 어떤 가정에서는 자연스러운 일상을 통해 커다란 노력 없이 이루어지지만 어떤 가정에서는 많은 노력이 필요한 일이기도 하다.

아이들은 저마다 다 독특하고 특별한 요구들을 갖고 있다. 차이가 있다면 어떤 요구는 충족시키기 쉬우나 어떤 요구는 충분히 충족시키기 어렵다는 것이다. 충족시키기 어려운 특별한 요구를 가진 아이들을 키워내는 일은 그들의 복잡한 요구만큼 많은 준비가 필요하다. 아동의 요구가 복잡하면 복잡할수록 부모와 전문가는 한 팀이 되어 아이에게 필요한 요구를 충족시켜 주기 위해 노력하게 된다.

그러나 전문가와 부모가 한 팀이 되어 일을 한다는 것은 쉽지 않으며, 긍정적이고 효율적인 측면만 있는 것도 아니다. 전문가는 부모와 협력하기 위해 더 많은 것을 계획해야 하며, 부모는 지금까지 전문가에게 일임했던 자녀의 교육에 관한 일들에 관여해야 한다는 뜻이다. 따라서 전문가는 가족참여를 효율적으로 운영하기 위해 가족참여와 관련된 지식을 갖고 있어야 하고, 가족이 효율적으로 참여할 수 있도록 많은 지원을 제공해야 한다. 가족 또한 전문가와 함께 일하며 협력하기 위해 많은 노력을 기울여야 한다.

이 책은 현장에서 장애아동을 교육하거나 치료하는 전문가들을 위해서 저술된 것으로 장애아동을 자녀로 둔 부모를 잘 활용하고 지원하는 방법을 제시하였다.

이 책은 5개의 장으로 구성되었으며, 제1장에서는 가족참여가 중요시된 이론적인 배경에 대해서 서술하였고, 제2장은 장애아동 가족의 이해를 돕기 위하여 부모, 형제자매의 현실적, 심리적 문제를 서술하였다. 제3장은 효율적인 가족참여를 저해시키는 가족변인과 학교변인에 대해서 서술하였으며, 제4장은 가족참여 방법에 대하여

서술하였다. 제4장에서 제시한 다양한 가족참여 방법은 장애아동의 가족상황을 고려해 본다면 가족지원 없이는 효율적으로 운영될 수 없다. 제5장은 제2장에서 제시한 장애아동 가족의 문제점을 바탕으로 가족기능을 원활하게 하기 위한 가족지원 방법에 대해 서술하였다. 마지막으로 부록에는 장애아동의 가족을 지원하기 위한 법적 근거인 장애인복지법과 장애인 복지시책, 전국의 장애인복지관에서 제공하는 실제적인 가족지원 프로그램 등을 참고자료로 수록하였다.

마지막으로 이 작은 책이 장애아동을 둔 가족과 전문가가 협력하여 아동을 교육시키는 데 도움이 되길 바라는 작은 소망을 가져 보며, 하나님의 축복이 그들과 함께 하기를 기원한다.

2007년

최민숙

차 례

제1장 가족참여의 태도에 영향을 준 요인 11

1. 장애아동의 거취 변화 15
2. 가족의 보조교사 및 협력교사모델 16
3. 생태학 19

제2장 장애아동과 가족 그리고 지역사회 23

1. 장애아동이 가족생활에 미치는 영향 27
   1) 부모에게 미치는 영향 29
   2) 형제자매에게 미치는 영향 40
2. 지역사회와 장애아동의 가족 58

제3장 가족참여를 저해하는 변인과 교사의 역할 67

1. 가족과 전문가의 관계 변화 69
   1) 비전문가인 가족 70
   2) 전문가의 보조교사인 가족 70
   3) 전문가의 협력자인 가족 73
2. 가족참여를 저해하는 변인 75
   1) 가족변인 76
   2) 교사변인 80
3. 가족참여와 특수교사의 역할 변화 82
4. 가족참여의 효율적 운영을 위한 교사의 태도 85

제4장 가족참여 방법 93

1. 보조교사 100
2. 협력교사 105
3. 자원봉사자 105
4. 전화와 서신을 통한 참여 108
   1) 간단한 하루의 전체평가 108
   2) 주기적 수행평가 109
   3) 전화상담 111
5. 소식지 112
6. 부모 · 교사모임 113
   1) 아동의 수행평가를 위한 모임 114

2) IEP 계획을 위한 모임 114

7. 부모모임(비형식적 모임) 116

1) 어머니와 어린이 모임 117
2) 부모들의 저녁모임 120
3) 부모들만의 모임 122

8. 부모교육(교사역할을 위한 부모훈련) 123

1) 부모교육의 운영계획 127
2) 부모교육에 대한 부모의 요구 127
3) 부모교육 운영방법 133
4) 부모교육 프로그램 134

제5장 가족지원과 개별화 가족서비스 계획 161

1. 스트레스 유발과정 및 대처전략 165

1) 중복 ABCX 모델 165
2) 인지현상학적 이론 167

2. 자원과 가족기능의 관계 169

3. 가족강화모델에 기초한 Dunst, Trivette, Deal의 가족지원 프로그램 173

1) 가족지원의 원리 175
2) 가족지원 프로그램을 구성할 때 포함되는 요소들 176
3) 가족지원 프로그램의 실행 177

4. 가족지원의 실제 197

1) '장애인복지법'에 근거한 가족지원 197
2) '장애인 등에 대한 특수교육법'에 근거한 가족지원 210
3) 기타 가족지원 사례 213

4) 미국의 가족지원 사례 231

5. 개별화 가족서비스 계획 233

1) 개별화 가족지원 계획의 의의 233
2) 개별화 가족서비스 계획의 구성요소 236

부 록 253

부록 1. 시도별 복지관에서 실시하는 가족지원 내용 255

부록 2. 장애인복지법 273

부록 3. 장애인복지시책 315

찾아보기 333

제1장

가족참여의 태동에 영향을 준 요인

1. 장애아동의 거취 변화
2. 가족의 보조교사 및 협력교사모델
3. 생태학

제 1 장

가족참여의 태동에 영향을 준 요인[1]

특수교육의 패러다임은 시대적 상황에 따라서 변화되어 왔다. 특수교육의 초창기인 1960년대에는 '의학적 모델' 에 의해 '아동' 그 자체에만 교육의 초점이 맞추어진 '아동중심교육(child-centered)' 이었다.

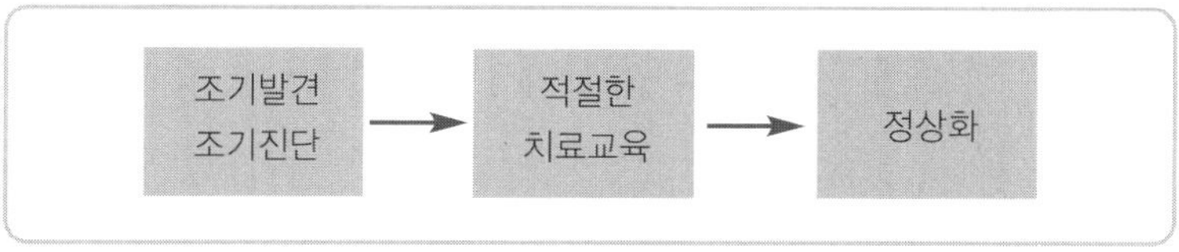

[그림 1-1] 의학적 모델

의학적 모델이란 [그림 1-1]에서와 같이 장애상태를 하나의 질병

1) 제1장은 특수교육연구, 제6집에 실린 최민숙의 논문인 「가족중심 유아특수교육의 태동과 가족참여의 효율성을 저해시키는 변인」의 많은 부분이 재인용되었음.

으로 간주한 치료모델이다. 정확한 조기진단에 의거해서 되도록 빠른 시기에 적절한 치료교육이 이루어질 경우 정상화가 이루어진다고 가정한다. 이러한 의학적 모델하에 수많은 진단도구들이 제작되고, 적절한 치료방법과 교육 프로그램들이 개발되었다(Schlack, 1987). 의학적 모델에 입각한 '아동중심교육' 에서의 전문가들의 관심은 비장애아동의 발달에 근거하여 각각의 장애아동의 발달이 얼마나 지체되어 있으며, 그 지체된 영역을 어떤 교육방법으로 교육할 것인가? 등의 아동과 관련된 문제였다.

그러나 아동중심교육은 기대했던 만큼의 효과를 거두지 못했다. 전문가들은 이런 교육의 비효과성을 아동 개개인의 다양한 욕구와 각각의 가족상황을 고려하지 않은 획일적인 교육에 의한 결과로 인식하기 시작했다.

전문가들은 이제 더 이상 특수교육이 아동과 전문가들의 관계에 의해서만 계획되고 실행되는 협의의 교육이어서는 안 됨을 인식하게 되었다. 장애아동가족과 협력함으로써(Speck & Warnke, 1983) 장애아동가족에 대한 관심, 이들과 기관의 협력적 관계에 대한 관심, 가족에 대한 지역사회의 지원, 더 나아가 법적 제도의 정비 등으로까지 관심의 범위가 넓어져야 함을 인식하게 되었다. 이러한 인식의 변화에 따라 특수교육의 패러다임은 의학적 모델에 근거한 '아동중심교육' 에서 생태학적 모델에 의거한 '총체적 접근' 으로 변화되었다. 브론펜브레너(Bronfenbrenner, 1981)의 구조주의적인 시각에서 볼 때 전문가들의 관심이 소구조(Microsystems)뿐만 아니라 중간구조(Mesosystems), 외부구조(Exosystems)와 대구조(Macrosystems)로까지 확대되었다고 볼 수 있다(Schlack, 1987).

이러한 패러다임의 변화에 따라 가족참여의 중요성이 점차 강조되었다.가족참여는 1994년 우리나라의 특수교육진흥법상에 개정내용(부모교육)으로 첨부되었고, 미국의 장애인교육법(Individuals with Disabilities Education Act)의 핵심원리로 기술되었다(신현기 외, 2000). 패러다임의 변화에 영향을 주었던 요인들을 요약해 보면 아래와 같다.

1. 장애아동의 거취 변화

1880년대 이후 장애인들은 시설에 수용되기 시작하였다. 초창기의 수용시설들은 장애인들에게 질적으로 우수한 교육과 치료를 제공하기 위해 설립되었다. 그러나 초기에 의도했던 것과는 다르게 시설들은 그 규모가 확대되었고 설립 취지 역시 왜곡되어 후에는 장애인을 교육하는 대신 보호하고 사회로부터 격리하는 역할을 하게 되었다(김정휘, 1994). 장애인을 위한 시설의 역할이 이와 같이 왜곡되면서 시설에 수용된 장애인들은 비인간적인 처우를 받게 되었다. 또한 시설수용이 장애아동의 발달에 부정적인 영향을 미친다는 연구결과들은 장애아의 시설수용문제에 대한 재고의 여지를 마련하였다. 이러한 추세에 따라 1976년 독일 교육자문국(Empfehlungen des Deutschen Bildungsrates)은 "시설수용은 보조적인 조치에 불과하므로 장애아동이 가정에 남아 있을 경우 전체 가족에게 큰 해를 입히거나 가족구성원들에게 커다란 부담이 될 경우에만 장애아동을 시설에 수용하는 것이 바람직하다."라고 제언하면서 장애아동의 거취를 시설중심에서 가정중심으로 이동하는 정책변환을 권장하였다. 또한 미 국회는 1975년 공법 94-142 장애인교육법(Education for All Handicapped Children Act)을 제정하면서 장애아동에 대해 최소제한 환경(Least Restrictive Environment)을 제공할 것을 요구하였다(Bailey & Wolery, 1992). 이로써 장애인의 삶에 대한 정상화(Nomalization) 운동이 확장되었다.

정상화란 장애인에게 제한적인 삶을 제공하지 않고 비장애인에게 제공되는 삶과 동일한 삶의 가치를 제공하자는 것이다. 이는 지금까지 장애로 말미암아 다양한 삶의 기회를 제한받아 왔던 장애인에게 비장애인이 향유하는 정상적인 삶의 기회를 제공함으로써 장애인의 삶의 질을 향상하자는 것이 목적이다. 이러한 정상화의 방향은 크게 교육부문에서는 분리교육이 통합교육으로 확대되었고, 주거환경으로는 시설중심의 환경에서 가정중심의 환경으로 지향되었다. 따라서 전문가들은 장애아동이 성장하는 삶의 중요한 장이 된 가정에 관심을 기울이게 되었다.

2. 가족의 보조교사 및 협력교사모델

장애아동은 기술을 습득하는 데 많은 시간이 필요하며, 습득된 기술도 일반화에 어려움이 있다. 전문가들은 주어진 한정된 시간과 장소에서 그들의 힘으로만 이러한 문제를 해결하기 어려운 상황에 처하게 되었다. 이에 장애아동과 많은 시간을 함께 하는 가족이 아동의 교육에 참여해서 협력한다면 효과적일 것이라는 구상하에 가족의 보조교사모델 및 협력교사모델(Ko-Therapeutenmodell & Kooperationmodell; Speck & Warnke, 1983) 등이 제시되었다. 이러한 가족협력모델은 쿠츠(Coots, 1998), 카이저, 한콕과 헤스터(Kaiser, Hancock, & Hester, 1998; Mahoney, Kaiser, & Girolametto; MacDonald, Robinson, Safford, & Spiker, 1999, 재인용)의 연구 등에 의하면 매우 효과적인 것으로 나타났다. 이들의 연구는 치료사중심의 중재보다 부모에 의한 중재가 장애아동의 언어교육에 더 효과가 있음을 입증하였다. 이 연구는 환경중심 중재방법을 사용한 언어교육 시 치료사중심의 언어중재와 부모중심의 언어중재가 통제집단(아무런 교육적 처치를 하지 않은 집단)보다 언어교육에 효과가 있다는 연구결과를 제시하였다. 그러나 6개월 후의 추후 연구에서 부모중심의 언어중재가 치료사중심의 중재보다 그 효과가 더 지속적이었다. 부모뿐만 아니라 비장애 형제자매를 활용하였을 때도 동일한 교육적인 효과들이 보고되었다(Atkins, 1987).

이러한 연구결과들은 장애아동을 교육할 때 가족 참여가 필요하다는 것을 시사해 주고 있다. 가족이 아동의 교육에 관여해야 하는 이유를 켈리와 파슨스(Kelly & Parsons; 이소현, 1997, p. 175, 재인용)는 다음과 같이 명시하였다.

- 가족은 아동의 인생에 중요한 사람들이다.
  아동의 사회 · 정서적인 초기발달은 가족과의 상호작용이 중요한 역할을 한다. 따라서 조기중재 프로그램은 가족과 아동의 원활한 상호작용을 촉진시켜 줄 수 있다.
- 아동에 관한 의사결정에 부모가 참여하는 것은 부모의 권리다.

부모는 아동의 생애에 관련된 중요한 의사결정에 참여할 권리와 의무가 있다. 따라서 아동의 교육전략에 관하여 부모가 지속적으로 관여하는 것은 중요한 일이다. 이와 같은 부모의 권리는 미국의 경우 학령기 아동에 대해서는 PL 94-142에 명시되어 있고, 학령 전 아동에 대해서는 PL 99-457에 명시되어 있다.

- 부모의 역할은 아동이 가족중심 유아특수교육 프로그램에 있을 때 더더욱 중요하다. 전문가는 일주일에 1～2번 가정을 방문하고, 부모는 매일매일 아동의 교육을 담당해야 한다. 이러한 보조교사로서의 부모의 역할은 아동이 배운 것을 유지하는 것과 일반화에 도움이 된다.
- 부모참여는 부모가 아동과의 관계에서 긍정적인 경험을 하게 함으로써 아동을 시설에 맡기지 않고 가정에서 양육할 수 있게 한다.
- 부모참여는 부모로 하여금 정보를 제공받고 지역사회의 정보를 활용할 수 있는 능력을 신장시켜 준다.
- 부모가 아동의 교육에 적극적으로 참여하면 아동에게 제공되는 서비스는 더 조화롭고 협조적일 수 있다. 장애아동에게 제공되는 서비스는 다양하며, 서비스를 제공하는 기관 또한 다양하다. 이렇게 다양한 서비스를 부모가 잘 조정할 수 있다면 아동이 중복적으로 서비스를 받게 되는 경우는 적게 될 것이다.
- 아동의 프로그램에 부모가 참여하게 되면 훨씬 경제적이다. 전문가로부터 제공받은 프로그램을 부모가 가정에서 지속적으로 수행한다면 아동의 발달을 위해서 추가적으로 전문가의 도움을 받는 경비가 줄어들 것이다.

위에서 열거하였듯이 가족의 보조교사 및 협력교사모델은 많은 장점이 있다. 또한 전문가들은 가족을 활용함으로써 지금까지 관심 밖에 있던 가족에 대해서 관심을 갖게 되는 계기가 되었다.

3. 생태학

'아동의 총체적 접근' 이라는 특수교육의 패러다임의 변화는 브론펜브레너(Bronfenbrenner, 1981)의 생태학적인 구조주의에 영향을 받았다. '아동의 삶의 장' 에 대한 개념은 1920, 1930년대에 레빈(Lewin)에 의해 거론(Oerter, 1989)되었으며, 이를 브론펜브레너(1981)가 확장 · 발전시켰다. 그에 의하면, 아동은 환경을 지각하고 지각한 것에 대한 상호작용을 통해서 끊임없이 변화해 감으로써 발달한다고 보았다. 즉, "개인이란 한 관계상황에서 독자적인 존재가 아니며 관계를 이루는 시스템의 구성요소다. 이러한 시스템을 구성하는 각 요소들은 상호작용을 통하여 시스템을 유지하거나 발전시키는 것이다(Oerter, 1989, p. 171). 브론펜브레너는 아동을 둘러싸면서 서로 상호작용하는 관계의 시스템을 크게 네 개로 나누었으며 이러한 네 개의 구조는 각각의 구조 안에서 상호작용할 뿐만 아니라 네 개의 구조들 간에도 서로 상호작용하면서 시스템을 유지 · 확장시킨다고 보았다. 이러한 네 개의 구조는 다음과 같다.

- 소구조(Microsystems): 아동이 상당한 양의 시간을 보내는 환경으로 가정이나 교육기관 등을 들 수 있다.
- 중간구조(Mesosystems): 소구조들 사이의 관계로 전문가와 가족

관계, 전문가와 전문가 관계, 기관들끼리의 관계다.

- 외부구조(Exosystems): 이웃과 지역사회조직 등과 같은 사회적 구조들을 의미한다.
- 대구조(Macrosystems): 소구조, 중간구조, 외부구조가 작용하는 문화적 · 법적 제도를 의미한다.

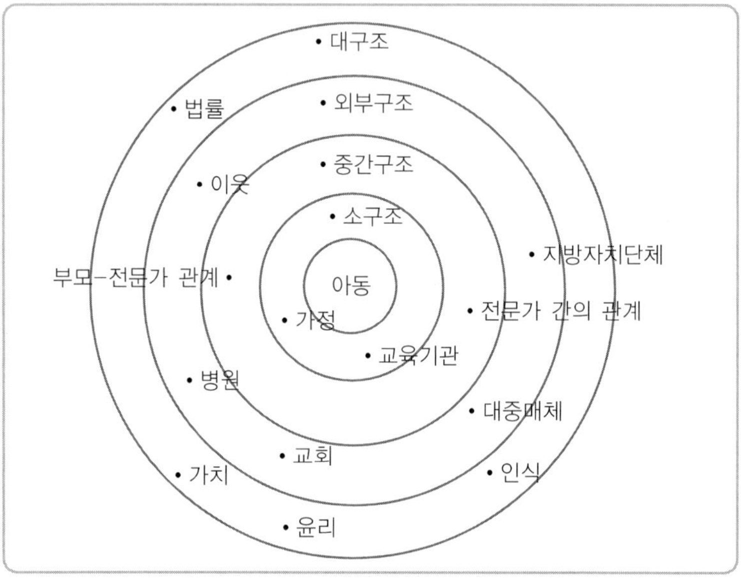

[그림 1-2] 구조주의

즉, 구조주의 측면에서 볼 때 아동발달은 구조들 간, 구조들 내의 상호작용의 결과로 보았다. 아동의 발달을 포괄적인 의미로 해석 · 접근함으로써 아동의 생활환경을 개선하고 이러한 삶의 질적 향상을 통해 아동교육을 실현하려 하는 것이다. 이러한 구조주의는 특수교육의 패러다임이 '아동중심교육'에서 '아동의 총체적 접근'으로 변할 수 있게 하는 중요한 역할을 하였다.

연습문제

1. 다음 용어를 설명하시오.

- 패러다임
- 아동중심교육
- 가족중심교육
- 의학적 모델
- 아동의 총체적 접근
- 구조주의
- 소구조
- 중간구조
- 외부구조
- 대구조
- 정상화

2. 특수교육의 패러다임은 변화하였다. 이러한 변화된 패러다임이 우리나라에도 적용되는지를 점검해 보시오.

참고문헌

김정휘(1994). 정신지체아교육의 원리와 실제. 교육과학사.

신현기 외(2000). 특수교육의 이해. 교육과학사.

이소현(1997). 특수아조기교육. 이화여자대학교 출판부.

최민숙(1999). 가족중심 유아특수교육의 태동과 가족참여의 효율성을 저해시키는 변인. 특수교육연구, 제6집, 3-14.

Atkins, D. (1987). Siblings of the Hearing Impaired: Perspectives for Parents. *Volta Review, 89*(5), 32-45.

Bailey, D., & Wolery, M. (1992). *Teaching Infants and Preschoolers with Disabilities*. Ohio.

Bronfenbrenner, U. (1981). *Die Oekologie der menschlichen Entwicklung*. Stuttgart.

Coots, J. (1998). Family Resources and Parent Participation in Schooling Activities for their Children with developmental Delays. *The Journal of special Education, 31*(4), 498-520.

MacDonald, Robinson, Safford, & Spiker (1999). Parent Education in Early Intervention. *Topics in Early Childhood Special Education, 19*(3), 131-140.

Oerter, R. (1989). Fruekindliche Entwicklung aus Oekologischer Sicht. *Fruefoerderung interdisziplinaere, 8*, 71-82.

Schlack, H. (1987). Dle Soziale Interaktion. In: Speck, O., Peterander, F. (Hrsg.). *Kindertherapie*. Muenchen und Basel, 98-101.

Speck, O., & Warnke, A. (1983). *Fruefoerderung mit den Eltern*. Muenchen und Basel.

제2장

장애아동과 가족 그리고 지역사회

1. 장애아동이 가족생활에 미치는 영향
2. 지역사회와 장애아동의 가족

제 2 장

장애아동과 가족 그리고 지역사회

1960년대 이전에는 장애인들의 주거형태로 시설수용이 일반적이었다. 그 결과 장애인의 가족에 대한 관심은 상대적으로 적었다. 그러던 것이 1960년대 이후 장애인의 시설수용에 대한 비인간적인 면들이 보도되고 그 생활의 처참함이 공개되면서 서서히 장애인의 거취문제가 거론되기 시작하였다. 더욱이 장애아동 교육에 가족이 참여하게 되었고 브론펜브레너(Bronfenbrenner, 1981)의 생태학적인 이론으로 지금까지 관심영역 밖에 있던 장애아동의 가족에 대한 관심을 불러일으키면서 가족에 대한 연구가 시작되었다.

장애아동 가족에 대한 연구의 의의는 장애아동이 살아가는 가장 중요한 삶의 장이 원활하게 기능하여 역할을 다하도록 돕기 위한 것이다. 가족의 문제점을 파악하여 해소하기 위한 체계적인 연구를 통해서 장애아동 가정의 기능을 원활히 하고 이를 통해 장애아동이 보다 질적으로 수준 높은 삶을 살아갈 수 있게 하기 위함이다.

장애아동 가족의 원활한 기능에 영향을 미치는 많은 변인들이 있다. 이러한 변인들로는 [그림 2-1]에 나타난 것과 같이 장애아동, 형제자매, 부모, 지역사회를 들 수 있다. 이러한 변인들이 서로 원만하게 상호작용하며 가족의 기능에 긍정적인 영향을 미칠 때 가족은 스트레스를 보다 덜 경험하게 될 것이다.

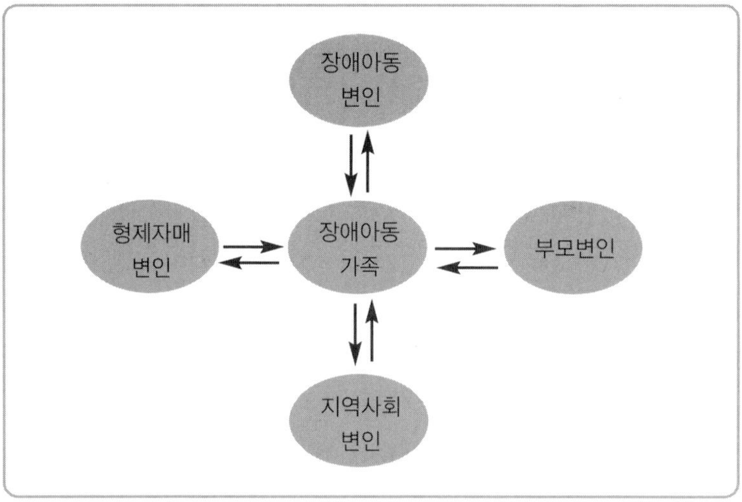

[그림 2-1] 장애아동 가족의 스트레스에 영향을 미치는 여러 변인

따라서 이 장에서는 장애아동 가족에게 스트레스의 요인이 될 수 있는 장애아동의 부모변인, 형제자매변인과 지역사회변인에 대해서 전반적으로 살펴보고자 한다.

1. 장애아동이 가족생활에 미치는 영향

장애아동의 탄생은 지금까지 안정되게 정상적인 기능을 수행했던 가정이 더 이상 정상적인 기능을 수행하지 못하게 된다는 것을 의미하는 것은 아니다. 장애아동의 가정을 모두 문제가정으로 매도해서는 안 된다. 그러나 많은 연구들이 장애아동 가족이 높은 스트레스 상황에 처해 있음을 보고하고 있다.

이한우, 강위영(1999) 등의 연구를 살펴보면 장애아동 부모가 일반아동 부모에 비해서 스트레스가 더 높다고 하였다. 특히 주양육자인 어머니의 스트레스는 다른 가족구성원에 비해 더욱 심각한 상태다(김희수, 1995).

장애아동이 태어났다는 사실은 가정의 안정된 기능을 저해시킬 수 있는 대단한 사건이며, 이 사건은 가정의 기능을 위협하는 여러 가지 스트레스 요인을 증가시킨다고 말할 수 있다. 이 스트레스 요소는 크게 두 가지로 대별해 볼 수 있다.

첫째는 자녀를 돌보아야 하는 현실적 문제다. 즉, 매일매일 수행해야 하는 아동의 식사, 세수, 목욕, 놀이 등의 어려움, 아동의 문제행동, 밤에 잠을 설치는 것, 잦은 질병 등이다.

둘째는 심리적 문제다. 자녀의 장애를 받아들일 수 없는 문제, 그럼에도 불구하고 매일매일 생활해야 한다는 어려움, '지금 이 모습의 너를 받아들일 수 없다.' 라고 느끼며 부모들은 참을 수 없는 심리적 갈등을 겪는다. 더욱이 아동이 발달의 진전을 보이면 부모들은 위로를 받을 수 있으나 그 진전이 두드러지게 나타나지는 않는다.

'마치 바다 한가운데 물 한 그릇을 붓는 것처럼 우리 아이는 아무런 변화가 없다.' 라고 말한 어떤 부모의 말처럼 아동의 더딘 발육은 부모를 더 견디기 어렵게 만든다.

이러한 두 가지 측면의 어려움은 지금까지 별 문제 없던 가정에 문제를 일으킬 수 있다. 지나친 가사부담과 양육부담, 정서적인 문제는 부부 사이에 갈등을 초래할 수 있으며, 그 영향은 장애아동의 형제자매에게까지도 파급 효과를 미치어 가족전체가 큰 스트레스에 시달리게 된다.

프리드리히(Friedrich et al., 1992)는, 장애아동의 가족을 다음과 같이 크게 네 가지 유형으로 나누어 설명하였다.

• **사회적 · 정서적으로 안정된 가족:** 가족들 간에 서로 열린 의사소통과 유연성을 가짐으로써 행복한 가정분위기를 이룬다. 이러한 가족은 모든 구성원이 가족으로서의 각자의 위치를 갖고 있으며, 동시에 개인적인 활동공간이 허용되어 있다. 가족구성원은 장애를 인생에서 해결하여야 하는 위험으로 인식하고 이에 따른 요구에 대처해 나간다. 그럼에도 불구하고 자신의 한계를 인정해서 남의 도움을 받아들이며 자신을 과신하여 혹사하지 않는다. 가족구성원들은 장애아동이 태어나지 않았다 하여도 똑같이 기능했을 것이라 간주된다.

• **성취욕에 사로잡힌 가족:** 가족의 긍정적인 자아상에 큰 손상을 받은 가족이다. 이러한 가정의 긍정적인 자아상은 자랑스럽게 생각하는 일을 성취했을 때에만 이루어질 수 있다. 가족은 장애아동의 탄생으로 손상된 가족의 위상을 보상하기 위하여 최대한 노력한다.

장애를 치료할 수 있다고 믿으며 장애아동에 대한 치료와 교육에 열중한다.

• **보호와 안전에 치중하는 가족:** 확장적인 사고를 하지 못하고 매일매일 해결해야 하는 개인적인 부담에 치중해서 생활하는 가족이다. 일상적인 아동과 연관된 문제를 해결하기에 급급하며 가족 간의 밀착을 유지하고 보호하기에 전전긍긍하여 이것을 상실할까 봐 극도의 불안감을 갖고 있다. 가족은 자신의 정신적 힘을 생각하고 걱정하며 겁내는 데 소모한다. 일정기간은 이러한 상황을 견딜 수 있겠으나 얼마나 견딜 수 있는가는 의문이다.

• **고통과 슬픔 속에 있는 가족:** 어머니는 모든 가족에게 고통과 슬픔을 전달해 준다. 어머니는 아동에 대해서 기계처럼 의무를 다한다. 어머니는 아동에 대해 적대적이지는 않으나 그렇다고 따뜻한 마음을 갖고 있지도 않다.

장애아동의 탄생이 가족에게 미치는 영향은 다음과 같다.

1) 부모에게 미치는 영향

바이스(Weiss, 1989)는 장애아동을 가진 어머니와의 인터뷰를 통해 그들의 일상생활의 어려움을 밝혀 보려 하였다. 질문에 임한 어머니는 3.5세인 다운증 자녀와 8개월 된 정상아동을 자녀로 둔 어머니다. 인터뷰 내용을 몇 가지 발췌해서 소개해 보면 다음과 같다.

질문자: 자녀와의 일상생활은 어떠십니까?

어머니: 마누엘라는 혼자서 식사를 할 수 없어서 무엇이든지 내가 먹여 주어야 합니다. 우리 아이는 씹지를 못하기 때문에 고기도 씹어서 먹여 주어야 합니다. 씹지도 못하는 아이에게 모든 음식을 먹여 주어야 하는 일이 어떤 것인지 상상해 보십시오. 또한 대소변을 가리지 못하기 때문에 하루에도 몇 번씩 기저귀를 갈아 주어야 합니다. 이제 우리 아이는 상당히 무거워졌고 매일매일 여러 차례 아이를 들어야 하는 일은 힘에 벅찬 일입니다. 나는 잠시도 아이 곁을 떠날 수가 없습니다. 쓰레기를 버리려고 집 밖에 나가면 우리 아이는 벌써 문에 기대어서 울고 있습니다. 마누엘라는 아침 7시면 깨서 웁니다. 그러면 나는 마누엘라에게 가서 옷 입히고 그 다음에 아침을 줍니다. 그리고 마누엘라를 목욕시킵니다. 마누엘라는 매일매일 목욕을 시켜야 합니다. 마누엘라는 잠시 5분간도 혼자 있지를 못합니다. 그녀는 항상 내 옆에 있습니다. 부엌에서는 하루 종일 세탁기를 켰다 껐다 합니다. 나는 그 버릇을 고쳐 보려고 손등을 때려 보기도 하지만 아무런 소용이 없어요.

질문자: 자녀의 교육과 치료에 관련된 일상은 어떠하십니까?

어머니: 일주일에 두 번은 심리치료사가 집으로 오고 물리치료사는 일주일에 한 번 옵니다.

마누엘라는 심장에 문제가 있기 때문에 이를 점검해 보기 위하여 병원에 가야 하고 사시이기 때문에 안과에도 가야 합니다. 마누엘라 때문에 나는 항상 돌아다녀야 합니다. 내 남편은 밖에 나가서 일하고 나 혼자 이 모든 일을 다 해야 합니다. 왜 나 혼자서 이 일들을 다 감당해야 하나요? 전에는 나는 굉장히 유쾌한 사람이었습니다. 그리고 많은 사람들을 만나는 것을 좋아하고 즐겁게 살았습니다. 그러나 이제는 심한 우울증에 종종 빠지게 됩니다. 때때로 나는 내일이 더 이상 존재하지 않기를 바랍니다. 도대체 내 생활이 진정한 의미에서 삶이라고 할 수 있을까요? 나는 내 인생에 대해서 불만족하고 있습니다.

위의 예에서와 같이 장애아동의 부모는 여러 가지 문제를 가지고 있다. 그러나 대부분의 연구가 어머니에 관한 것이고 아버지에 관한 연구는 극히 일부에 불과하다. 사회적인 역할분담으로 인하여 아버지는 어머니보다 아동양육에 전적으로 참여하지 않으므로 어머니보다는 사회적 · 심리적 어려움에 있어서 타격을 덜 받는 것으로 알려져 있다. 그러나 힌체(Hinze, 1991)의 연구에 의하면, 정신지체아동을 둔 어머니와 아버지는 똑같이 아동의 장애로 말미암아 정신적 타격을 받았으며 이를 극복하기 위해서 노력하고 있었다. 또한 김일수(2000)의 논문에서도 아버지와 어머니의 스트레스를 비교해 본 결과 아버지와 어머니의 스트레스의 양의 차이는 어머니가 조금 더 높게 나타났으나, 통계적으로는 유의미한 차이가 없었다. 이는 아버지가 어머니보다 양육에 적게 관여하여도 장애아동을 둔 부모의 입장에서는 동일한 스트레스를 경험하고 있다는 것을 보여 주고 있다. 김일수의 연구결과를 하위 항목별로 살펴보면 신체적인 스트레스(아버지: 7.47, 어머니: 7.52)와 정서적인 스트레스(아버지: 25.93, 어머니: 26.46)는 아버지에 비하여 어머니가 약간 더 높은 것으로 나타났으며, 경제적인 스트레스(아버지: 10.40, 어머니: 10.36)와 사회적인 스트레스(아버지: 17.35, 어머니: 17.24)는 어머니에 비하여 아버지가 약간 더 높은 것으로 나타났다(〈표 2-1〉 참조).

〈표 2-1〉 장애아 아버지와 어머니가 느끼는 스트레스 정도 차이

구 분	빈 도	아버지		어머니		t
		평균	표준편차	평균	표준편차	
신체적 스트레스	130	7.47	1.80	7.52	2.05	.24
정서적 스트레스	130	25.93	5.48	26.46	6.28	1.26
경제적 스트레스	130	10.40	2.35	10.36	2.99	.17
사회적 스트레스	130	17.35	3.88	17.24	3.84	.38
전 체	130	61.15	10.63	61.58	12.06	.53

출처: 김일수(2000). 장애유아 부모의 양육 스트레스와 적응에 관한 연구. 우석대학교 교육대학원, p. 18.

장애아동의 교육과 치료 그리고 일상을 함께하는 어머니는 이에 대한 부담으로 신체적 · 정서적인 스트레스를 아버지보다 더 많이는 받을 수 있다고 해석할 수 있다. 반면 경제적인 책임을 지고 사회에서 활동하는 아버지는 어머니보다 경제적, 사회적 스트레스를 더 많이 받고 있다고 볼 수 있다. 아버지들은 자녀의 미래를 위해서 많은 돈을 벌어야 한다고 생각하며 이러한 부담을 많이 갖고 있는 것으로 나타났다.

여러 가지 연구들을 종합해 보면 장애아동의 부모들은 여러 가지 심리적 · 사회적 어려움을 겪고 있으며 대부분의 경우 이러한 어려움은 어머니가 겪게 되는 것이 보통이다. 이들이 갖는 현실적 · 심리적인 문제를 종합해 보면 다음과 같다.

(1) 현실적 문제

① 주양육자의 육체적 고통

장애아동의 주양육자는 어머니인 경우가 대부분이며 육체적 고통에 시달리고 있다. 크니엘(Kniel, 1988)의 연구에 의하면, 장애아동의 어머니는 기센(Giessen)의 피곤척도에 의하면 심신이 허약해 있고 잠자고 싶은 욕구를 강하게 갖고 있으며 만성피로에 시달리고 있다. 특히 호스트만(Horstman, 1985)은 중증장애아동의 어머니는 굉장히 피곤해 있는 상태임을 언급하였다. 끊임없이 아동을 돌보아야 하는 일은 부모의 힘과 시간을 많이 필요로 한다. 실험대상아동 중 8%의 아동은 어머니가 끊임없이 돌보아야 하고, 64%의 아동은 5분간 혼자 있을 수 있었으며, 28%의 어린이만 30분간 혼자 있을 수 있었다. 실험대상아동 80%의 어머니는 밤에 잠을 제대로 자지 못했다(아동이 가래가 막혀서 숨을 제대로 쉬지 못하거나, 몸의 자세를 혼자서 변경할 수 없거나, 자다가 부모를 소리치며 부름…). 과반수 이상의 어머니는 아동이 혼자서 몸을 가누지 못해서 자주 아동을 들거나 업는 일로 허리의 통증을 호소했다.

프뢰리히(Froehlich, 1986)의 연구에 의하면, 중증장애아동 한 명을 키우는 어머니는 여러 명의 비장애아동을 키우는 어머니와 동일하게 육체적으로 피로하였으며 시간이 부족하였다.

② 시간 부족

오스트리아의 직업교육연구소의 연구결과에 따르면(1985), 200명의 장애아동 어머니에게 설문조사를 한 결과 장애아동의 어머니는 장애아동과 함께 해야 하는 일상적인 일(기저귀 갈기, 식사 준비, 옷 입히기, 벗기기…), 학교 데리고 가는 일, 치료받는 일 등으로 절대적인 시간이 부족했다.

③ 주양육자의 고립

특히 중증장애아동의 경우 다른 아동들에 비해 어머니를 많이 필요로 한다. 또 어머니는 장애아동의 치료와 교육, 병원입원, 전문가들과의 상담과 끊임없이 아동을 돌보는 일로 절대적인 시간이 부족하였다(Seifert, 1989). 주양육자는 아동을 돌보는 일에 관계된 것 외에 다른 일을 할 수 없게 하므로 자연스럽게 사회적으로 고립된다. 더욱이 중증장애아동의 경우 대부분 어머니는 직장생활을 포기하기 때문에(Rache, 1980) 사회적 고립은 더 가중된다.

④ 부부관계와 전체 가족관계의 갈등

장애아동의 출현은 가족 간의 평형을 깨뜨릴 수 있다. 장애아동의 출현은 부모로 하여금 지금까지 갖고 있던 자녀관에 수정을 요한다. 지금까지 준비해 왔거나 경험해 보지 못한 새로운 어려움을 경험하게 되며 이러한 어려움이 크면 클수록 그것을 해소하고 다시 가족 간의 평형을 찾기 위해서 많은 시간이 필요하다.

레폰트(Repond, 1956)는 장애아동이 태어나면 부부는 즉각적으로 누구의 잘못인지를 따지게 된다고 하였다. 이때 아버지보다 어머니가 더 심각한 갈등에 빠지게 된다. 아버지는 장애를 좀 더 합리적으로 생각하며 문제를 해결하려 하기 때문에 자기 잘못이라거나 부인의 잘못으로 돌리는 경우가 적고 또 쉽게 갈등에서 빠져나올 수 있다. 하지만 이러한 갈등은 지금까지 행복했던 가정에 긴장을 초래할 수 있다. 페터안더와 스펙(Peterander & Speck, 1995)의 연구에 의하면, 중증장애아동의 어머니는 경증장애아동의 어머니에 비해서 가족의 분위기를 부정적으로 보고 있다. 또한 이러한 가족 간의 갈등과 부정적인 가족분위기는 부부의 이혼율을 증가시키고 있다.

자베스(Sabbeth, 1984; Schubert, 1987, 재인용)는 미국에서 지금까지 행해진 이혼율에 대한 연구 23개를 종합분석한 결과 장애아동의 부모가 이혼율이 더 높지는 않다고 밝혔으나 독일의 경우(Schubert, 1987) 장애아동을 가진 부부가 비장애아동을 가진 부부에 비하여 이혼을 많이 하는 것으로 나타났다.

⑤ 장래에 대한 근심

장애아동의 부모는 아동의 장래에 대해서 많은 걱정을 하고 있다(Bodenbender, 1981). 비장애아동이었을 경우 고민하지 않아도 될 문제인 학교취학문제(유치원, 초등학교 등 통합교육을 시킬 것인가 특수학교에 보낼 것인가), 취업, 주거, 결혼 등에 대해 고민하게 된다. 이러한 문제는 부모 혼자서 해결할 수 없는 여러 변인들이 복합적으로 관련되어 있는 난제들이다.

⑥ 여가시간의 축소

장애아동의 부모는 여가시간이 적어서(Bodenbender, 1981) 지역사회에서 개최하는 여러 가지 전시회나 연주회 등에 참여하기 어렵다.

⑦ 장애아동과의 상호작용의 어려움

장애아동은 반응성이 부족하여 부모는 자녀와 의사소통하는 데 어려움을 겪는다. 그리고 장애아동은 때때로 다루기 어려운 기질을 갖고 있거나, 지나치게 위축적이거나, 좌절상황을 견디기 어려워하고 집중력이 낮으며, 활동성이 부족하다(Blacher, 1984). 아동의 이러한 특성들로 말미암아 부모는 아동과의 상호작용에 어려움을 갖게 된다.

⑧ 경제적 어려움

부모는 장애아동과 관련해서 많은 경제적인 어려움을 갖게 된다. 장애아동은 비장애아동에 비해서 많은 시설 · 설비 및 보조기자재를 필요로 한다. 때때로 장애로 말미암아 일반주택에서 살 수 없어서 개조를 해야 할 필요가 있거나(휠체어를 필요로 하는 장애아는 휠체어가 다닐 수 있는 넓은 공간과 방해물이 없는 공간) 장애의 경감을 보조하기 위한 여러 가지 보조장비와 치료교육이 필요하다.

김정은의 연구(2001)에 의하면, 사교육기관에 다니는 유아의 부모는 한 달 교육과 치료비로 평균 30만 원 정도를 지출한다. 더욱이 중증장애아동의 경우 가사와 육아로 어머니의 취업률이 낮고 경증정신지체아동의 경우 저소득층 자녀들이 많은 관계로 장애아동의 부모는 경제적인 어려움에 처할 수 있다(Horstman, 1985).

⑨ 친교대상

장애아동의 부모는 가까운 친척들과의 교분이 있을 뿐 친구나 이웃 등 가족외의 사람들과 친분을 맺는 데 어려움이 있다(Schatz, 1987).

이상이 장애아동이 태어남으로써 부모에게 미칠 수 있는 영향 등을 종합한 것이며 이러한 부모의 현실적 상황은 부부관계 및 전반적인 가족 분위기를 저해할 수 있는 요인으로 작용할 수 있다.

(2) 심리적 문제

장애아동의 탄생은 부모에게 여러 가지 문제를 야기시킬 수 있다. 이러한 문제는 장애아동을 돌보는 현실적인 어려움에만 국한된 것이 아니라 정서적 문제도 함께 야기시킨다. 지금까지 경험해 보지 못한 '장애'라고 하는 새로운 문제에 대한 갈등과 새로운 부모의 역할에 대한 정의가 필요하다. 장애아동 부모의 역할을 '지속적이고 전통이 없는 부모역할'이라고 하는데 이 말의 의미는 부모는 자녀가 살아 있는 한 지속적으로 끊임없는 부모의 역할을 수행하여야 하며 또 이러한 부모의 역할은 기존의 전통적인 부모의 역할과는 다른 새로운 부모의 역할을 요구한다는 것이다.

장애아동의 탄생은 부모에게 깊은 상처를 줌과 동시에 커다란 충격을 줄 수 있으며 이러한 충격은 장애아동을 낳았다는 죄의식과 사회로부터 받는 경멸감 등과 어우러져 커다란 스트레스 요인으로 작용할 수 있다.

클라인(Klein, 1979)이 장애아동 부모와 인터뷰한 내용을 인용해 보면 다음과 같다.

> "나는 완전히 육체적으로, 정신적으로 마비되었다. 나의 모든 것은 온통 다 비어졌다. 그것은 기절상태와 같은 것이다. 내 아이가 장애라는 사실을 안 첫날 우리 부부는 한 마디도 할 수 없었다. 우리는 둘 다 이 문제에 대한 충격 속에 있어서 자신의 충격조차 감당하기 어려웠기 때문이다"(Hinze, 1991, p. 118, 재인용).

프레코프(Prekop, 1979, p. 177)는 다음과 같이 기술하고 있다.

"나는 마치 번개를 맞은 것 같았다. 나는 어떻게 할 바를 몰랐다. 더욱이 이 아이가 우리의 유일한 아이일 거라는 사실이 나를 더더욱 당혹하게 만들었다."

이상의 인터뷰 내용들은 자녀가 장애아동이라는 사실을 처음 접했을 때 부모의 심리적인 상태를 나타내고 있다고 볼 수 있다.

바이스거버와 조이니넨 등(Weisgerber & Soininen et al., 1984)은 발달장애아동을 둔 94명의 어머니를 조사한 결과 이러한 어머니의 심리적인 과정을 크게 두 단계로 나눌 수 있다고 했다. 첫 번째는 장애를 부정하는 단계로 이 단계에 있는 부모는 최고의 스트레스 상황에 처하게 된다. 두 번째 단계는 아동을 받아들이고 아동의 교육에 전념하는 단계다.

슈하르트(Schuchardt, 1996)는 장애아동의 부모가 아동의 출생으로 말미암아 거치게 되는 여러 심리적인 단계들이 있음을 지적했다. 대부분의 부모들은 이러한 단계를 거쳐 궁극적으로는 아동을 수용하고 아동을 위해서 자치단체들을 조직하고 이를 기점으로 적극적인 활동을 하면서 자발적으로 스스로의 문제들을 해결할 수 있는 단계에 이르게 된다.

그러나 모든 부모들이 똑같은 과정을 거쳐서 똑같은 결과들을 산출하는 것은 아니며 여기에는 여러 가지 변수들, 즉 부모의 문제해결방식과 성격, 부부관계, 공식적 · 비공식적 지원체계 등 다양한 변수들이 서로 상호작용한다. 또 궁극적으로 아동을 수용하며 적극적인 활동을 하는 중에도 부모들은 다시 전 단계로 되돌아가 반복적인 심리적 과정을 되풀이할 수 있다.

슈하르트에 의한 일반적인 장애아동 부모의 심리과정은 다음과 같다.

- 의혹: 명확치는 않으나 아동에게 무슨 문제가 있지 않을까 감지하며 의심하는 단계
- 확신: 아동에게 문제가 있다는 것을 인식하는 단계
- 조치: 문제가 있다는 것을 인식하며 해결책을 찾아보려고 이 병원 저 병원 등을 찾아 헤매는 단계
- 우울증: 여러 곳을 찾아 헤매어 보았지만 만족할 만한 결과를 얻지 못했고 모든 것이 다 소용없고 의미 없음을 깨닫는 단계
- 수용: 내 아이에게 장애가 있음을 전적으로 받아들이는 단계
- 활동: 수용을 전제로 한 적극적 조치 단계
- 공동체 형성: 문제해결을 위해 모임 결성

(3) 부적절한 부모반응

장애아동의 탄생은 부모들에게 다양한 반응이 일어나게 하는데 어떤 부모들은 긍정적인 반응을 보이며 어떤 부모들은 부정적인 반응을 보임으로써 아동발달과 원활한 가족기능을 저해하는 경우도 있다.

부모의 부정적인 반응은 다음과 같다.

- 부정과 불신이 계속되는 경우: 의사나 전문가를 불신함으로써 계속적인 진단과 치료방법을 찾는다.
- 장애의 원인을 계속적으로 찾는 경우: 원인을 찾음으로써 누구

의 잘못인지를 밝히거나 원인을 찾으면 완치할 수 있는 치료방법 또한 찾을 수 있다고 생각한다.

- 가정불화: 불안한 마음과 죄책감에 계속적인 가정불화를 일으킨다.
- 우울증, 열등감, 무력감
- 아동에 대한 과잉보호: 죄책감과 아동에 대한 분노의 표현으로 자녀를 과보호하거나 헌신적인 태도를 취한다.
- 무관심과 학대
- 지속적인 스트레스(한국장애인부모회, 1999)

이러한 부정적인 반응은 가족의 기능을 저해하고 부모로 하여금 지속적인 스트레스에 시달리게 한다.

2) 형제자매에게 미치는 영향

비장애 형제자매에 대한 연구는 장애아동의 부모에 대한 연구에 비해서 활발하지 않으며 일치되는 결과를 나타내고 있지 않다. 지금까지의 연구들을 종합해 보면 크게 네 가지 방향에서 연구들이 이루어지고 있다고 볼 수 있다.

첫째, 비장애 형제자매가 장애아동과 성장하면서 어떤 긍정적·부정적인 측면이 있는가?(Hackenberg, 1982; 원대영, 1994)

둘째, 비장애 형제자매가 장애아동과 성장하면서 형제자매의 성장에 부정적인 영향을 미친다면 이런 부정적인 영향은 어떤 요소에 의해서 경감될 수 있는가?(Seifert, 1989; 김은주, 1993; 이인숙, 2001)

셋째, 비장애 형제자매를 위한 교육프로그램의 효과는 어떠한가?(전혜인, 1997)

넷째, 비장애 형제자매를 보조교사로 활용하면 효과적인가?(이영철, 2001)

비장애 형제자매는 장애아동의 부모와 마찬가지로 여러 가지 심리적인 어려움을 겪고 있으며 이러한 어려움은 각 가정의 상황에 의해서 최소화되거나 최대화될 수 있다. 따라서 비장애 형제자매가 장애아동과 공동의 삶을 통해서 겪게 되는 구체적인 어려움과 그러한 어려움을 극복하는 데 도움이 되는 환경적인 요소들에 대해서 살펴보고자 한다.

(1) 비장애 형제자매의 사회 · 정서적 상황

비장애 형제자매의 사회 · 정서적 상황은 장애 정도에 의해서 크게 영향을 받는다. 특히 중증장애아동의 형제자매는 특별히 어려움을 갖으며 부모님 사망 후에 장애형제를 돌봐야 한다는 책임의식을 갖고 있다.

중증장애아동의 부모는 장애아동을 돌보고 교육시켜야 하며 이러한 기간이 1~2년에 끝나는 것이 아니라 5~10년 또는 그 이상의 기간일 수 있다(Bach 1993). 이러한 부모의 육체적 고통은 때때로 비장애 형제자매에게 전이된다. 이 외에도 비장애 형제자매는 현실적 · 심리적으로 다음과 같은 많은 문제를 갖게 된다.

① 부모의 방임

부모의 대부분의 시간은 장애자녀를 돌보는 데 할애되며 특별히 장애아동교육에 있어서 부모참여의 강조는 더더욱 부모의 많은 시간을 빼앗게 되어 비장애 형제자매에게 쏟을 시간이 부족하게 된다. 1982년 하켄베르그(Hackenberg)의 연구에 의하면, 실험집단의 비장애 형제자매는 부모가 그들의 장애 형제자매 때문에 본인들을 위한 시간이 없으며 그로 말미암아 버려졌다는 생각이 든다고 했고 그 결과 어머니와의 관계에 어려움이 있다고 진술했다.

② 정서적 문제

일반적으로 장애아동의 부모는 장애아동의 욕구에 우선적으로 반응하고, 그 다음에 비장애 형제자매에게로 주의를 돌리는 경우가 많다. 비장애자녀가 학교에서 여러 가지 어려움을 겪어도 부모는 비장애자녀에게 많은 도움을 주지 못하게 된다. 더군다나 많은 부모들은 장애자녀에게서 채워지지 못했던 부분을 비장애자녀에게서 채우려는 기대심리로 비장애자녀에게 과중한 부담을 지우는 경우가 많다. 이러한 여러 가지 분리한 환경하에서 비장애 형제자매는 정서적으로(행동장애, 우울증, 공격성…) 문제를 일으킬 수 있다.

자이페르트(Seifert, 1989)에 의하면, 비장애 형제자매는 장애형제자매에 대해 질투심, 적대감을 갖고 있으며 그와 동시에 그러한 감정을 가졌다는 것에 대해서 죄책감을 갖고 있다고 보고했다.

그러나 비장애 형제자매가 다 정서적으로 문제를 갖고 있는 것은 아니다. 긍정적인 감정을 갖고 있다는 연구결과들도 있다. 하켄베르그(Hackenberg, 1982)의 연구에서 비장애 형제자매는 다른 아동과 비교해서 장애아동의 다양한 욕구와 부모의 어려움에 대해서 이해심이 많았으며, 다른 사람의 욕구에 민감하고 성숙한 사회적 행동을 많이 보이며, 책임감이 강하다는 연구결과를 보고했다.

③ 육체적 고통

중증장애아동의 자매는 부모와 분담하여 장애아동을 돌보며 이러한 역할분담을 통해서 부모와 동등한 육체적 고통을 느낄 수 있다(Engelberg, 1989).

원대영(1994)의 연구에 의하면, 장애아동보다 나이 많은 형제는 아동을 돌보는 일에서 많이 제외된다. 이것은 전통적으로 아동을 돌보는 역할은 여자가 전담하기 때문이다. 장애아동보다 나이 많은 여자자매가 남자형제보다 더 육체적인 고통을 받을 수 있다. 경증장애아동의 형제자매인 경우에는 육체적인 부담이 적었다.

④ 교육방법의 차이

장애아동의 부모는 장애자녀와 비장애자녀를 교육하는 방법에서 많은 차이가 있었다. 하켄베르그(Hackenberg, 1982)는 부모들의 진술에서 대략 50%, 최민숙(1998)은 67%의 부모가 장애자녀와 비장애자녀를 교육하는 데 동등한 방법으로 하고 그 외의 부모들은 비장애자녀를 장애자녀보다 더 엄격히 교육하고 있었다. 하켄베르그는 형제들 간의 다툼이 발생했을 때 실험집단의 1/3의 비장애 형제는 장애 형제와 싸움이 허락되지 않으며 일방적으로 인내를 강요당하고 있었다. 나머지 실험집단의 아동은 서로 싸우는 것이 허락되거나, 아니면 연령차이가 심하거나, 싸움을 하기에는 장애 정도가 너무 심해서 싸움이 일어나지 않는다고 하였다. 또 실험집단의 50%는 장애형제자매가 본인들보다 부모로부터 더 많은 사랑과 선물을 받는다고 보고했다.

⑤ 놀이 시 장애 형제자매를 돌봄

장애아동의 경우 비장애아동과 놀이를 할 기회가 적으며 자발적인 놀이활동을 하지 않는 경우가 많다. 이로 인하여 부모들은 비장애 자녀에게 친구와 놀이를 할 때 장애 형제와 함께 놀거나 돌봐주기를 바란다(Hackenberg, 1982).

⑥ 그 외의 문제

최민숙(1998)의 연구에 의하면, 장애아동과 함께 성장함으로써 비장애 형제자매의 성장발달에 미치는 영향 중 가장 많이 언급된 것이 가족여행을 자주 갈 수 없는 것과 가족이 함께 활동할 수 있는 기회가 적다는 것이다. 그 외에 부모들이 지적한 것 중에 몇 가지를 소개해 보면 다음과 같다.

> "M이 병원에 자주 입원하는 관계로 K는 같이 놀아 줄 사람이 없다. 나(어머니)는 병원에 매일 가야 하기 때문에 K는 병원에서 혼자 놀거나 할머니에게 맡겨진다."
>
> "A는 네 살이고 Y는 세 살이다. A와 Y는 같은 방을 쓰고 있는데 A는 밤에 자주 잠에서 깨어서 소리를 지른다. 그러면 그때마다 Y는 잠이 깨서 숙면하기가 어려우며 A는 Y를 자주 때린다." 이런 모든 상황이 Y에게는 어렵고 그의 성장발달을 저해하고 있다(최민숙, 1998, p. 151).

(2) 장애 형제에 대한 비장애 형제자매의 태도

장애 형제자매에 대한 비장애 형제자매의 태도는 적대감과 당황을 나타내는 부정적인 감정을 가질 수도 있고 수용과 지지의 긍정적인 태도를 보일 수도 있다. 일반적으로는 비장애 형제자매는 장애 형제자매에 대해 부정적인 감정과 긍정적인 감정을 동시에 갖고 있다. 최성희(1974)의 연구에 의하면, 정신지체 자녀를 둔 부모가 진술한 비장애 형제자매의 장애 형제자매에 대한 태도에 관해 250명의 어머니의 진술을 분석한 결과 54%는 긍정적이었고 41%는 부정적인 태도를 갖고 있었다. 이인숙(2001)은 만 8세 이하의 비장애 형제자매 399명을 대상으로 장애 형제자매에 대한 태도를 수용도, 적대감, 지지 그리고 당황이라는 네 가지의 태도의 측면에서 설문조사한 결과 수용도의 평균은 5점 만점에 3.83, 적대감은 2.38, 지지는 3.52 그리고 당황은 1.65를 나타냄으로써 비장애 형제는 장애 형제에 대해서 긍정적인 태도를 갖고 있다고 보고하였다.

김은주(1993)는 형제의 연령, 어머니의 스트레스 정도, 장애유형 등을 이러한 태도에 영향을 미치는 중요한 변인으로 보았다. 형제의 성이나 출생순위는 태도에 영향을 미치지 않았으나 형제의 연령은 태도에 영향을 미쳐서 학령 전과 초등학교 저학년인 형제자매집단은 고학년의 형제자매집단보다 장애 형제자매에 대해 더 적대적이고 당혹스러워하는 것으로 나타났다. 또한 어머니가 가족문제에 대해 갖고 있는 스트레스의 정도가 비장애 형제자매의 장애 형제자매에 대한 태도에 영향을 미쳤다. 가족에 대한 스트레스가 많은 경우 비장애 형제자매는 장애 형제자매에 대해 더 당황하는 태도를 나타냈다. 어머니의 장애아동에 대한 비관적인 태도는 비장애 형제자매로 하여금 장애 형제자매에 대해 더 많은 적대감을 갖게 하고 더 당황하는 것으로 나타났다.

장애유형 또한 태도에 영향을 미쳐서 정신지체를 형제로 둔 집단이 자폐아를 형제로 둔 집단에 비해 장애 형제자매에 대해 더 적대적이었다. 또한 아동을 위해 정서적 분위기와 물리적 환경을 잘 조성하고 다양한 경험을 제공해 주는 비장애 형제자매는 그렇지 않은 가정의 비장애 형제자매에 비해 장애 형제자매에 대해 덜 부정적인 감정을 갖고 있었다.

이인숙(2001)의 연구에서도 비장애 형제자매의 연령은 장애 형제자매에 대한 태도에 영향을 미쳐서 연령이 높은 집단은 낮은 집단에 비해 장애 형제에 대해 유의미하게 높은 수용과 지지를 나타내었다. 또한 연령터울이 많은 집단이 적은 집단에 비해서 더 수용적이었고 더 많은 지지를 나타내었다.

이상을 종합해 보면, 비장애 형제자매의 장애 형제자매에 대한 태도에 영향을 미치는 변인은 비장애 형제자매의 나이, 연령터울, 부모의 장애 형제자매에 대한 태도와 가정의 분위기 등이었다.

(3) 장애아동 가정과의 인터뷰

다음은 장애아동과 함께 사는 비장애 형제자매에 대한 사회·정서적 상황을 알아보기 위해 필자가 두 가정의 부모와 인터뷰한 내용이다.

① A가정

A가정의 전반적 상황 A가정은 아버지(39세), 어머니(31세), 딸(9세), 아들(8세) 네 식구가 살고 있다. 부모님은 두 분 다 고등학교를 졸업했으며 아버지는 상업에 종사하고 어머니는 가정주부다. 주거형태는 28평의 아파트이며 두 아동은 각기 독방을 쓰고 있으며, 자동차도 소유하고 있다.

큰딸인 S는 뇌성마비 2급 장애아동이며 1.6kg으로 8개월 만에 출생하였다. S가 8세가 될 때까지 매일 M병원에 다니면서 여러 가지 치료를 받았다. 아버지가 자유업에 종사하므로 아버지와 어머니 그리고 S가 함께 병원에 오는 경우가 많다.

S는 유치원을 다니지 못했다. 9세가 되어 일반학교에 다니게 되었고 학교에 간 이후로는 주 3회로 병원방문이 단축되었다. 받고 있는 치료는 물리치료, 작업치료, 사이렉스다. 어머니의 하루 스케줄은 보통 8시 25분까지 두 아이를 차로 학교에 데려다 주고 집에 돌아오면 9시 정도 되며 9~12시까지 집에 있다가 12시에 두 아이를 데리러 다시 학교에 간다. 12시 45분에 집에 도착하여 점심을 먹고 1시 15분에 딸 S만 데리고 병원에 가면 저녁 7시 20분에 집에 돌아온다. 집 근처에 아동에게 적합한 적당한 병원이 없어서 다른 도시에 있는 병원에 통원치료를 받으러 간다. 병원에 오고 가는 시간이 3시간 정도 걸리며 세 가지의 치료를 받다 보면 7시가 넘어서 집에 오고 그 시간 이후부터는 저녁 준비 등 여러 가지 집안일을 하게 된다. 1년 전까지는 이러한 병원나들이를 매일 했으나 S가 학교에 간 이후로는 주 3회로 줄어들었다. 그러나 S가 학교에 있는 시간인 9~12시까지도 어머니에게는 자유시간이 아니며 그 시간 동안 초창기에는 학교 양호실에서 혹시 S에게 무슨 일이 있어 어머니의 도움(화장실 가거나 이동이 필요할 때…)이 필요할 때를 대비해서 기다리고 있었고 지금도 학교에서 연락이 오면 바로 갈 수 있도록 집에서 대기하고 있다.

비장애아동인 동생(K)의 전반적 상황 S의 동생인 K는 남자이며 S

보다 한 살 어리다. K의 현재의 나이는 8세이며 초등학교 1학년에 재학 중이다. S가 6세가 될 때까지 외할머니가 계셔서 어머니가 누나와 함께 병원에 있는 동안 K는 외할머니와 집에 있었다. 그러나 K가 6세 때 외할머니가 돌아가셨고 그때부터 K는 유치원에 다니기 시작했다. 6세부터 학교에 입학할 때까지 K의 하루의 일과를 보면 9시부터 2시까지 유치원에서 생활하며 2시부터 어머니 대신 바이올린 선생님이 K를 유치원에서 데려와서 어머니가 병원에서 돌아올 때까지 자기집에 있도록 하였다. K가 8세가 되어 누나와 같이 1학년 같은 반에 입학하여 누나의 짝이 되어 함께 학교생활을 시작하였다. 어머니가 학교에 데려다 주고 데려오며 병원 나들이를 위하여 12시 45분에 집에 도착하여 1시까지는 점심식사를 끝내야 한다.

동생(K)의 학교생활 K의 부모는 딸의 통합교육을 위하여 노력하고 있다. 처음에는 학교로부터 S의 입학이 거부되었다. 그 이유는 S를 위한 편의시설을 할 재정적 능력이 학교에 없었기 때문이었다. S의 부모는 S를 위해서 화장실과 휠체어가 다닐 수 있는 길을 사비로 학교에 만들어 줌으로써 S의 입학이 허락되었다. 그 후 교장선생님과 상의하여 학교생활의 편의를 위해 S의 교실의 위치를 같은 학년과는 별도로 1층에 위치하게 하고 담임교사는 처음으로 교직생활을 시작하는 신임교사가 맡기로 했다. S는 동생인 K와 같은 반에서 짝꿍으로 있으며 S의 여러 가지 학교생활을 보살펴주기로 하였다. 어머니도 S의 학교생활을 돕기 위하여 양호실에 있으며 S가 어머니의 도움을 필요로 할 때는 언제든지 도움을 줄 수 있도록 하였다.

질문자: 왜 신임교사를 선택하셨나요?

아버지: 신임교사는 아무래도 교육에 대한 열정이 있고 젊기 때문에 S에 대해서 편견을 적게 갖고 열심히 지도해 줄 거라고 생각했습니다.

질문자: 지금은 어떻게 생각하십니까?

아버지: 신임교사를 선택한 것이 실수였던 것 같습니다. 왜냐하면 교육경험의 부족으로 1학년 학생들을 지도하고 통솔하는 데 본인이 어려움을 갖고 있고 이러한 어려움을 우리 S에게 전가시키며 S에 대한 편견을 역시 K(동생)에게도 전가시키고 있어요. 또한 다른 학년들과 동떨어져 1층 교무실 근처에 배치한 교실배치 문제도 신임교사로서는 신경이 쓰이는 문제이며 이 모든 상황이 S에 대한 불만으로 표시되고 있습니다.

질문자: 누나와 함께 하는 K의 학교생활은 어떻습니까?

어머니: 누나 때문에 K의 학교생활은 지장을 많이 받고 있어요. 누나로 인해 공부가 떨어지는데, 특히 받아쓰기를 제대로 할 수 없어요. K는 누나가 먼저 받아쓰기 하는 것을 도와주어야 하기 때문에 본인은 시간이 부족해서 100점을 받을 수가 없어요. 또한 학교에서 누나의 손발노릇을 하며 여러 가지를 도와주어야 하고 화장실을 데리고 가야 해요. 자기가 해야 하는 일이라고 생각하고 있으나 집에 와서 짜증을 많이 내요. 며칠 누나가 학교에 안 갔는데 몸은 편했으나 마음이 불편했다고 해요. 친구들과 싸울 때 형제가 서로 편이 되어 의지가 되었대요.

누나로 인한 긍정적, 부정적 영향

질문자: 어머니께서 보시기에 아버지께서 K와 S를 어떻게 대해 주나요?

어머니: 아버지는 S에 대해서 너그럽고 관대해요. S가 운동을 하려고 하지 않는 경우를 제외하고는 예뻐하고 사랑해 주고 전반적으로 너그럽게 대해 주나, K에 대해서는 굉장히 엄격하고 야단도 많이 치는 편이에요. 그래서 오누이 간에 싸움이 일어날 때도 아버지는 무조건 S편만 들고 K를 야단쳐요. 그래서 그런지 K는 아버지와 대화를 자주 하려고 하지 않고 나한테만 와서 얘기해요.

아버지: 엄마는 S와 K를 공평하게 다루는 것 같고 싸움을 할 때는 잘잘못을 따져서 야단을 치는 것 같아요.

질문자: K가 S와 살면서 받는 부정적 영향이 있다면 말씀해 주시지요.

어머니: 모든 생활의 리듬이 S 위주로 짜이다 보니 K는 여러 가지 불평이 있을 수 있을 거예요. K는 학교 등 · 하교 시 친구들과 다니고 싶어하나 S의 병원과 등교 등의 시간에 쪼들리다 보면 가족이 같이 움직이는 것이 더 편리해서 허락을 할 수가 없어요. K는 부모가 누나만 사랑한다고 생각해서 저도 사랑해 달라고 조르는 경우가 많아요. 집안에서 모든 심부름을 혼자 다 하다 보니 처음에는 양보심을 갖고 잘했으나 점점 짜증을 부리는 것 같아요. S 때문에 항상 시간에 쪼들리다 보니 K에 대해서 신경쓸 시간이 없어요. 그래서 K가 유치원 다닐 때도 유치원 행사에 참석하지 못했고 K는 이것에 대해서 불만을 표시하고 누나만 사랑한다고 했어요. 어느 때부터인가 K는 누나 위주로 살면서 자기표현을 억제하고 이유 없이 자기 방에서 20분 정도 울어요. 내가 아무리 그 이유를 물어도 말하지 않고 자주 자기 방에서 혼자 울어요. 이것 때문에 아버지가 화가 나서 K를 자주 야단쳐요.

질문자: 우는 것 외에 다른 문제는 없나요?

어머니: K는 신경성 복통이 있어서 자주 배가 아프다고 해요.

질문자: 이러한 면 외에 누나와 생활하면서 긍정적인 면이 있다고 생각하세요?

어머니: K는 다른 아이들에 비해 성숙하고 이해심도 많아요. 매사에 독립적이며 어리광이 없어요.

질문자: 집안에서 누나의 장애에 대해 부모님이 K에게 얼마나 많이 이야기를 해 주시나요?

아버지: 우리가 노력하면 S는 정상이 될 수 있고 또 옛날과 비교해 보면 S는 많이 좋아졌습니다. 우리가 더 열심히 노력하면 S는 정상이 될 것이고 S가 언젠가 정상이 될 텐데 굳이 K에게 S의 장애에 대해서 이야기할 필요를 느끼지 않고 있습니다.

② B가정

B가정의 일반적 상황 B가정은 외할머니(65세), 어머니(32세), 큰아들(7세), 둘째아들(4세) 이렇게 네 식구가 살고 있다. 큰아들 M은 행동장애가 심하고 심한 언어장애를 갖고 있다. 아버지는 다른 여자와 가출하여 어머니 혼자 두 아이를 키울 수 없어서 외할머니 집에서 함께 살고 있다. 외할머니가 경제적 책임을 지고 생활했으나 2개월 전부터 팔을 다쳐서 더 이상 일을 할 수 없게 되었다. 그 후로 어머니가 공장에 다니며 겨우 생계를 유지하고 있다. 할머니는 낡은 단독주택을 갖고 있으나 다른 방들은 세를 주었고 현재 한 방에서 네 식구가 함께 생활한다. 자동차는 소유하지 않고 있다.

큰아들 M(행동장애아동)은 현재 사설 유아특수교육센터에 주 2회 다니고 있고 둘째아들 S는 아무런 교육적 서비스를 받고 있지 않다. 어머니는 아버지 가출 이후 무기력상태이며 시간이 없어 아동교육에도 관심을 가지지 못하여 두 아이의 교육은 전적으로 할머니가 담당하고 있다.

동생 S의 하루생활 동생 S는 현재 네 살이고 유치원이나 기타 사설교육기관에 다니고 있지 않다. 자는 시간과 깨는 시간이 일정하지 않으며 가족이 한 방을 쓰기 때문에 그때그때 상황에 따라 취침시간과 기상시간이 달라진다. S는 하루종일 바깥에서 놀며 형과 할머니와 함께 일주일에 두 번씩 형의 교육을 위한 유아특수교육센터에 가는 것이 유일한 나들이다. S는 유아특수교육센터에 가는 것을 좋아한다.

질문자: 왜 S는 형의 유아특수교육센터에 가는 것을 좋아하나요?

할머니: 그곳에 가면 장난감도 많고 여러 가지 재미있는 것이 많으니까 좋아해요. S의 하루는 그냥 길에서 하루 종일 노는 거예요. 아버지를 잘못 만나서… 아버지만 잘 만났으면 지금 별의별 것을 다 배울 나이인데….

질문자: 할머니께서는 S와 함께 놀아 주지 않나요?

할머니: 그럴 시간이 없어요. S는 똑똑하니까 저 혼자서도 얼마든지 잘할 수 있고 그 애의 형은 잠시라도 한눈을 팔면 뛰어나가 버리고 찻길이고 어디고 마구 달리며 빨간 불에서도 뛰어다니니까 위험해서 잠시도 혼자 둘 수 없어요. 지난번에는 잠시 혼자 나가서는 택시를 돌로 긁어놔서 10만 원이나 물어줬어요. 나는 M 옆에 있어야 하고 M이 신발을 신으면 나도 같이 뛰어나가야 하니까 S를 돌볼 시간이 없어요.

질문자: S는 다른 친구들과 어떻게 노나요?

할머니: 다른 애들하고 놀 때와 형하고 놀 때는 딴판이에요. 형한테는 때리고 그러지만 다른 애들한테는 비위를 다 맞추어 주고 자기 장난감을 다 주면서 쫓아다녀요."

질문자: S는 친구들이 많이 있나요?

할머니: 형은 말할 것도 없고 S도 친구가 딱히 있지는 않아요. 단짝인 친구는 없고 그냥 휩쓸려 노는 거예요.

질문자: 손주들 키우시느라 힘드시겠어요.

할머니: 외할머니가 무슨 죄예요. 지그집에서는(딸의 시댁을 의미함) 돈 한 푼도 안 보태주는데 내가 언제 죽을지도 모르고. 우리 아들도 있고 그런데 내가 언제까지 키우겠어요. 내가 내 자식이거나 내가 친할머니다 그러면 내가 쥐어뜯어서라도 가르치지만 외할머니고….

질문자: 어머니는 아이들하고 많이 놀아 주시나요?

할머니: 자식이 다 뭐겠어요. 서방이 저러구 다니는데 원래 성격도 내 성적이어서….

형으로 인한 긍정적, 부정적 영향

질문자: S가 형하고 살면서 받는 좋은 영향, 나쁜 영향이 있다면 어떤 것이 있을까요?

할머니: 형한테 배울 점이 없어요. 말도 형이 잘 못하고 저 하고 싶은 말만 하고 못된 소리 하면 S가 따라서 해요.

질문자: 그 외에 어떤 영향이 또 있나요?

할머니: S가 형 물건에 손대면 형이 S를 닥치는 대로 물어뜯어요. 저 어린 것이 귀고 어디에서고 피가 철철 나고 자지러지게 울면 내 속이 막 쓰려요.

질문자: 어떤 때 물어뜯나요?

할머니: 자기 물건에 손만 대면 물어뜯고 또 물건도 동생것, 내것, 니것이 없어서 다 뺏고 그러면 S는 울고 형은 물어뜯고 그래요.

질문자: 물건이나 간식을 주실 때 똑같이 주시나요?

할머니: 아무래도 형을 더 주지요. 형이니까 더 주어야지요. 그래도

자기 것을 빨리 먹고는 어느 틈에 S에게 달려들어서 뺏고 물어뜯고 그러지요.

질문자: 형이 와서 뺏고 그러면 S는 어떻게 하나요?

할머니: 전에는 무조건 울기만 했어요. 어렸으니까. 그러나 요즘은 같이 때려요. 이제는 S가 형이 안 주면 물어뜯어요. 이것은 알면서 그러니까 그러면 내가 막 두들겨 패주죠.

질문자: 형제가 서로 싸우면 할머니는 누구 편을 드세요?

할머니: 아무래도 형의 편을 들게 되지요. 물어뜯을 때는 S편을 들어주지만. 그런데 요즘은 형이 무엇이든지 다 S에게 줘서 예쁘지요. 다 불쌍하니까 어느 편도 안 들어요.

질문자: S가 형과 살면서 또 다른 나쁜 영향은 없나요?

할머니: 배우지 못하는 게 문제죠. 나는 형만 가르치니까 S가 때때로 저도 가르쳐 달라고 해요. 내가 형하고 공부하고 있을 때 와서 가르쳐 달라고 해요. 그러나 저는 똑똑하니까 저리로 가라고 하지요. 형하고 공부하기도 벅차니까. 그리고 장난감이 없어요. 돈이 없으니까 사주지도 못하고 책도 읽어야 할 나인데…. S에게 맞는 장난감이 하나도 없어요. 그래서 센터에 가는 것을 좋아해요. 거기에는 장난감이 많으니까요.

질문자: 어떤 때 자주 싸우나요?

할머니: 물건 때문에 자주 싸워요. 형이 S가 무엇을 갖고 있으면 물고 뺏고 하니까. 그리고 텔레비전 볼 때도 자주 싸우는데 형은 선전만 보려고 해요. S가 다른 것을 보려고 하면 못 보게 하고 선전만 좋아해요.

이상의 단편적인 인터뷰 내용으로도 장애아동과 함께 생활하는 비장애 형제자매의 일상을 상상해 볼 수 있다. 장애아동과 같이 생활해야 하는 비장애 형제자매는 많은 연구들이 통계적으로 부정적인 측면들을 많이 입증해 내지 못했다 할지라도, 많은 불이익을 당할 수 있고 그것으로 말미암아 성장발달에 부정적인 영향을 미칠 수 있다. 따라서 장애아동뿐만 아니라 그들의 비장애 형제자매에 대해서도 관심을 갖고 부정적인 요소들을 경감해 줄 수 있는 변인들을 밝혀서 비장애 형제의 건강한 성장발달을 도모해야 한다. 이를 위해 인터뷰 결과들을 바탕으로 몇 가지 논의 및 제언을 해 보면 다음과 같다.

A가정의 부모들이 갖고 있는 장애아동에 대한 '의학적 모델', 즉 조기에 진단해서 적절히 치료해 주면 언젠가 정상이 될 것이라는 의식은 장애아동이 어릴수록 강하며 이러한 의학적 모델은 가족 전체의 생활패턴을 장애아동중심으로 운영하면서 다른 가족구성원들의 욕구를 소홀히 할 수 있다. 장애아동의 치료에 부모가 지나치게 많은 시간을 할애할 때 다른 가족구성원들은 이를 위해 참고 희생하며 자기들의 욕구를 억제하여야 한다. 또 우선순위를 지나치게 장애아동의 욕구와 치료에 둘 때 가족 전체의 균형이 깨질 수 있으며 비장애 형제는 부모가 자기를 사랑하지 않는다고 느끼며 슬퍼할 수 있다(A가정의 경우 비장애 형제는 부모가 자기를 사랑해 줄 것을 간절히 원하고 있다). 따라서 지속적인 부모교육을 통해서 가족기능의 정상화에 대한 중요성과 비장애 형제의 욕구에도 민감할 수 있는 가정분위기를 조성해야 한다.

비장애 형제로 하여금 지나치게 장애아동을 돌봐야 하는 책임을 강요할 때 비장애 형제의 개인적인 자유공간이 극히 제한될 수 있다. A가정의 경우 특별한 경우이긴 하지만 학교에서 같은 반에 있으면서 장애 형제의 수족의 역할을 동생에게만 요구할 때 동생의 학업적 성취에도 부정적 영향을 미칠 수 있다. 이러한 경우 교사의 배려가 있다면 한 반 아이들이 돌아가면서 짝이 된다거나 하여 장애아동을 도와줌으로써 장애아동의 어려운 형편을 경험해 볼 수 있는 기회로 삼는 등 다른 대안들을 계획할 수 있다. 동생의 희생을 전제로 한 장애아동의 통합교육은 비장애 형제에게 지나친 부담을 줄 수 있다. 이러한 여러 가지 상황은 A가정의 경우 비장애 형제의 이유 없는 울음 등으로 자신의 부담감을 표출시키기도 한다.

저소득층 가정의 경우 비장애 형제는 많은 불이익을 당할 수 있다. 24시간 장애 형제와 함께 생활하게 되므로 자유공간이 적고(B가정의 경우 행동장애인 형을 둔 아동은 수시로 형으로부터 물리거나 매맞는 경우가 많았다) 경제적 어려움으로 아동발달에 필요한 장난감이나 책 등 교육적 자극이 거의 없이 하루종일 길에서 놀도록 방치되고 있다. 따라서 유아특수교육센터 등 장애아동을 위한 교육기관은 이러한 저소득층 가정의 비장애 형제자매를 위한 프로그램을 구성해 주는 것이 바람직하다. 예를 들면, 일정한 장난감을 대여해 준다거나 장애아동 교육에 비장애 형제를 보조교사로 활용하여 모델링을 하게 함으로써 비장애 형제자매에게도 장애 형제와 어떻게 잘 상호작용을 할 수 있는지를 제시해 줄 수 있다.

부모의 양육태도는 A가정, B가정 다 장애아동과 비장애아동을 차별적으로 다루고 있다. 장애아동에게는 너그럽게 대하고 비장애아동에게는 엄격하게 대하고 장애아동은 더 많은 부모의 관심과 격려를 받고 비장애아동은 부모로부터 엄격하게 다루어지며 관심과 격려가 부족한 상태에서 더 많은 독립심과 완벽을 요구당하고 있다. A가정의 경우 비장애아동은 아버지에게 속마음을 이야기할 수 없고 결국 이러한 스트레스는 비장애 형제의 '스트레스성 복통' 이라는 병을 초래했다고 추측할 수 있다. 따라서 부모교육 등을 통해서 비장애 형제자매의 현실적 · 심리적 상황을 설명하고 이러한 스트레스를 경감시켜 줄 수 있는 변인들을 주지시킴으로써 가능한 한 비장애 형제자매도 건강한 성장발달을 할 수 있도록 하는 것이 바람직하다.

앞의 인터뷰에서와 같이 장애아동과 함께 성장하는 비장애 형제자매들은 흔히 정신적 · 육체적 고통을 받으며 성장하게 된다. 이러한 고통은 성장기 아동의 정서적 발전에 영향을 미친다. 그렇다면 장애아동과 함께 성장하는 비장애아동의 스트레스를 경감시키는 데는 어떤 요소들이 중요한 역할을 할 것인가?

자이페르트(Seifert, 1989)는 비장애 형제자매와 인터뷰를 통해서 몇 가지 스트레스 경감요소들을 발견했으며 그 내용은 다음과 같다.

- 가족 간의 상호작용이 원활할 때 문제발생 시 해결이 용이하다.
- 부모의 인적사항(직업, 학력, 경제적 수준…)이 아동의 문제를 해결하는 데 영향을 미친다.
- 가족 내의 대화방식, 즉 평상시 가족 간의 의사소통체계가 얼마나 원활하며 얼마만큼 솔직한 대화를 주고받았느냐가 발생된 어려운 문제해결을 용이하게 해 준다.
- 비장애 형제자매의 원만한 성장발달을 위해서 그만이 갖고 있는 자유시간과 자유공간들이 충분히 허용되어야 하며 그 시간과 공간 안에서 장애 형제에 대한 죄책감이나 부모에 대한 미안한 마음 없이 충분히 즐길 수 있어야 한다.

• 가족의 주변 환경들, 예를 들면 비장애 형제자매를 이해하고 수용할 수 있는 이웃과 친구들이 있을 때 또는 장애 형제가 기관이나 학교에 다니고 있어서 몇 시간만이라도 다른 가족들에게 자유공간이 허락될 때 비장애 형제자매들은 자신들의 스트레스를 보다 잘 처리할 수 있다.

2. 지역사회와 장애아동의 가족

지역사회는 장애아동 가족의 적응에 중요한 역할을 한다.

바이스(Weiss, 1989)의 인터뷰를 인용해 보면, H 어머니는 자녀를 대중 앞에 보이기를 두려워한다.

> 어머니: 내가 아이를 데리고 나가면 많은 사람들이 나와 내 아이를 쳐다봅니다. 어떤 사람은 내게 다가와서 내 아이에게 무슨 일이 발생했는지 묻고 어떤 사람은 뒤를 힐끔 쳐다봅니다. 어떤 경우든지 사람들의 이런 반응이 나는 너무나 싫습니다. 그래서 나는 내 아이와 밖으로 나가는 것을 회피하게 됩니다. 나도 내 아이를 이 세상에서 숨길 수 없고 내 아이 때문에 내가 부끄러워할 필요가 없다는 것을 압니다. 그러나 나로서도 사람들 앞에서 위축되는 나 자신을 어쩔 수가 없습니다.

장애아동 가족은 지역사회와 분리된 개체가 아니라 지역사회 안에서 지역사회의 영향을 받는다. 특히 위에서 언급했듯이 장애아동 가족은 많은 현실적 문제와 정서적 문제로 스트레스의 요인을 안고 있다. 지역사회는 장애아동 가족에게 스트레스를 증가시켜 줄 수도 있고 경감시켜 줄 수도 있다.

1981년에 행해진 크리스티안센-베른트(Christiansen-Berndt)의 연구를 보면 장애아동의 부모, 일반교사, 특수교사를 대상으로 정신지체아에 대한 그들의 생각을 조사했다. 그들은 정신지체아동을 무서운 존재이며 가능한 한 근접하지 말아야 하는 부류의 사람으로 인식하고 있었다.

1971년의 브라켄(Bracken)과 코타니디스(Cotanidis)는 1,000명의 일반인에게 정신지체아동에 대해서 질문한 결과 98.6%의 사람이 정신지체아동은 동정의 대상이며 동시에 무서운 대상으로 인식했다. 실험대상의 1/3은 자신의 자녀를 정신지체아동과 함께 어울리게 하지 않을 것이며 80%는 장애아동이 이웃으로부터 눈총을 받을 것이라고 대답했다. 장애아동에 대한 이러한 지역사회의 편견은 비단 장애아동에게만 한정된 것이 아니라 장애아동의 가족에게까지도 그 영향이 미쳐서, 지금까지 정상적이었던 가정이 장애아동의 탄생으로 말미암아 이웃으로부터 소외당하고 낙인찍히는 결과를 초래한다. 이와 같이 지역사회는 장애아동 가족에게 더 큰 스트레스 요인으로 작용할 수도 있지만 지역사회의 다양한 지원(Social Support)을 통해서 그들의 스트레스를 경감시킬 수도 있다.

그러나 지역사회의 어떠한 요소들이 장애아동 가족의 스트레스를 경감시키는가에 대한 요인을 분석하는 데 어려움이 있다. 왜냐하면 각 개인은 각자 스트레스 해소방법을 가지고 있기 때문에 각자에게 필요한 지역사회와 관련한 스트레스 해소방법은 끝없이 다양할 수 있다. 장애아동 가족이 그들의 스트레스를 경감시킬 수 있는 대처자원은 크게 개인적인 자원과 사회생태학적인 자원으로(이애현, 오세철, 1998) 분류할 수 있다. 클라인, 콜렌, 둔스트, 엔킨스와 트리베테(Klein, 1979; Colen, 1983; Dunst, Jenkins & Trivette, 1984)의 연구를 통해서 대처자원들을 종합해 보면 다음과 같다.

- 장애아동 가족의 상황에 대해서 지역사회가 얼마나 많은 이해를 하고 있는가가 스트레스의 경감 요인이 된다.
- 사회적 지원: 어떤 종류의 사회적 지원도 다 유용하다.
- 가족의 완전성: 장애아동 가족은 그들 가족이 다른 가족만큼 완전무결하지 못하다고 생각하는데 이러한 생각은 그들을 보는 친구, 이웃, 친척들의 시각에 의해 많은 영향을 받는다. 따라서 자신들이 완전한 가족이라는 의식은 스트레스를 경감시킬 수 있다.
- 장애아동에 대한 그들 부모의 인식은 가족 밖의 지원에 의해서 강하게 영향받는다. 지나치게 많은 문제로 갈등을 겪고 있는 가족은 장애아동에 대해서 긍정적인 인식을 갖기가 어려울 때가 많다. 따라서 가정 밖의 지원은 장애아동 가족의 문제를 경감시킬 수 있고 이러한 스트레스의 경감은 부모로 하여금 자녀의 장애에 대해 긍정적으로 사고하도록 도울 수 있다.
- 부모가 긍정적인 경험을 만끽할 때: 부모는 예를 들면, 명랑하고 즐거운 가정분위기가 창출되었거나, 그들의 아동에 대한 노력으로 아동에게 진보가 있거나, 장애아뿐만 아니라 모든 그들의 자녀가 만족하면서 가정생활을 영위하거나, 그들의 자녀들이 지역사회에 잘 적응해서 행복한 삶을 영위하거나 그들과 공동운명체인 모임을 결성해서 사회적 접촉을 갖는 등의 긍정적인 경험을 만끽할 때 스트레스 요인들이 경감될 수 있다.

연습문제

1. 장애아동 가족의 스트레스를 증가시키는 데 영향을 줄 수 있는 변인들에 대해서 논의하시오.

2. 장애아동 부모의 현실적, 심리적 문제는 어떤 것이며, 실제로 장애아동의 부모와 인터뷰해 봄으로써 그들이 갖고 있는 어려움에 대해서 토론해 보시오.

3. 장애아동과 함께 사는 비장애 형제자매는 어떠한 어려움을 갖고 있는가 실제로 비장애 형제자매와 인터뷰를 해 봄으로써 문제점들을 파악해 보고 서로 의견을 나누어 보시오.

4. 비장애 형제자매의 장애 형제자매에 대한 태도 개선에 영향을 미치는 변인들을 알아보고, 이를 위해서 교사로서 해야 할 역할에 대해서 논의하시오.

5. 장애가족은 지역사회의 영향을 강하게 받는다. 장애가족이 지역사회로부터 긍정적인 영향을 받게 하기 위하여 교사로서 어떠한 노력을 해야 할 것인가?

참고문헌

김은주(1993). 일반형제의 장애 형제에 대한 태도에 영향을 미치는 변인연구. 이화여자대학교 대학원 미간행 석사학위논문.

김일수(2000). 장애유아 부모의 양육 스트레스와 적응에 관한 연구. 우석대학교 교육대학원 미간행 석사학위논문.

김정은(2001). 유아특수교육기관 실태비교. 우석대학교 교육대학원 미간행 석사학위논문.

김희수(1995). 장애아 부모의 양육 스트레스와 대처자원과의 관계. 이화여자대학교 미간행 석사학위 청구논문.

원대영(1994). 정신지체아에 의한 형제자매의 부담감에 대한 조사연구. 중앙의학, 59(7), 561–568.

이애현, 오세철(1998). 지체부자유아 부모의 대처행동 분석. 특수교육학회지, 19(1).

이영철(2001). 형제 · 자매의 환경중심 언어중재 효과. 특수교육학연구, 36(3), 55–76.

이인숙(2001). 장애 형제에 대한 비장애 형제의 태도. 우석대학교 교육대학원 미간행 석사학위논문.

이한우, 강위영(1999). 발달장애아동과 일반아동부모의 양육태도 및 스트레스 비교연구. 특수교육학회 추계학술연구발표.

전혜인(1997). 장애아동의 비장애 형제를 위한 형제지원 프로그램이 비장애 형제의 장애 형제를 대하는 행동과 자아개념에 미치는 영향. 이화여자대학교 대학원 미간행 석사학위논문.

최민숙(1998). *Kinder mit geistiger Behinderung und Ihre Familien*. Berlin.

최성희(1974). 정신박약아 부모들의 문제와 개별사회사업의 필요성. 이화여자대학교 대학원 석사학위논문.

한국장애인부모회(1999). 2000년 장애인 부모교육자료집. 비매품.

Bach, H. (1993). *Geistigbehinderten Paedagogik*. Berlin.

Bodenbender, E. (1981). Zur psychosozialen Situation der Eltern geistig behinderter Kinder. *Geistige Behinderung, 1*, 5–15.

Blacher, J. (1984). *Severely handicapped children and their families.* research in review.

Bracken, H., & Cotanidis, W. (1971). Untersuchungen zur Einstellung der Bevoelkerung gegenueber geistig behinderter Kinder. *Bericht ueber eine repraesentative Befragung an den Bundesminister fuer Jugend, Familie und Gesundheit*. Marburg.

Bradley, D. S. (1991). *An analysis of the self–esteem of siblings of mentally retarded children*. United State International University.

Bronfenbrenner, U. (1981). *Die Oekologie der menschlichen Entwicklung*. Stuttgart.

Christiansen–Berndt, K. (1981). *Vorurteile gegenueber geitig behinderten Kindern*. Muenchen.

Dunst, C., Jenkins, V., & Trivette, C. (1984). the family support scale reliability and validity. *Journal of individual family and community welllness, 1*, 45–52.

Engelberg, W. (1989). BehindertesKind–"Gefaehrdete" Familie–. *Heilpaedagogische Forschung, BandXY2*, 104–111.

Friedrich, H., Spoerri, O., & Stemann–Acheampong, S. (1992). *Missbildung und Familiendynamik*. Goettingen.

Froehlich, A. (1986). *Die Muetter schwerbehinderter Kinder*. Heidelberg.

Hackenberg, W. (1982). Das behinderte Kind als Belastung und Chance fuer seine Geschwister. *Geistige Behinderung, 2*, 87–96.

Hinze, D. (1990). *Vaeter und Muetter behinderter Kinder*. Heidelberg.

Horstmann, H. (1985). Zwei Jahre Kurzzeitheim fuer schwerstbehinderte Kinder und Jugendliche. Ein Erfahrungsbericht ueber ihre familiaere

Situation und Ueberlegung zur augenblicklichen sozialpolitischen Diskussion. *Geistige Behinderung, 24*, 234–244.

Klein, F. (1979). Die haeusliche Frueherziehung des entwicklungsbehinderten Kindes. *Ein Beitrag zur paedagogischen Praxis*. Bad Heilbrunnen.

Kniel, H. (1988). Bedingungsfaktoren emotionaler Belastungen von Muettern behinderter Kinder im Vorschul–alter. *Behindertenpaedagogik, 27*, 28–32.

Peterander, F., & Speck, O. (1995). Subjektive Belastungen. *Geistige Behinderung, 2*, 95–107.

Prekop, J. (1979). *Wir haben ein behindertes Kind*. Stuttgart.

Rache, H. (1980). Zur Sozialen Situation des geistig behinderten Kindes,. In: Eggert, D., Shomburg, E., Altemoeller, R. (Hrsg.) *Familie, Umwelt und Persoenlichkeit geistig Behinderter*. Berin, Stuttgart und Wien.

Repond, A. (1956). Die Einstellung und die Reaktionen der Familien gegenueber ihren koerperlich und geisig gebrechlichen Kindern. *Pro Infirmis, 5*, 121–135.

Schatz, G. (1987). Wie veraendern sich die Beziehungen zur Umwelt durch die Existenz eines geistig behinderten Kindes? *Geistige Behinderung, 26*, 237–246.

Schubert, M. (1989). *System Familie und geistige Behinderung*. Wien und New York.

Schuchardt, E. (1996). Warum gerade ich? Leben lernen in Krisen-Leiden and Glauben. *Schritte mit Betroffenen und Begleitenden*. Göttingen.

Seifert, D. (1989). *Geschwister in Familien mit geistig Behinderten Kindern*. Bad Heilbrunn/Obb.

Weisgerber–Soininen, U., Haack, J., & Rauh, H. (1984). Eltern mit entwicklungsverzoegerten Kleinkindern. *Geistiger Behinderung, 4*, 254–259.

Weiss, H. (1989). *Familie und Fruefoerderung.* Muenchen und Basel.

제3장

가족참여를 저해하는 변인과 교사의 역할

1. 가족과 전문가의 관계 변화
2. 가족참여를 저해하는 변인
3. 가족참여와 특수교사의 역할 변화
4. 가족참여의 효율적 운영을 위한 교사의 태도

제 3 장

가족참여를 저해하는 변인[1]과 교사의 역할

1. 가족과 전문가의 관계 변화

시대에 따라 특수교육에서 가족의 위치는 변화되어 왔다. 1960년대는 '아동 자체' 에만 관심을 기울이던 때라 가족에 대한 관심이 적었으며 가족참여라는 용어도 거론되지 않았다. 그러나 1970년대 이후 교육의 효율성이라는 측면에서 가족이 참여하게 되었으며, 가족과 전문가의 관계는 변화되어 왔다.

1) 제3장은 특수교육연구, 6집에 수록된 최민숙의 논문인 「가족중심 유아특수교육의 태동과 가족참여의 효율성을 저해시키는 변인」의 많은 부분이 재인용되었음.

1) 비전문가인 가족

의학적 모델에 입각한 '아동중심교육' 이라는 교육철학에 근거한 실험치료의 현장에서 부모의 위치는 전문가와 비교하면 비전문가의 위치였다. 비전문가는 전문가로부터 정보를 제공받아야 하고 모든 충고와 지시를 수용해야 하는 타율적인 수동체를 의미한다 (Weiss, 1989). 이에 비해 전문가는 모든 지식의 총체이며 모든 것을 지시하고 조종하며 계획할 수 있는 사람으로 여겨졌다.

이러한 전문가의 전문성에 의해서만 주도되었던 '아동중심교육'은 기대했던 만큼의 효과를 보지 못했으며 두 가지 측면에서 심각한 문제가 제기되었다.

첫째, 충분한 정보를 제공받지 못해 부모들의 불만이 고조되었다.

둘째, 학습된 내용이 가정에서 일반화되지 못하였다(Warnke, 1991).

이러한 문제점들을 해결하기 위한 대안책으로 장애아동교육에 부모를 활용하기 시작했으며 부모가 보조교사로 활용되면서 부모의 위치가 변하였다.

2) 전문가의 보조교사인 가족

특수교육에서 가족의 참여가 아동교육에 효과가 있을 것이라는 가정하에 보조교사(이때의 보조교사는 재택교육 시 순회교사가 일주일에 한두 번 가정을 방문하고 부모는 순회교사의 지시에 따라서 매일매일 아동을 교육시키는 것을 의미함)로 가족의 활용 가능성이 제기되었다.

부모는 아동의 주양육자이며 많은 시간을 아동과 함께 보낸다. 그러므로 가족이 아동교육에 참여한다면 그것은 가장 효과적이며 경제적(Strothmann & Zeschitz, 1983)인 방법일 수 있다. 더 나아가 교육적 측면에서 볼 때 전문가에 의해서 아동에게 학습되어진 내용이 부모에 의해 반복된다면 그것은 교육의 지속성과 강도(Weiss, 1989)에 영향을 미쳐서 일반화를 용이하게 할 것이며, 다른 한편으로는 교육적 측면 외에 많은 장애아동들이 기관에 버려지기보다 여러 가지 지원을 통해서 부모에 의해 양육(Warnke, 1991)되는 기회가 증가하게 될 것이다.

그러나 어떠한 효과적인 조치도 대부분 부정적인 측면이 있듯이 부모를 보조교사로 활용했을 때 많은 부정적인 측면들이 나타났다. 부모, 아동, 교사 측면에서 발생할 수 있는 문제점들을 살펴보면 다음과 같다.

(1) 부모의 측면

부모가 교육자로서의 역할을 강요받았을 때 많은 문제점들을 내포하게 된다. 부모는 매일매일 아동을 양육하는 의무 외에 수행해야 할 교육의 의무를 지니게 되며 이러한 교육자로서의 의무는 부모와 아동과의 상호작용에 부정적인 영향을 미칠 수 있다.

바른케(Warnke, 1983, S.71)에 의하면, "부모가 자기의 자녀를 매일매일의 일상생활 속에서 실수 없이 지속적으로 항상 객관적이며 체계적으로 교육해야 함과 동시에 자녀에 대한 사랑을 기대하는 전문가의 태도에 대해서 부담스러워하고 있다."라고 서술했다. 또 페터안더와 스펙(Peterander & Speck, 1995)은 아동의 장애 정도에 따른 부모의 양육부담에 대해서 연구하였다. 중증장애아동의 부모와 경증장애아동의 부모로 나누어서 연구한 결과 중증장애아동을 양육하는 부모의 양육부담은 경증장애아동 부모의 양육부담보다 과중하였다. 또한 중증장애아동의 부모는 경증장애아동의 부모보다 가족참여에 대해 심리적으로 더 부담감을 느끼고 있었다. 이러한 결과에 의하면, 부모가 아동에 대한 양육부담을 크게 느끼면 느낄수록 아동의 교육에 보조교사로 참여하는 데 심리적인 부담을 갖게 되며 보조교사로서의 과중한 책임을 수행하기 어려워진다.

(2) 교사의 측면

교육자와 치료사는 직접적인 아동교육 외에 부모들과 밀접한 관계를 맺으며 각 가정의 상황을 아동교육에 반영해야 하는 부담을 갖는다(Klein, 1989). 각 가정마다 독특한 상황이 있고 이러한 독특한 상황에 매번 적응해야 하는 높은 순응력을 필요로 한다. 어떤 가정은 일하기에 불편한 조건을 구비하고 있을 수 있다. 예를 들면, 좁은 집, 형제자매, 부모, 조부모의 간섭과 방해를 받을 수 있다. 또한 아동교육에 필요한 기자재를 각 가정으로 실어 나를 수 없기 때문에 교육기자재나 교재교구의 활용에 제한이 있다.

(3) 아동의 측면

부모가 지속적으로 아동의 교육에 관여한다면 이러한 상황이 부모와 자녀관계를 악화시킬 수 있다. 부모가 주어진 과제를 아동과 같이 지속적으로 수행함으로써 부모는 아동을 교육의 대상자로 간주하게 된다. 그에 따라 부모는 아동에게 결과를 산출하도록 강요하게 된다. 이러한 부모의 태도는 아동에게 불쾌감(Warnke, 1991)을 주게 될 수 있으며 이러한 불쾌감으로 아동은 부모와의 의도된 연습을 기피하거나 저항하게 될 수 있다. 이러한 부정적인 측면은 아동과 부모의 애정적인 관계에 손상을 입힐 수 있다.

3) 전문가의 협력자인 가족

보조자로서의 부모참여는 앞에서 언급하였듯이 아동, 교사, 부모의 측면에서 부정적인 면들이 논의되었다. 보조자로서의 부모참여는 아동의 양육자로서 부모의 전문성이 인정되지 않은 것이며 부모는 전문가의 지시와 처방에 의해서만 움직여지는 의학적 모델에 입각한 비전문가의 입장이다. 전문가의 처방은 가족에 의해서 그대로 아동에게 자동적으로 전달되는 것은 아니다. 전문가의 입장은 가족이라는 복잡한 체제에 의하여 재조직된다. 각 가정은 그 가정만의 독특한 사정과 상황이 있으며 이러한 상황이 무시된 상태에서 시도되는 보조교사의 역할은 그 효과를 제대로 발휘하지 못하였다(Speck, 1996). 그 결과 부모가 보조자로 아동교육에 참여하기보다 전문가와 동등한 위치에서 협력자로 아동교육에 참여하는 것이 더 바람직한 관계로 여겨졌다.

가족이 협력자로서 아동교육에 참여할 때 아동의 교육에 커다란 효과가 있으며 이는 카이저(Kaiser, 1998) 등의 연구에서(Mahoney, Kaiser, Girolametto; MacDonald, Robinson, Safford, & Spiker, 1999, 재인용) 그 효과가 입증되었다.

협력자로서의 부모참여는 부모가 개인적인 독특한 상황을 갖고 있는 개체이며 아동양육에 있어서 전문가 못지않은 전문성을 갖춘 능력 있는 능동체라는 것을 인정한다는 의미다. 이제 부모는 아동의 교육을 계획하거나 실시할 때 협력자로서 적극적인 참여가 가능하며 각 가정의 상황과 요구에 부응할 수 있도록 부모참여는 개별적으로 이루어져야 한다. 즉, 전문가는 장애를 진단하고 그 진단결과에 따른 일률적인 연습프로그램을 부모에게 제공하고 실시하게 하며 사후검토하는 식의 프로그램 진행이 아니라, 진단부터 프로그램계획까지 부모와 함께 하며 각 가정의 독특한 상황을 고려한 개별화된 가족계획을 실행하는 것이다. 이를 위하여 부모와 전문가는 서로의 개별성과 전문성을 인정하고 수용하며 상호협조하여야 한다.

부모가 전문가와 협조하기 위해서는 서로에 대한 신뢰와 사랑이 바탕이 되어야 한다. 스펙과 페터안더(Speck & Peterander, 1994)의 연구에 의하면, 유아특수교육기관에 다니는 1,099명의 부모는 전문가와의 관계가 긍정적임을 다음과 같이 시사하였다.

- 94.7%의 부모는 협력자로서 유아특수교육에 기꺼이 참여하기를 원했다.
- 93.6%의 부모는 아동교육기관에 대해서 신뢰감을 갖고 있었다.
- 92.9%의 부모는 전문가의 조언을 기꺼이 받아들였다.
- 92.8%의 부모는 전문가가 아동의 교육에 유능하다고 생각하였다.
- 89.2%의 부모는 전문가와 기꺼이 함께 일하기를 원했다.
- 86.6%의 부모는 전문가와의 상담은 매우 도움이 되는 것으로

간주하였다.

- 80.4%의 부모는 전문가의 조언에 대해서 매우 만족하였다.
- 79.1%의 부모는 전문가가 본인들의 가족상황에 대해서 간섭하는 것에 대해서 만족해했다(Speck, 1996, 재인용).

위의 연구결과는 부모측면에서 가족참여에 대해서 매우 만족해하며, 교사와의 관계가 신뢰롭다는 것을 말해 주며, 가족이 협력자로 역할하고 있다는 것을 보여주는 것이다.

2. 가족참여를 저해하는 변인

가족중심으로의 패러다임의 변화는 아동의 교육에 가족이 참여할 것을 전제로 한다. 그러나 모든 가족이 효율적으로 아동의 교육에 참여하는 것은 아니다(Warnke, 1991). 쿠츠(Coots, 1998)의 연구에 의하면, 학교활동에 부모가 효율적으로 참여할 때는 ① 많은 정보를 가졌을 때, ② 자신의 역할의 중요성을 인식할 때, ③ 사회경제적 수준이 높을 때, ④ 참여의 가치를 알 때, ⑤ 교사가 부모의 의견을 중요시할 때인 것으로 나타났다.

가족들은 각각 다양한 상황에 처해 있기 때문에 협력을 잘 할 수 있는 가족이 있는 반면 여러 가지 저해요인으로 말미암아 아동교육에 효율적으로 참여할 수 없는 가족도 있다. 가족참여를 저해시키는 변인들은 크게 가족변인과 기타 변인들로 구별할 수 있다.

1) 가족변인

미국에서는 0～2세의 아동에게 개별화교육계획 대신 개별화 가족서비스 계획(Individualized Family Service Plan: IFSP)을 의무화함으로써 이 연령의 아동의 가족이 아동교육에 참여할 수 있도록 가족을 개별적으로 지원하도록 하였다. 유아특수교육은 100%의 부모참여를 전제로 실시되고 있으나 모든 부모가 효율적으로 참여하는 것은 아니다.

마부르크(Marburg)에 위치한 유아특수교육센터(1989)에서 실시한 실험에 의하면, 가족참여를 전제로 유아특수교육을 하겠다고 참여한 36명의 부모 중 14.1%인 5명의 부모가 중도에 포기하였다(Warnke, 1991). 중도에 포기한 부모들은 여러 가지 사회적 · 경제적으로 어려운 상황에 처하는 경우가 많았다. 그러나 비단 부모의 사회경제적 수준 외에도 부모참여를 저해할 수 있는 요소는 여러 가지가 있으며 구체적으로 살펴보면 다음과 같다.

(1) 부모의 사회경제적 수준

① 부모의 나이

부모의 나이는 가족참여의 효율성에 영향을 준다. 젊은 부모가 나이 많은 부모에 비해서 협조적일 수 있다. 이는 한편으로 젊기 때문에 시부모님이나 친정부모님이 살아계실 수 있는 확률이 높아서 이들의 지원을 기대할 수 있고 다른 한편으로는 이들이 가지고 있는 사고의 융통성은 부모참여에 요구되는 복잡한 부모역할에 잘 부응할 수 있다는 것이다(Innerhoffer & Warnke, 1978). 반면 젊은 부모는 나이 많은 부모에 비해 아직도 장애를 인정하고 수용하지 못한 경우가 많기 때문에 이런 요소는 저해요인으로 작용할 수 있다.

② 가족의 크기

자녀가 많은 부모는 자녀가 적은 부모에 비해서 적극적으로 가족참여를 하기가 어려울 수 있다. 자녀가 많은 부모는 한편으로는 경제적인 어려움에 처해 있을 수 있으며 다른 한편으로는 자녀가 적은 부모에 비해서 교육방법이 다를 수 있다. 자녀가 적은 부모는 자녀들을 경쟁사회에 대처할 수 있도록 능력신장에 관심을 가지고 이에 상응할 수 있는 교육을 시키는 반면에 자녀가 많은 부모는 교육열이 저하될 수 있다(Heckhausen, 1972).

③ 직업의 종류

여러 연구에서 보여 주는 것처럼 경증정신지체아동의 약 2/3는 저소득층가정에서 성장하고 있다. 이에 반해 중증정신지체아동은 계층에 상관없이 분포되어 있다. 이는 저소득층아동들이 문화적으로 혜택받지 못하여 발달이 저해된다는 문화실조의 가설로 설명할 수 있다. 저소득층의 부모는 반수련직에 종사하며 상대적으로 아동의 욕구를 충족시키며 교육적으로 적절하게 대처하는 데 어려움을 느낄 수 있다.

④ 교육 정도

부모는 교사나 치료사들이 부과해 주는 과제를 수행하며 더 나아가 창조적으로 그 문제에 대처하고 각 가정의 상황에 맞게 수정하여 실시할 수 있는 능력이 요구된다. 이에 부모의 교육수준은 장애아동 교육에 중요한 역할을 하게 될 것이다. 낮은 교육수준의 부모는 교육적 지식이 부족하여 아동의 요구에 적절하게 반응할 수 있는 능력이 부족하며 더 나아가 아동교육에 관심이 없을 수 있다(Innerhoffer & Warnke, 1978).

⑤ 가족형태

일률적으로 결론을 내리기는 어려우나 결손가정(부모 중 한쪽이 없는 경우)의 어머니는 아동교육에 비협조적일 수 있다. 혼자서 아이를 키우는 경우 대부분은 경제적으로 어려운 처지이거나 혹은 시간적으로 여유가 없는 경우가 많다. 따라서 이러한 부모는 여러 가지 스트레스를 겪으며 정서적으로 어려운 처지에 놓여 있게 됨으로써 아동교육에 적극적으로 참여하기가 어려울 수 있다.

연구를 살펴보면 결손가정의 경우 평균소득이 일반가정에 비해서 상당히 낮다(Innerhoffer & Warnke, 1978). 또 헤더링톤(Hetherington)의 연구에서는 혼자 사는 어머니의 경우 아버지가 할 일까지도 대신해야 하기 때문에 아동을 위해서 보내야 하는 시간이 일반가정의 어머니보다 적다. 헤더링톤의 또 다른 연구는 혼자 사는 어머니에게서 자라는 아이는 일반가정의 아동에 비해 인지적, 정서적 그리고 사회적 발달에 더 많은 결함이 있는 것으로 나타났다(Bronfenbrenner, 1981).

이러한 연구들은 결손가정의 어머니들이 장애아동교육에 적극적으로 참여하기 어려운 여건들로 경제적 · 시간적 결핍 등을 제시했다.

⑥ 가옥의 크기와 위치

아동이 많은 시간을 보내고 있는 주택의 상황은 아동의 사회적 발달에 중요한 역할을 하고 있다. 프린케르트(Prinkert, 1972)의 연구에 의하면, 부적절한 주택의 상황과 아동의 지적 · 학업적 성취는 청소년 범죄와 연관이 있다고 하였다. 미첼(Mitchell)은 홍콩의 빈민가에 살고 있는 아동의 발달에 대해서 연구했다. 엘리베이터도 없는 고층 아파트에 사는 아동들은 1, 2층에 사는 아동들에 비해서 더 공격적이었다. 이는 낮은 층에 있는 아동들은 고층에 있는 아동들에 비해서 밖으로 쉽게 나갈 수 있으며 높은 층에 있는 아동들은 밖으로 나가는 기회가 부족하여 좁은 집에서만 지내다 보니 공격적으로 변했다고 해석했다(Schneewind, 1991).

이와 같이 가옥의 크기 및 위치 등이 아동의 지적 · 사회적 · 정서적 · 발달에 영향을 미치며 또한 지나치게 작은 집에서는 부모가 아동교육의 협력자로 적극적인 부모참여가 어렵다고 볼 수 있다. 좁은 집에 여러 명의 아동이 같이 살 때는 장애아동을 교육시킬 적절한 공간을 찾기가 어렵고 지속적으로 다른 아동들의 방해에 직면하기가 쉽다. 이와 같이 부모들의 사회경제적 수준은 부모를 장애아동교육의 비협조자로 만들 수 있다.

(2) 부모가 아동을 다루는 데 미숙할 때

부모의 지적, 교육수준이 낮아서 교육적인 지식의 결핍으로 말미암아 야기되는 아동과의 상호작용의 문제보다도 부모의 성격이나 정서적인 측면에서의 미숙으로 말미암아 아동과 적절하게 상호작용할 수 없는 경우 협조자의 역할을 다할 수 없다(Warnke, 1991).

(3) 전반적인 가족관계의 문제

전반적인 가족관계가 원만치 못할 때, 예를 들면 부부간의 갈등이 심하거나 고부간의 갈등으로 가족 내에 불안이 심화되었을 경우 부모는 협조자의 역할을 다하기 어렵다(Warnke, 1991).

(4) 부모가 아동의 장애를 주관적으로 해석할 때

부모가 아동의 장애를 부정적으로 생각해서 교육의 효과를 부인하며 아동의 교육적인 진척을 보려 하지 않거나 아동의 장애를 비합리적으로 정의해서 교육적인 처치를 거부하는 경우다. 예를 들면, 장애를 '신의 벌' 로 간주하여 그것을 힘으로 변화시키는 것은 신의 의도를 거역하는 것이라 믿는 등의(Strothman & Zeschitz, 1983) 장애에 대한 주관적인 해석은 부모를 교육의 비협조자로 만들 수 있다.

(5) 부모의 비합리적 문제해결 방법

교육적, 치료적 노력에 의해서 아동의 장애를 경감시키려 하기보다는 기적적인 힘으로 아동의 장애를 해소시키려는 경우다. 어떤 부모들은 신의 기적이나 기적적인 의사 또는 미신적인 방법에만 의존하려는 경우가 있다(Strothman & Zeschitz, 1983).

2) 교사변인

가족참여를 저해하는 교사변인들은 다음과 같다.

- 과중한 과제부담으로 인하여 부모가 시간적으로 지나치게 구속당할 때 부모는 비협조적일 수 있다(Weiss, 1989).
- 부모의 요구와 목표를 사전에 고려하지 않고 과제를 부과했을 때 부모는 비협조적일 수 있다(Weiss, 1989).
- 부모에게 부과된 과제가 능력 이상의 것이어서 그로 말미암아 부모가 아동을 교육할 때 실패를 경험하여 무능력감을 느낄 때 부모는 비협조적일 수 있다.
- 부모를 비난할 때, 예를 들어 아동과의 상호작용의 문제점을 지나치게 지적하여 부모를 비난할 때 부모는 비협조적일 수 있다.
- 교사가 부모와 자주 또는 규칙적으로 상호작용을 해야 하나 그렇지 못했을 때 부모는 비협조적일 수 있다.
- 아동의 장애가 심하거나 상호작용이 지나치게 어려워 교육의 효과가 적을 때 부모는 비협조적일 수 있다.
- 아동의 치료기관이 지나치게 멀어서 부모만 매일 아동교육을 담당하고 전문가와의 접촉이 어려울 때 부모는 비협조적일 수 있다.

이상과 같이 가족참여를 저해하는 많은 요인들이 있다. 따라서 효율적인 가족참여를 위해서는 각 가정의 독특한 문제상황을 이해하여야 하며 상황에 따른 개별화 가족지원(IFSP)이 실행되어야 한다. 현장에서 때때로 이루어지고 있는 장애아동 개인의 상황을 고려하지 않은 획일적이고 일방적인 가족참여는 오히려 아동교육의 효율성을 저해할 것이며, 더 나아가 준비되지 않은 가족에게 장애아동교육을 떠맡기면 가족들의 부담만 가중시키게 될 것이다. 이러한 부담은 가족의 스트레스를 가중시켜 가족의 기능을 저하시킨다. 따라서 가족참여는 각 가정의 수준에 따라서 개별적으로 시행되지 않는다면 기대하는 결과를 얻을 수 없다.

3. 가족참여와 특수교사의 역할 변화

특수교육 패러다임의 변화는 교사의 역할에도 변화를 가져왔다. 특수교육은 장애아동가족과의 협력하에서 이루어지는 교육이다. 따라서 효율적인 가족참여를 위해서 전문가는 각 가정에 대한 서비스도 지원해 주어야 한다.

아동중심 접근에서의 교사의 역할은 아동과 관련된 분야에만 교사로서의 전문지식이 필요하였다. 이러한 전문지식은 다음과 같다.

- 비장애아동과 장애아동의 발달특성에 대한 지식
- 장애아동의 장애특성에 대한 지식
- 장애아동을 진단할 수 있는 능력
- 진단결과에 따라서 프로그램을 작성할 수 있는 능력(Baily & Wolery, 1992)

그러나 가족중심 접근은 아동중심 접근에서 요구되었던 교사의 능력 외에 부가적인 능력을 요구한다. 이에 대한 구체적 내용은 카폰과 디베니어(Capone & Divenere, 1996; 김은주, 1999, p 18, 재인용)에 의하면 다음과 같다.

- 가족중심 서비스의 원리에 관한 지식

- 가족중심 원리를 실제에 적용
- 가족중심 서비스 전달 지원 정책과 정책의 수행 실제 확인
- 부모들이 자녀의 강점과 요구를 기술하는 데 필요한 지식, 기술, 자신감의 획득 증진
- 부모들이 자녀와 가족의 목표를 찾아내고 수행하기 위해 필요한 지식, 기술, 자신감의 획득 증진
- 부모 및 기타 전문가들로 구성된 팀과 협력하여 다학문적 서비스 전달 조정
- 아동의 특성, 진단적 관심, 가족의 요구, 우선순위, 정보 요구사항 등을 포함한 조기중재계획 설계
- 가족이 전문가와 가족구성원 간의 상호작용에 미치는 영향에 대한 이해
- 지원받은 것이 얼마나 실제 상황에 도움이 됐는지 부모가 인식할 수 있는 인식수준의 향상
- 직계가족과 방계가족 구성원과 친구들의 지각이 가족에 미치는 영향 인식
- 상황에 따라 가족과 함께 활동할 때 전문가의 역할을 규정하거나 재규정
- 상황에 따라 가족이 참여하는 다양한 수준과 역할 인식
- 특별한 요구를 지닌 유아 가족이 일반적으로 접하는 교육체계 이상의 체계에 관한 지식
- 부모가 전문가를 어떻게 인식하고 있는지에 대한 지식
- 가족 개개인의 대처 스타일과 상황에 기초한 지원의 규정 및 재규정

앞에서 언급하였듯이 아동중심의 접근에서 가족중심의 접근으로 패러다임이 이동한 것은 교사의 역할의 폭을 넓게 하였으며 실제로 유아특수교육의 분야에서 일하는 교사는 자신의 업무시간에서 25%를 가족에게 할애하고 있다(Peterander & Speck, 1995).

이와 같은 연구는 주로 외국에서 행해진 것이며 우리나라의 현실과는 많은 차이가 있을 수 있다. 장애아동의 교육에 가족이 참여하는 것은 서구에서는 이미 최상의 실제로 받아들여지고 있으나 우리나라에서는 아직도 교사들의 시각이 가족중심보다는 아동중심에 맞추어져 있다고 볼 수 있다. 가족이 보조교사나 협력교사로 다양하게 활용되기보다 부모의 역할을 증진시키기 위한 방법으로 교육현장에서는 가족참여가 부분적으로 실행되고 있으며 그 형태 또한 제한적으로 운영되고 있다(김은주, 1999). 현장에서의 가족참여는 부모참여로 제한되어 있으며 형제자매의 참여는 실시되고 있지 못하다. 부모참여 또한 부모의 역할이나 아동의 이해를 위한 강의나 수업참관(정정진, 1995), 개별상담이나 강연회(석재은, 1992)를 중심으로 하는 부모교육이 실시되고 있을 뿐 교사들은 아직까지도 '아동중심' 접근을 교사의 유일한 책무로 간주하며 '가족중심' 접근에 대해서는 전문지식이 부족하고 또 이러한 가족중심의 접근이 교사 임무의 일부라는 의식이 부족하다.

이미선, 강영택, 조정환(1999)의 연구에 의하면, 개별화 가족서비스 계획을 실시하지 못하는 이유로 응답자 중 54%가 개별화 가족서비스 계획의 작성법을 모르거나 이러한 이론 자체를 모르기 때문이라고 하였다. 가족참여는 그 효율성이 입증되었으며 따라서 우리나라의 특수교사도 자신의 교육의 관점을 아동중심에서 가족중심으로 전환해야 하며 가족중심접근에 대비한 교사의 재교육이 필요하다.

4. 가족참여의 효율적 운영을 위한 교사의 태도

교사들이 가족참여를 유도하려고 할 때 적극적인 가족만 만나게 되는 것은 아니다. 가족참여는 학령 전 아동에게 있어서 더더욱 요구되고 있으나 부모들의 유치원에 대한 생각은 다음과 같이 세 가지로 구분되기 때문에 각각의 생각에 따라 가족참여는 적극적이거나 소극적일 수 있다.

- 아동을 안전하게 돌보아 주는 곳
- 가정에서 할 일까지도 포함하여 아동의 모든 것을 전적으로 책임져 주는 곳
- 아동교육을 보충해 주는 교육기관

부모가 시간을 갖기 위하여 아동을 일시 맡기며 단지 아동의 안전만 지켜주기를 바랄 수도 있고 혹은 편부모이거나 취업부모여서 아동의 안전뿐만 아니라 교육일체를 유치원에 일임하고자 하는 가족은 적극적인 가족참여가 어려울 것이다. 그러나 유치원을 아동교육을 보충해 주는 교육기관이라 생각하는 가족은 아동교육을 위해 좀 더 교육기관과 협조하려 할 것이다. 이러한 여러 유형의 가족과 협조하기 위해서 교사는 다음과 같은 점에 유의하여야 한다.

① 교사는 아동교육 시 가족과의 협조를 중요한 요소라고 생각한

다는 것을 확실히 가족에게 전달한다. 가족과 협조하기 위해 가족의 욕구를 파악해야 하며 이를 위하여 지속적으로 접촉해야 한다. 교사가 가족과 접촉하고자 할 때 이에 대한 가족의 반응은 다양하다. 첫 번째 유형은 교사가 기대하는 이상적인 가족으로 기꺼이 적극적으로 참여하고 싶어하는 가족이다. 두 번째 유형은 교사가 기대하는 이상적인 가족은 아니어도 참여할 준비가 되어 있는 가족이다. 세 번째 가족은 가족참여를 거절하지는 않았지만 소극적으로 참여하고자 하는 가족이다. 네 번째는 가족참여를 거절하는 가족이다. 교사는 이 중 첫 번째 유형의 가족과 먼저 상호작용함으로써 가족의 욕구를 파악한다. 그러나 다른 가족은 방임한 채 오랫동안 첫 번째 유형의 가족에게만 관심을 기울이면 다른 가족이 소외감을 느낄 수 있다. 교사는 모든 가족을 가족참여로 유도할 수 있다고 생각해서는 안 된다. 각 가족은 나름대로의 특색을 가졌다고 생각해야 하며, 가족들의 서열을 매겨서는 안 된다. 서로를 인정해 주고 존중해 줌으로써 상호협조적인 분위기를 만들어야 한다. 서로를 칭찬해 주는 것은 중요한 일이다. 어떤 경우는 비판을 해야 하는 경우도 있으나 이것이 효과적이기 위해서는 존중해 주는 마음이 선행되어야 한다. 설교를 한다거나 가르치려고 하는 말투는 오히려 역효과를 불러일으킨다.

② 서로의 정보를 공유한다.

부모가 가지고 있는 아동에 대한 정보와 교사가 갖고 있는 아동에 대한 정보는 수시로 공유되어야 한다. 아동에 대한 정보뿐만 아니라 교사의 교육여건이나 문제점들도 공유함으로써 문제를 해결한다.

예를 들어, 통합교육에 종사하는 교사라면 통합교육의 문제점을 교사 혼자서 해결하려 하지 말고 부모들과 문제점들을 토의하며 해결책을 강구하고 필요할 경우 기꺼이 도움을 요청한다.

③ 시간관리

교사의 대부분의 시간은 아동의 교육에 소비되며 가족에 대한 상담에 많은 시간을 할애할 수 없는 것이 현실이다. 따라서 교사는 가족에게 언제 어디에서 상담이 가능한지를 명확히 알려 주어야 한다.

④ 교사로서의 한계를 인정한다.

원칙적으로 교사는 모든 문제를 해결할 수 있어야 하며 모든 것에 있어서 준비되어 있어야 한다. 그러나 교사가 이 세상의 모든 상황을 다 이해하며 준비하고 있기는 현실적으로 불가능하므로 자신의 한계를 스스로 인정해야 하며 모르는 문제에 대해서는 모른다고 대답할 수 있어야 한다.

⑤ 개별적 접근

인간은 각기 다르며 개별적인 존재다. 개별적 존재로서의 인간은 교육적 능력이 다르며 어떤 일에 대해 느끼는 감정, 지적 능력, 생리적, 심리적 특성 그리고 강인함도 다르다. 따라서 동일한 문제라도 각자에게 미치는 영향과 해결방법이 다르기 때문에 교사는 각각의 가족을 개별적인 존재로 생각해야 한다.

⑥ 비밀보장

교사는 각각의 가족상황을 다른 사람들에게 누설해서는 안 된다. 개인적인 문제가 타인에게 공개되지 않는다는 전제하에 가족은 자신의 문제를 전문가에게 상담하는 것이므로 이러한 기본적인 신뢰는 대화의 바탕이 된다.

⑦ 협조자로서의 자세

지적으로나 심리적으로 모든 관계는 권위적인 관계가 아니라 협력적이고 민주적인 관계를 유지해야 한다.

⑧ 가족을 비난해서는 안 되며 교사의 단순한 개인적인 호기심을 만족시키기 위한 질문을 해서는 안 된다(Hasenoer, 1997).

이 외에 가족과의 협조를 위하여 교사가 알아야 할 세부적인 사항은 〈표 3-1〉에 자세히 나타나 있다.

〈표 3-1〉 교사의 태도

구 분	교사가 알고 해야 할 일
의사소통 할 때	• 등하교 시처럼 자연스러운 기회를 이용할 수도 있고 전화, 전자우편, 전화자동응답기, 팩스 등 유용하고 다양한 방법이 있으며 연락장이나 일지를 활용할 수 있다. • 부모의 반응이 없더라도 의사소통할 기회를 꾸준히 제공하고 유용한 의사소통 통로를 계속 열어 주어야 한다. • 일상적인 언어로 분명하게 말한다. • 부모에게 수용적이고 부모가 자신의 문제를 완전히 드러낼 수 있도록 듣기 기술을 개발한다. • 부모에 대해 방어적이지 말고 무서워하지도 말아야 한다. • "나는 모른다."라고 말하는 것을 두려워 말아야 한다. • 부모들과 교사가 함께 일하는 데 방해가 되기도 하는 서로에 대한 선입견을 가질 수 있다는 것을 인식해야 한다. 방해가 되는 전형성과 부정적인 예측들은 가능하면 언제든지 공개적으로 논의되어야 한다.

의사소통 할 때	• 전문가들은 지체된 아이의 부모들이 경험하는 실제적인 불안에 특별히 적응되어야 하며 이러한 불안감을 표현할 때 기꺼이 들어 주어야 한다. • 상호적인 의사소통은 교사 · 부모의 생산적인 상호작용을 위해 필수적이다. • 계획과 의사결정에 관한 기초가 되는 모든 관련 정보를 부모와 함께 나누어야 한다.
회의할 때	• 회의 시작 시 교사나 학부모 중 회의 소집이유에 대해 설명한다. • 가능하면 회의 전에 부모들이 준비할 수 있도록 회의에 관한 질문이나 요청 등을 가정으로 보낸다. • 회의 일정이 정해졌을 때 교사는 회의주제에 관해 충분히 토의할 수 있는 시간을 마련하되 회의 진행시간을 알려 준다. • 회의 전 부모들에게 회의에 참석하는 사람에 대해서 알려 준다. • 회의에서 주의 깊게 듣고 필요하면 기록한다. • 부모가 요구하는 정보에 대해 쉽게 이해할 수 있도록 설명한다.
화난 부모를 대할 때	• 화가 난 부모가 전화했을 때 가능하면 직접 만나서 이야기할 수 있도록 모임을 주선한다. • 사적인 만남에서 부모가 극도로 격앙되었을 때 교사가 그 문제에 관한 관심과 배려를 가지고 있음을 확신시켜 주고 의자에 앉도록 권유하면서 음료를 제공하여 당시의 적대감을 발산시키도록 해야 한다. • 부모가 자신의 불만을 충분히 말할 수 있게 허용해 주고 주의 깊게 들은 후 곤경을 해결할 가능한 선택권을 논의한다. • 화근이 교사에게 있을 때 전문적으로 수용적인 행위였다면 그 이유를 설명해야 한다. 실수했다면 사과해야 하며 행위의 발생에 관한 미래의 과정이 논의되고 일종의 동의에 도달해야 한다. • 교사가 해결할 수 없는 화근인 경우 부모가 화근이 된 사람을 판별하고 그 사람과의 만남을 계획하도록 도와주어야 한다.
특별한 요구를 지닌 부모에게 도움 제공하기	• 부모들의 어려움은 전이의 시기 혹은 중요한 삶의 사건들이 일어날 때 더 많이 발생하므로 이 시기에 부모의 요구를 더 잘 이해해야 한다. • 더 사소하고 일상적인 일들이 스트레스의 원인이 되므로(예: 자동차가 고장났을 때) 이 문제를 미리 알고 있어야 하며 부모가 이미 지쳐 있는 날에는 특별한 요청을 집에 보내지 말아야 한다. • 지원의 자료들, 특히 지역사회 내에 있는 탁아지원과 그들의 집에서 그들을 도울 수 있는 개인이나 서비스에 관한 정보를 부모들에게 제공해야 한다.

특별한 요구를 지닌 부모에게 도움 제공하기	• 지역사회 내의 부모지원조직에 관한 정보를 부모에게 제공해야 하며 다른 학생들의 부모와 함께 정보망을 형성할 수 있도록 도와주어야 한다. • 부모들이 다른 가족구성원, 친구, 친척들과 함께 이야기하고 그들을 비공식적인 지원자료로 보게 됨으로써 격려받을 수 있음을 알려 준다. • 가정에서 문제가 가장 많다고 표현하는 아동의 행동개선을 최우선 목표로 정해야 한다. • 부모들은 장애인을 돕는 문제와 좌절함에 대처하려고 할 때 지원과 격려가 필요하다는 것, 즉 자연적인 강화, 칭찬, 격려가 매우 유용할 수 있음에 대해 알려 준다.

출처: 김은주(1999). 가족중심 유아특수교육의 운영을 위한 특수교사의 역할과 임무. **특수교육연구, 제6집**, pp. 27-28.

연습문제

1. 다음 용어를 설명하시오.
   - 비전문가로서의 가족
   - 보조교사로서의 가족
   - 협력자로서의 가족 개별화 가족지원계획(IFSP)

2. 교사와 가족 간의 관계변화에 대해서 설명하고, 이러한 관계변화의 의미에 대해서 논의하시오.

3. 우리나라의 상황에서 현재 아동교육에 있어 가족이 협력자로의 역할을 하고 있지 못하다면, 그것의 원인은 무엇이며, 협력자의 역할을 하기 위해서 교사는 어떠한 노력을 해야 하는가?

4 부모가 보조교사로서 활용되었을 때 파생할 수 있는 장점과 단점에 대해서 서술하시오.

5. 가족참여를 저해할 수 있는 가족변인과 기타 변인들에 대해서 서술하고 가족참여를 효율적으로 하기 위한 방안을 모색해 보시오.

6. 장애아동이 성장하고 있는 한 가족을 선정하여 본문에 나와 있는 가족참여의 저해요인에 근거하여 이 가족의 가족참여의 가능성을 분석해 보시오.

7. 특수교육에 있어서 패러다임의 변화가 교사에게 시사하는 바에 대해서 논의하고 우리나라 교육현실에서 교사가 할 수 있는 역할에 대해서 논의하시오.
   - 대구조
   - 정상화

참고문헌

김은주(1999). 가족중심 유아특수교육 운영 위한 특수교사의 역할과 임무. 특수교육연구, 제6집, 15-33.

석재은(1993). 장애아동 부모교육 프로그램 내용구성을 위한 부모들의 욕구조사. 이화여자대학교 미간행 석사학위논문.

이미선, 강영택, 조정환(1999). 유아특수교육확대 방안 연구. 국립특수교육원.

정정진(1995). 조기특수교육기관 운영의 활성화방안. 특수교육논총, 12.

최민숙(1999). 가족중심 유아특수교육의 태동과 가족참여의 효율성을 저해시키는 변인. 특수교육연구, 제6집, 3-14.

Bailey, D., & Wolery, M. (1992). *Teaching Infants and Preschoolers with Disabilities*. Ohio.

Bronfenbrenner, U. (1981). *Die Oekologie der menschlichen Entwicklung*. Stuttgart.

Coots, J. (1998). Family Resources and Parent Participation in Schooling Activities for their Children with developmental Delays. *The Journal of Special Education, 31*(4), 498-520.

Dunst, C., Trivette, C., & Deal, A. (1995). *Supporting & Strengthening Families*. Cambridge.

Hasenoer, A. (1997). Kommunikative Zusammenarbeit zwischen Kindergarten und Elternhaus-zum Wohle unserer Kinder. In: *mit Kindern auf dem Weg II Noe Schriften 103*/Dokumentation: Neulengbach.

Heckhausen, H. (1972). Die Interaktion der Sozialisationsvariablen in der Genese des Leistungsmotivs. In: Graumann, D. (Hrsg.) *Handbuch der Psychologie, Bd.* VII(2), 955-1019, Goettingen.

Innerhofer, P., & Warnke, A. (1978). *Eltern als Co-Therapeuten*. Berlin.

Klein, G. (1989). Inwiefern benachteiligen die Organisationsformen der Fruehfoerderung Kinder aus randstaendigen Familien *Fruehfoerderung interdisziplinaer 8*, 190–197.

MacDonald, Robinson, Safford, & Spiker (1999). Parent Education in Early Intervention. *Topics in Early Childhood Special Education, 19*(3), 131–140.

Michelle, B. (1991). *The psychological adjustment of siblings of handicapped Children*. St. John' s University.

Peterander, F., & Speck, O. (1994). Elternbildung. Autonomie Kooperation in der Fruehfoerdeung. *Fruehfoer–derung interdisziplianer, 13*, 108–120.

Peterander, F., & Speck, O. (1995). Subjektive Belastungen. *Geistige Behinderung, 2*, 95–107.

Pinkert, E. (1972). Schulversagen und Verhaltensstoerung in der Leistungsgesellschaft. *Aktuelle Paedagogik*, Berlin.

Schneewind, K. (1991). *Familienpsychologie*. Stuttfart, Berlin und Koeln.

Speck, O. (1996). *Fruehfoerderung entwicklungsauffaelliger Kinder unter oekologisch–integrativem Aspekt*. In: Peterander, F., Speck, O. (Hrsg.) *Fruehfoerderung in Europa*. Muenchen und Basel.

Strothmann, M., & Zeschitz, M. (1983). Grenzen elterlicher Kooperation in der Fruehfoerderung. In: Speck, O., Warnke, A. (Hrsg.) *Fruefoerderung mit den Eltern*. Muenchen und Basel.

Warnke, A. (1983). Kritische Nebenwirkungen der Zusammenarbeit mit den Eltern. In: Speck, O., Warnke, A. (Hrsg.) *Fruefoerderung mit den Eltern*. Muenchen und Basel.

Warnke, A. (1991). Familien in der Fruefoerderung psychodynamischer Aspekte. *In: Familien orientierte Fruehfoerderung*. Muenchen und Basel.

Weiss, H. (1989). *Familie und Fruehfoerderung*. Muenchen und Basel.

제4장

가족참여 방법

1. 보조교사
2. 협력교사
3. 자원봉사자
4. 전화와 서신을 통한 참여
5. 소식지
6. 부모 · 교사모임
7. 부모모임(비형식적 모임)
8. 부모교육(교사역할을 위한 부모훈련)

제 4 장

가족참여 방법

가족은 여러 가지 다양한 방법으로 아동교육에 직·간접적으로 참여하게 되며 교사는 가족이 아동교육에 효율적으로 참여할 수 있도록 유도하여야 한다. 또한 교사는 가족이 참여할 수 있는 가족참여의 형태를 개발하여야 한다. 가족은 아동교육에 여러 가지 다양한 방법으로 참여할 수 있으며 그 참여 내용은 다음과 같다.

- 보조교사
- 교사
- 자원봉사자
- 학교나 학급의 운영위원
- 여러 형태의 놀이모임
- 부모회의
- 부모교육

이미자(2001)의 연구에 의하면, 〈표 4 - 1〉에 나타난 바와 같이 가족은 아동의 교육에 다양한 방법으로 참여하고 있다. 가장 많이 참여하는 형태는 면담이었고 그 다음은 협조자로서의 참여 그리고 부모회의 순이었다. 가족이 이렇게 아동교육에 직·간접적으로 효율적 참여를 하기 위해서 교사는 부모참여일지를 작성하여 개별적으로 부모참여에 대한 평가와 계획을 세워야 한다.

〈표 4-1〉 부모참여 유형

응답문항	빈 도	백분율
부모회	43	24.7
면 담	49	28.2
가정방문	6	3.4
참 관	9	5.2
가정통신	14	8.0
보조교사로서 참여	5	2.9
운영결정권자로서 참여	2	1.1
협조자로서 참여	46	26.4
전 체	174	100

다음의 〈표 4-2〉는 천안시 도솔유치원에서 계획한 연간 부모참여계획안이다.

〈표 4-2〉 연간 부모참여계획안

유형	내용	방법	시기
가정통신문	올바른 자녀교육	통신문 발송	매주 월요일
강연회	특수교육의 이해와 올바른 자녀교육	외부강사	4월
		원장, 원감	11월
면 담	자녀지도를 위한 상호의견교환	개별면담	4월
		집단면담	10월
부모 자원봉사	자원봉사역할	학부모 자원봉사 오리엔테이션	3월
		교육청주관 학급 자원 봉사자 연수 참여	4월
학부모총회	상호의견교환	협의	2월
			3월

출처: 공립 천안도솔유치원(2005). 2005학년도 유치원 교육계획.

〈표 4-3〉은 부모가 학교에 참여하는 사항을 기록한 부모참여일지다. 부모참여일지를 작성함으로써 부모의 참여도나 참여유형을 일목요연하게 기록해서 볼 수 있으며 부모참여의 계획을 세울 수 있다.

〈표 4-3〉 부모참여일지

부모이름 ________

아동이름 ________ 생 일 ________

집 전 화 ________ 직장전화 ________

활 동 날 짜

1. 입학과 평가

ⓐ 입학을 위한 진단과 평가모임 ________

ⓑ 입학을 위한 진단과 평가결과모임 ________

2. 목표 선정
ⓐ 부모필요조사서 회수 ____________
ⓑ 부모참여활동조사서 회수 ____________
ⓒ 아동의 교육목표 선정을 위한 모임 ____________
ⓓ 부모 · 교사 참여계획 완성 ____________

3. 활동출석
ⓐ 개인적 모임
① 가정방문 ____________
② 아동평가모임 ____________
③ IEP 모임 ____________
④ ____________
⑤ ____________
ⓑ 집단모임
① 오리엔테이션 모임 ____________
② ____________
③ ____________
④ ____________
⑤ ____________
ⓒ 평가
① 평가서 회수 ____________
② 평가를 위한 모임 ____________

전화상담
다른 접촉(편지, 기타) ____________
날짜 ____________ 이유 ____________

출처: Shea, M., & Bauer, M. (1991). *Parents and Teachers of Children with Exceptionalities*, pp. 279-280.

1. 보조교사

가족은 교사를 보조할 수 있고 경우에 따라서는 교사의 지시하에 직접 가르치는 역할을 수행할 수도 있다. 이러한 보조교사로서의 가족의 역할은 교사의 역할을 감소시킴으로써 교사로 하여금 아동에 대해서 개별화 교육을 실시할 수 있는 시간을 갖게 한다. 구체적으로 학교현장에서 보조교사가 할 수 있는 일은 크게 다섯 가지로 나누어 볼 수 있다(한국행동과학연구소, 1983).

- 간식준비와 간식시간의 소집단지도를 한다.
- 놀이시간의 놀이지도, 특히 자유놀이시간에 교사의 시선이 미치지 못하는 곳에서 아동을 보호해 주거나 아동의 요구에 응해준다.
- 소집단학습의 보조자로 역할한다. 소집단을 이루어 학습할 때 교사는 주된 활동을 하고 부모는 소집단에서 학습을 돌보아 준다.
- 환경정리와 교재를 제작한다.
- 부분적으로 프로그램에 참여한다. 동화, 노래지도, 게임 혹은 학습활동 등을 돌보아 준다.

교사를 보조하기 위해 세부적인 역할분담이 필요하다. 역할분담을 통해서 각자가 전담해야 할 독립적인 책임영역과 공동으로 수행해야 하는 영역들을 명확히 하며 문서화해야 한다. 이러한 책임영역들을 정하기 위하여 교사와 부모는 몇 차례 걸쳐서 합의를 해야 한다.

역할분담을 위해 역할분담표를 작성해야 하며 교사는 교사와 보조교사가 각각 책임져야 할 항목들을 분류한다. 항목은 교사가 정한다. 이 항목들은 학급관리, 교수, 평가 등으로 나누어서 각 항목에 세부항목들을 정하고 각 세부항목에 대해서 누가 책임을 질 것인지를 체크한다. 어떤 세부항목은 교사가 전적으로 책임지며 어떤 항목은 보조교사 혹은 둘 다 책임질 수 있다. 각각의 항목들에 대해서 어떻게 역할을 분담할 것인지는 〈표 4-4〉에 나타나 있다.

〈표 4-4〉 교사와 보조교사의 역할분담표

교사	보조교사	관 리	공 통 (교사와 보조교사)
____	____	쓰레기 버리기, 청소	____
____	____	옷 입고 벗을 때 아동 돕기	____
____	____	가구 배치, 정렬	____
____	____	질서 유지하기	____
____	____	버스 탈 때, 점심식사할 때 아동지도	____
		교수활동	
____	____	가르치기	____
____	____	놀이활동	____
____	____	대그룹, 소그룹활동	____
____	____	훈육	____
		평 가	
____	____	점수 주기	____
____	____	평가자료 정리하기	____
____	____	체계적 관찰	____
____	____	시험보기	____
____	____	시험결과 해석	____

가족이 보조교사로서의 역할을 다하기 위해서는 훈련을 받아야 하며 크로프트(Croft, 1979)에 따르면, 훈련은 다음과 같이 몇 가지 절차로 나누어서 행해질 수 있다.

① 학교 소개

일반적으로 학교 프로그램, 절차 등에 대해서 소개하고 부모에게 보조교사로서 일하게 된 것에 대한 감사의 말과 학교시설을 소개하고 질문과 대답하는 시간을 가짐으로써 전체적인 오리엔테이션을 한다.

② 소그룹모임

부모들을 작은 그룹으로 나누어서 부모의 감정상태, 기대 그리고 그들의 역할과 의무에 대해서 논의하게 한다. 이때 이미 훈련된 보조교사로 활동하고 있는 부모가 토론의 리더가 되게 함으로써 토론을 활기 있게 한다.

③ 관찰연습

학습을 관찰하고 교사와 함께 관찰할 내용에 대해서 토론한다. 부모가 아동의 특별한 행동에 대해서 체계적으로 관찰할 수 있게 되면 부모는 가정에서 자녀의 행동에 대한 평가와 진보를 보다 잘 관찰할 수 있다. 장애아동을 관찰하는 데는 몇 가지 기술이 필요하다. 교실에서 부모가 아동을 관찰할 때 무조건 관찰하는 것이 아니라 사전에 무엇을 관찰할 것인가를 정해서 관찰한다. 처음에는 아동의 학습동기, 언어발달, 정서상태, 교육프로그램과 창의적 표현 등에 주목해서 관찰하고 그 다음에는 아동의 교육적 환경, 자료와 장비

들, 교사에 대해서 관찰한다.

부모에게 관찰훈련을 시킬 때 다음과 같은 사실에 주의한다.

- 부모가 처음에 학급을 관찰할 때는 자기 자녀의 교실보다는 다른 학급을 관찰한다. 처음부터 자기 자녀의 학급을 관찰하면 부모는 자녀에 대해 객관적이지 못하고 감정적인 억제를 하기 어려워진다.
- 부모가 아동을 처음 관찰할 때는 10~15분 정도 간단하게 하나의 특별한 행동(자리이탈행동, 공격행동…)에 대해서 관찰한다. 관찰할 때 그 특별한 행동의 빈도수나 지속시간에 대해서 주목한다. 부모의 관찰기술이 향상되면 점차로 관찰의 범위와 시간을 늘린다.
- 부모는 교사나 보조교사와 함께 관찰한 내용에 대해서 설명하고 토론한다. 부모의 관찰기술이 향상되면 부모는 독립적으로 혼자서 관찰할 수 있으나 부모의 질문에 대답하기 위해서 담당자가 같이 있는 것이 좋다(Shea & Bauer, 1991).

④ 학급보조

부모는 훈련을 받은 후에 학급에 배치되고, 배정 받은 학급의 일정표대로 따르며 학급보조의 기간이 끝나면 교사와 함께 그동안의 수행에 대해서 평가한다.

⑤ 그룹모임

각각의 부모들은 적어도 한 학급에서 한 번은 보조교사로 활동해 보았기 때문에 이러한 보조교사로서의 경험에 대해 토론한다.

보조교사의 의무를 명확히 알기 위해 자신들의 의무에 관하여 토의해 본다.

⑥ 일과에 대한 수정

보조교사로서의 일과를 시행해 보고 이를 수정한다.

2. 협력교사

부모 중에는 그들의 직업이나 취미생활과 관련해서 수업의 일부분이나 혹은 따로 특별한 강좌를 만들어서 그것을 전적으로 운영할 수도 있다.

3. 자원봉사자

부모는 보조교사나 협력교사 외에 자원봉사자의 역할을 할 수 있다. 학급에 자원봉사자를 두는 이유는 크게 네 가지다.

첫째, 교사로 하여금 가르치는 일 외의 잡다한 일에서 벗어나게 한다.

둘째, 제한된 시간에 각각의 장애아동에게 필요한 서비스를 교사 혼자서 제공하기 어려우므로 교사를 보조하게 한다.

셋째, 아동으로 하여금 학교에서 얻을 수 있는 것 이외의 경험을 풍부하게 한다.

넷째, 시민으로서 학교프로그램을 좀 더 잘 이해하고 공교육에 대한 시민의 지지를 확장한다.

학급에서 행하는 자원봉사의 내용은 〈표 4-5〉에 제시하였으며 이는 크게 학교에 출석하여 직접 자원봉사를 할 수 있는 내용과 학교에 출석하지 않고 가정에서 자원봉사할 수 있는 내용으로 나눌 수 있다.

이 외에도 부모는 학급과 학교 부모회의 회장이나 임원으로 활동할 수 있다. 요즘에는 가정에서 행할 수 있는 프로그램들이 개발되면서 가정에서 아동을 지도하는 교사의 역할도 하고 있다.

〈표 4-5〉 자원봉사자질문지

날짜_______

부모이름________ 전화번호_________

아동이름________

교사이름________

우리는 부모님의 도움이 필요합니다. 아래의 항목들은 부모님께서 우리를 도와주실 수 있는 항목이오니 부모님께서 하실 수 있는 항목에 표시해 주십시오. 부모님께서 도와주시면 우리는 아이들에게 보다 유익한 개별교육을 할 수 있습니다.

어머니	아버지	
_____	_____	나는 정기적으로 학급에서 보조할 수 있다. 가능한 시간과 요일 ____________
_____	_____	나는 집에서 학급의 일을 보조할 수 있다.

학급활동에서의 보조

_____	_____	아동에게 책을 읽어 준다.
_____	_____	아동의 학습과 치료과제를 도와준다.
_____	_____	음악 프로그램을 도와준다.

______ ______ 미술프로그램을 도와준다.
______ ______ 운동프로그램을 도와준다.
______ ______ 아동들과 퍼즐을 하거나 게임을 한다.
______ ______ 요리과제 하는 것을 도와준다.
______ ______ 글쓰는 것을 도와준다.
______ ______ 목공과제를 도와준다.
______ ______ 학급의 애완동물을 보살피는 것을 도와준다.
______ ______ 식물 가꾸는 과제를 도와준다.
______ ______ 휴식, 간식, 식사시간에 보조한다.
______ ______ 아동과 산책한다.
______ ______ 현장견학을 도와준다.

가정에서의 보조

______ ______ 학습교재를 만든다.
______ ______ 타자를 친다.
______ ______ 교수자료로 사용하기 위해 신문, 잡지 등에서 사진을 오린다.
______ ______ 학급의 가구나 교수기자재를 고쳐 준다.
______ ______ 학급의 기자재나 가구를 만들어 준다.
______ ______ 축제나 생일파티 준비를 한다.
______ ______ 학급에서 자원봉사자로 일하는 부모의 자녀를 돌보아 준다.
______ ______ 방학 동안 학급의 애완동물을 돌봐준다.
______ ______ 놀이나 파티 또는 특별행사를 위한 소품을 만들어 준다.
______ ______ 교실이나 칠판의 장식품을 만들어 준다.
______ ______ 학급기금 모금활동을 돕는다.

위에서 언급한 것 외에 부모님께서 도와주실 수 있는 일이 있다면 어떤 것인지 아래에 적어 주세요.

1. 학급에서:
2. 가정에서:

부모님 외의 다른 가족이나 친구 중에서 자원봉사를 해 주실 분이 있다면 아래에 적어 주세요.

출처: Shea, M., & Bauer, M. (1991). *Parent and Teachers of Children with Exceptionalities*, pp. 228-230.

4. 전화나 서신을 통한 참여

전화나 서신을 통한 부모와 교사의 의사소통은 양쪽 입장에서 가장 손쉽고 효과적인 참여 방법이다. 서신을 통한 의사소통 방법은 크게 두 가지로 나눌 수 있다.

1) 간단한 하루의 전체평가

매일매일 간단하게 그날 아동의 하루에 대한 전체평가나 사전에 부모와 합의된 특별한 행동에 대해서 서신을 통해서 보고하는 방법이다. 아동의 하루에 대한 전체평가를 위해 아동의 알림장에 간략하게 웃는 얼굴이나 찡그리는 얼굴로 표시할 수 있고 부모와 사전에 상의해서 결정할 수 있다.

부모와 의논할 때는 다음과 같은 사항을 참고한다.

- 무엇이 평가될 것인가?
- 사용하는 평가는 어떠한 기준에 의해서 이루어질 것인가?

• 이러한 서신을 부모에게 어떻게 전달할 것인가? 전달된 서신을 서명하여 되돌려보낼 것인가? 만약에 아동이 서신을 가져오지 않았을 경우 부모가 교사에게 전화를 할 것인가? 아동이 서신을 전달하지 않았다면 아동에게 이에 대한 책임을 어떻게 물을 것인가? 매일매일 아동의 수행평가에 의해 아동은 어떠한 보상을 받을 것인가?

2) 주기적 수행평가

1년에 3~4차례에 걸쳐서 아동의 수행평가를 할 수 있으며 이는 첫 번째 부모모임 시 부모에게 수행평가 내용과 수행평가 방법을 자세히 설명해 준다. 수행평가의 형식은 교사가 글로써 아동의 수행능력을 자세히 쓸 수도 있고 어떠한 형식을 만들어 간략하게 점수화할 수도 있다. 중증의 정신지체아동인 경우 수행평가 시 학업과 관련된 내용보다는 자조기술과 관련된 내용을 평가하는 것이 실용적이다. 수행평가양식은 〈표 4-6〉을 참조할 수 있다.

〈표 4-6〉 수행평가양식

점수체계
A: 매우 우수　B: 우수　C: 보통
D: 부족　F: 매우 부족

1. 작업습관

	1학기 중간	1학기말	2학기 중간	2학기 말
지시 따르기				
제시간에 작업 끝내기				

교수–학습자료 조심스럽게 다루기				
독립적으로 작업 수행하기				
필요할 때 도움 청하기				
자리에 머물러 앉아 있기				
다른 사람이 작업하는 것을 허용하기				
허용되었을 때에만 이야기하기				

2. 건강과 안전

	1학기 중간	1학기 말	2학기 중간	2학기 말
좋은 건강습관 갖기				
머리 감고 빗기				
청결유지				
안전규칙 따르기				
버스에서 적절하게 처신하기				
운동장에서 적절하게 처신하기				
식당에서 적절하게 처신하기				

3. 사회 적응

	1학기 중간	1학기 말	2학기 중간	2학기 말
자기 자신 통제하기				
예의 갖추기				
책임감 있게 수행하기				
건설적인 비판 받아들이기				
권위에 대해 존중하기				
다른 사람의 권리를 존중하기				
선의의 경쟁의식 보이기				

4. 출석상황

	1학기 중간	1학기 말	2학기 중간	2학기 말
출석일수				
결석일수				
지각일수				

부모의견
1학기 중간 ____________________
1학기 말 ____________________
2학기 중간 ____________________
2학기 말 ____________________

부모서명
1학기 중간 ____________________
1학기 말 ____________________
2학기 중간 ____________________
2학기 말 ____________________

3) 전화상담

부모와의 지속적인 전화상담은 아동의 학교수행능력에 중요한 영향을 미친다. 부모와 전화통화를 할 때 교사는 세심한 주의를 기울여야 한다. 전화상담은 부모의 학교행사나 모임의 참여율을 높이며 또한 아동에 대해 의사소통할 수 있는 좋은 수단이기는 하나, 무리한 전화접촉을 하여 여러 가지 스트레스 상황에 처해 있는 부모에게 더 많은 스트레스를 주어서는 안 된다. 주기적으로 전화상담을 하여 상담한 내용을 기록화한다면 아동의 수행평가지에 보충자료로 사용될 수 있다.

일부 아동의 부모는 학교에 가는 것을 꺼려 하는데 이러한 부모에게 전화상담은 유익한 의사소통수단이 될 수 있다. 그러나 학교에서 걸려 오는 전화는 부모를 놀라게 할 수 있으므로 교사는 다음과 같은 몇 가지 사항을 주의하여야 한다.

- 부모에게 경어를 사용하며 공손하고 예의 바르게 대화한다.
- 목소리의 크기는 지나치게 크지 않아야 하며 차분하게 이야기함으로써 부모를 안심시킨다.
- 전화를 건 목적이 아동의 문제행동이더라도 처음부터 문제행동을 거론하지 말고 우선 아동의 긍정적인 측면부터 이야기한다. 이러한 방법은 부모의 불안을 감소시킬 수 있다. 부모들은 보통 자기 자녀에 대해서 긍정적으로 이야기하며 친절한 사람의 말을 좀 더 거부감 없이 받아들일 수 있다.
- 부모의 교육수준을 고려해서 지나친 전공용어 사용을 피하고 부모가 이해할 수 있는 내용으로 전달한다. 부모가 교육용어를 이해하지 못했을 경우 다시 한 번 잘 설명해 준다.

5. 소식지

소식지는 길고 짧은 기간에 행해지는 행사나 교수방법에 대한 소개와 행사 결과에 대한 내용보고 등을 기재할 수 있다. 소식지는 보통 학교나 학급 차원에서 만들어질 수도 있으며 1주나 2주에 한 번 혹은 한 달에 한 번 만들어질 수도 있다. 소식지는 부모들이 여분의 시간에 읽는 경우가 많으므로 지나치게 쪽수가 많아서는 안 된다.

소식지는 교사, 부모, 아동이 공동으로 참여할 수 있으며 적당하고 상황에 맞게 역할분담이 이루어져야 한다. 부모들은 소식지를 만들고 배부하는 데 도움을 줄 수도 있고 직접 원고를 기고함으로써 참여할 수도 있다. 소식지에 실을 내용들은 구체적으로 다음과 같다.

- 학습활동에 관한 사항
- 학급과 학교 소식
- 행사와 그 외 관련된 준비사항
- 읽을거리와 볼거리 소개
- 책이나 논문요약
- 가정에서 아동과 부모가 할 수 있는 학습활동
- 아동과 부모가 함께 할 수 있는 레크리에이션
- 아동과 부모가 활용할 수 있는 지역사회의 인적, 물적 자원
- 학급계획표, 학교일정표 혹은 행동수정법
- 아동이 그린 그림이나 시
- 질문과 대답 코너
- 자원봉사자란

6. 부모 · 교사모임

부모와 교사가 모임을 갖는 경우는 다음과 같다.

- 아동의 수행평가를 위한 모임
- IEP 작성을 위한 모임

1) 아동의 수행평가를 위한 모임

아동의 수행평가를 위해서 매일 혹은 주기적으로 교사와 부모는 서신으로 의사소통을 하게 된다. 이러한 서신뿐 아니라 직접 교사와 부모가 만나서 서로 의견을 교환하게 된다. 이러한 모임을 통해 교사는 부모와 의견을 교환하면서 아동에 대해 체계적으로 평가하여 아동교육 프로그램을 수정할 수 있다. 결국 이 모임은 교사와 부모가 서로의 지식과 정보를 공유할 수 있는 기회가 될 수 있다. 수행평가를 위한 모임을 하기 전 교사는 부모에게 무엇을 평가할 것인지에 관한 평가서를 가정으로 보내서 부모가 미리 준비할 수 있도록 한다. 수행평가를 위한 모임에서는 주로 교사가 아동을 위해 수행해 왔던 프로그램을 설명하며 아동에게 사용해 왔던 자료들을 보여 준다.

아동에 대한 수행평가는 몇 가지로 나누어서 할 수 있다. 예를 들면, 사회적응행동(자기통제, 집단활동에 참여…), 의사소통(대화기술, 듣기, 말하기…), 자조기술(화장실 이용법…) 등에 대해서 수행평가를 한다. 교사는 이러한 모임을 갖기 전 사전에 충분히 준비를 해야 한다. 부모에게 안내서를 보내는 일에서부터 시작하여 모임을 진행하는 일, 모임 후에 모임에서 토의됐던 내용이나 의견 등을 메모하는 일까지 철저한 준비가 필요하다.

2) IEP 계획을 위한 모임

미 공법 94-142는 부모에게 아동의 교육에 관여할 것을 명시해 놓고 있다. 부모는 전문가와 함께 아동에 대해 평가하고 프로그램을 계획하고 아동을 배치하는 데 참여해야 한다. 따라서 IEP 모임은 부모와 전문가가 아동의 교육 프로그램을 계획하기 위해 공식적으로 만날 수 있는 기회가 된다. 이 모임에는 교사와 부모 외에도 다른 관계자가 참여할 수도 있다. 심리학자는 아동에 대한 진단업무를 맡으며 특수교사는 아동에 대한 교육 프로그램을 담당하고 교육위원장은 아동의 배치에 대해서 결정할 수 있다. 상대적으로 부모는 IEP 모임에서 수동적인 위치에 있으나 결정된 모든 사항은 부모의 동의 없이 시행될 수 없으므로 부모의 결정은 IEP 모임에서 매우 중요한 역할을 하게 된다. 그러나 부모는 IEP 모임에 대한 경험이 없으므로 교사는 사전에 부모에게 IEP 모임에 대해서 다음과 같은 내용을 준비시켜야 한다.

- 부모에게 사전에 모임의 의미가 무엇인지 설명한다.
- 어떤 사람들이 모임에 참여하게 되는지 설명한다.
- 모임의 절차, 아동에게 행해진 검사에 대한 정보 등을 통해 미리 IEP 모임을 준비시킨다.

IEP 모임을 통해서 부모들은 다음과 같은 사항들을 학습할 수 있다.

- 아동의 특별한 욕구에 대해서 전문가들의 관심은 어떠한가?
- 전문가들은 어떻게 아동의 강점과 약점에 대해서 기술하고 있는가?
- 전문가들은 현재 아동의 수행능력을 어떻게 보고 있는가?
- 아동의 적절한 배치에 대한 전문가의 의견은 어떠한가?

• 각 배치에 있어서 문제점은 무엇이고 이 문제를 해결할 수 있는 방법은 무엇인가?
• 배치가 처음이라면 언제 배치할 것이며, 얼마동안 그곳에서 아동이 학습할 것이며, 전이는 언제가 적당한가?
• 이러한 배치를 통해 성취하고자 하는 아동의 목표는 무엇인가?
• 아동의 목표가 성취되었다면 누가 언제, 어디서 이것을 결정할 것인가?
• 이 배치를 통해서 아동이 제공받게 될 관련 서비스(예를 들면, 언어치료, 물리치료, 작업치료…)는 무엇인가? 이러한 관련 서비스는 언제 시작하며, 얼마 동안 실시할 것이며, 이에 대한 효과는 어떻게 평가할 것인가?
• 아동이 받게 될 특수교육과 일반교육의 비율은 어떻게 정할 것인가?
• 학교에서 누가 아동의 진보에 대해서 책임을 질 것인가?
• 배치와 프로그램의 효과에 대한 평가는 언제, 어떻게 할 것인가?

7. 부모모임(비형식적 모임)

장애아동의 나이가 어린 경우에 행할 수 있는 부모 · 자녀 놀이모임은 다음과 같이 크게 세 가지로 나눌 수 있다.

• 어머니와 어린이 모임
• 부모들의 저녁모임

• 부모들만의 모임

어머니와 어린이 모임은 부모와 자녀가 같이 모이는 것으로 주로 놀이를 통해 아동의 사회적 발달을 촉진시키려는 목적을 갖고 있다. 부모들의 저녁모임은 직장생활을 하는 부모들을 고려하여 모이는 시간이 저녁시간이 되며, 이 모임은 아버지들의 참여도 가능하게 하여 주로 부부가 함께 모일 수 있다. 마지막으로 부모들만의 모임은 아동이 참석하지 않으며 아동이 교육기관에 있는 주로 낮시간에 어머니들만 모이게 되는 경우가 많다.

1) 어머니와 어린이 모임

어머니와 어린이 모임은 교육지도를 겸한 놀이모임이다. 이 놀이모임의 목적은 크게 세 가지로 나누어 볼 수 있다.

- 아동이 부모로부터 점차 독립해서 유치원에 가기 위한 사회화 준비를 한다.
- 어머니들에게 다른 장애아동과 접촉할 기회를 제공하여 자기 자녀에 대해서 객관적인 시각을 갖게 한다.
- 다른 장애아동을 둔 부모들과의 만남과 대화를 통해서 자신의 과거와 현재와 미래를 볼 수 있게 한다.

이러한 목적을 실천하기 위하여 어머니와 어린이 놀이모임은 여러 가지 다양한 비형식적 방법으로 시행될 수 있다. 그 실례를 스포리(Sporri, 1983)에서 인용하여 몇 가지 소개해 보고자 한다.

(1) S놀이모임

S놀이모임은 어머니와 어린이 모임이다. 이 모임은 한 어머니가 구심점이 되어 정신지체와 지체장애를 겸한 4명의 장애아동과 그들의 어머니가 한 그룹을 이루었다. 유아특수교사는 이 모임이 어떻게 진행되어 나가야 하는지 제안을 하기 위해 첫 모임을 주관했다. 처음에 유아특수교사는 어머니와 장애아동 그리고 장애아동의 형제자매가 다 같이 참여할 수 있는 놀이를 준비해서 수행했다. 그 다음에는 장난감이나 기타의 자료를 주어서 어머니와 장애아동 그리고 비장애 형제자매끼리 놀게 하였다. 그 후 어머니들만의 시간을 갖기 위해서 장애아동과 비장애 형제자매들만을 남겨둔 채 어머니들은 옆방으로 옮겨서 커피를 마시며 친교의 시간을 가졌다. 첫 번째 모임에서는 많은 문제가 발생하였다. 협동놀이 시 장애아동의 반응이 느리며 쉽게 피곤해하므로 자연히 어머니들이 비장애 형제자매에게 많은 요구를 하였다. 그리고 장애아동과 비장애아동만 남겨두고 어머니들끼리 차를 마시는 것도 첫 번째 모임에서는 거의 불가능하였다. 그러나 2년쯤 그룹이 지속되는 동안 장애아동도 어머니와 잠깐씩 분리되는 것에 익숙해졌으며, 초창기의 혼란스러움에서 탈피하여 어머니와 아동들 모두 이러한 상황에 적응하였다.

(2) P놀이모임

P놀이모임도 어머니와 어린이 놀이모임이며 S놀이모임과 마찬가지로 장애아동이 어머니로부터 독립해서 사회생활을 할 수 있는 능

력 배양을 목적으로 결성되었다.

그러나 S놀이모임과는 다르게 구성하였다. 처음에는 유아특수교사가 장애아동들과 놀이를 하였고, 어머니들은 뒤에서 지켜보기만 하였다. 그리고 마지막에는 교사가 아동과 하는 놀이의 목적을 어머니들에게 설명해 주고 집에 돌아가서 지속적으로 아동들과 어떠한 방식으로 놀이할 것인지 설명해 주었다.

교사만이 장애아동과 놀이를 하였으나, 우연한 기회에 놀이 중에 한 어머니의 도움이 필요해졌고, 자연스럽게 서서히 다른 어머니들도 놀이에 참가하게 되었다. 이러한 방법으로 서서히 어머니와 아동들과의 놀이가 진행되었으며 어머니들은 개인적인 이야기를 하게 되었다. 어머니들은 다른 장애아동들을 보는 것과 그들과 놀이하는 것을 통해서 긍정적인 영향을 받았다.

(3) L놀이모임

L놀이모임은 다운증 아동만을 대상으로 하는 모임이다. 어머니들끼리 다운증 아동에 관한 정보를 교환하는 것이 가장 큰 목적이다. 예를 들면, 다운증 아동의 얼굴수술에 관한 것 그리고 유치원이나 학교에서 발생할 수 있는 문제점들과 다운증 아동과 관련된 성장발달에 관한 정보를 교환한다. L모임에서는 일주일에 한 번씩 어머니들과 다운증 아동들이 주기적으로 모임을 가졌다. 만약 새로운 어머니가 입회할 경우 입회하기 전 오래된 다른 회원과 미리 만나서 모임에 대한 정보를 듣는다. 이 모임은 부모들만의 자치모임이긴 하지만 유아특수교사도 중요한 역할을 한다. 전문가는 어머니들의

상담을 맡게 되며 상담 시 주된 목표는 어머니들로 하여금 지역사회에서 발생하는 여러 문제에 대해 어떻게 잘 대처할 것인지에 관한 문제의 해결점을 부모들이 찾게 하는 것이다.

위에서 열거한 몇 가지 사례에서 살펴보았듯이 어머니와 장애자녀 모임은 어머니의 참여 수와 장애종류에 따라서 다양하게 운영될 수 있다. 어떠한 형태로 운영되든 아동들이 형식적 교육(유치원, 학교)에 들어가기 전에 공통의 관심을 가진 부모들끼리 모임을 만들어 아동의 사회화의 기반을 다지는 기회를 갖게 된다. 다른 한편으로는 장애아동을 가진 어머니로서 그들의 공통적인 관심에 대해 이야기하고 해답을 찾는 것이다. 서로 정보를 교환하고 더 나아가 그들만이 갖는 어려운 점들을 솔직히 털어놓으면서 심리적인 공동체를 형성하여 현실에 대처할 수 있는 능력을 키울 수도 있다. 그러나 모임에 따라서 어떤 모임은 아동의 놀이 촉진과 사회화가 주된 관심이 될 수 있고 또 다른 모임은 어머니들이 의견을 교환하는 것에 더 중점을 두고 운영할 수 있다. 많은 경우 어머니들이 네 명을 넘지 않고 자녀의 장애가 비슷한 정도나 종류일 때 더 효과적이다.

2) 부모들의 저녁모임

부모들의 저녁모임은 유치원에서도 마련할 수 있다. 직장여성이나 아버지도 참여할 수 있도록 모임은 저녁시간이 좋다. 이 모임의 목적은 부모들끼리 사귈 수 있는 기회를 제공하고 정보를 교환하는 것이다. 저녁모임의 예는 다음과 같다.

(1) M저녁모임

M부모들의 저녁모임은 한 달에 한 번씩 개최된다. 이 모임은 사회사업가인 P씨가 주선하여 결성하였다. 처음 모임에서 부모들과 사회사업가 P씨는 우선 이 모임을 계속할 의사가 있는지, 만약 있다면 어떤 주제를 가지고 모임을 계속할 것인가를 결정하였다. 처음 모임은 규칙적으로 참여하는 5명의 어머니와 몇 명의 아버지로 구성되었다.

처음에는 유아특수교육기관 혹은 큰 재활병원 등에 대한 비판과 그곳을 통하여 상처받는 일들에 관한 내용이 주된 주제가 되었다. 그러나 부모들은 차츰 자기의 말에 귀를 기울이는 사람이 있다는 것을 발견하고 느끼면서 주제는 점차 일반적이고 객관적인 것에서부터 개인적이고 현실적인 문제로 이동하게 되었다. 이 모임의 주제는 주로 비장애 형제자매에 대한 문제, 장애아동의 부모로서 갖는 비애와 고통 그리고 장애자녀의 교육문제에 대한 것으로 이동하게 되었다. 이 모임은 적당한 장소를 찾지 못하여 사회사업가 P씨의 집에서 모임을 가졌다.

이 모임을 가지면서 부모들은 다른 부모들을 통하여 그들의 하루 일상생활이 어떤지를 경험했고, 정보와 충고들을 교환하게 되었으며, 특별히 이방인으로서가 아니라 자기 스스로 적극적으로 참여하면서 자신의 의견을 말할 수 있는 장을 갖게 되었다는 것에 중요한 의미를 두었다. 그러나 모든 부모들이 다 긍정적인 반응만을 얻는 것은 아니었다. 어떤 어머니는 모임을 통해서 자기자녀의 장애를 전혀 다른 시각으로 보게 되어 부정적인 경험을 갖게 되었다.

3) 부모들만의 모임

부모들만의 모임은 대부분 어머니들끼리 이루어지며 드물게 부부가 같이 참여하는 경우가 있다. 부모모임의 목적은 한편으로 여러 가지 다양한 주제들을 이야기하기(정서적 문제와 치료방법) 위해서이며 다른 한편으로는 공동의 여가선용을 활용하기 위해서다. 어떤 경우는 하나의 목적만 성취하기도 하고 두 가지 다 성취되는 부모모임도 있다.

(1) A부모모임

A모임의 경우 조기교육실에서 몇 명의 부모들에게 편지를 보내어 부모모임에 대한 요구를 조사한 후 이에 응한 12명의 부모들로 모임을 결성하였다. 한 달에 한 번 주기적으로 모임을 가지며 모임의 주된 주제는 부모들이 결정하였다. 모임의 주제는 '아동의 성장문제' '감각훈련' '내 아이의 장애' '나는 어떻게 내 아이의 장애를 경험했으며 어떻게 대처하고 있는가' '교육문제' '칭찬과 벌' '아동에 대한 지나친 요구와 요구가 없음' '비장애 형제자매의 문제' '부모의 외부 접촉' '놀이자료와 참고문헌에 대한 정보' 등이었다. 부모모임은 1명의 사회사업가와 1명의 심리학자가 인도하였다. 이 부모모임의 목적은 아동의 장애와 관련된 문제에 대하여 똑같은 상황에 처해 있는 사람들끼리 허심탄회하게 이야기하는 것이

며 인도자는 그 날의 주제에 대해서 부모에게 정보나 아동의 성장발달에 대한 지식을 전달해 주는 역할을 한다.

(2) B어머니모임

B모임은 네 명의 다운증 아동의 어머니들로 구성되어 있으며 모임의 주된 목적은 아동이 성장하면서 앞으로 일어날 일들에 대비하기 위해 해결해야 할 문제에 대한 정보를 교환하고 문제를 해결하기 위해서다. 모임의 주된 주제는 '다운증 아동의 얼굴 성형수술이 필요한가?' '아동의 성장과 언어문제' '두려움이나 거리낌을 느끼지 않고 아동의 장애를 언어로 표현하는 것' 등이다.

이 모임의 회원들은 아직 어린 다운증 아동의 어머니들 모임으로 첫 번째 모임에서는 여러 가지 경험을 많이 한 나이든 다운증 아동의 어머니를 초대해서 여러 가지 경험을 듣는 시간을 가졌다.

8. 부모교육(교사역할을 위한 부모훈련)

부모교육의 목적은 부모로 하여금 올바른 자녀양육방법을 익히고 현재 부모가 행하고 있는 자녀양육의 문제점을 수정하여 그들의 역할을 다하게 하기 위함이다. 또한 부모로 하여금 자기 자신의 욕구를 충족시킬 수 있는 가능성을 탐색함으로써 스스로 자신을 도울 수 있는 능력을 함양하는 데 있다.

홀트마이어(Holtmeyer, 1979; 구본권 외, 1998, 재인용)는 부모가 부모교육에 참가하는 이유는 첫째 자녀양육의 방법을 배우기 위해서,

둘째, 대화의 필요성 때문이라고 하였다.

부모교육의 필요성은 다음과 같이 몇 가지로 간추려 볼 수 있다.

- 장애아동의 교육은 가정지도가 중요하다. 대부분의 부모들은 장애아동에 대한 전문적인 지식이 없다고 볼 수 있다. 따라서 장애아동에 대한 지식과 이해를 통해 가정교육의 질을 높일 수 있다.
- 부모교육을 통하여 조기치료 및 교육의 효과를 높일 수 있다.
- 학교교육과 가정교육의 일관성을 유지할 수 있다.
- 2차적인 장애예방에 도움을 준다. 치료실에서 배운 훈련을 가정에서 생활로 옮길 때 이로 인한 다른 장애를 줄일 수 있다.
- 가정이 긍정적인 장애인관을 확립하여 지역사회에 모범이 될 수 있다.

부모교육의 효과는 아동의 측면, 부모의 측면 그리고 지역사회의 측면에서 살펴볼 수 있다.

- 아동의 측면
  - 부모는 아동에게 최적의 학습환경을 조성함으로써 아동의 학습을 효율적으로 하게 한다.
  - 가정과 학교가 연계됨으로써 아동이 학습한 지식의 일반화가 가능하다.
  - 가정과 학교의 연계는 교사와 부모의 기대를 일관성 있게 하여 아동의 학습에 긍정적인 영향을 미친다.

• 부모와 가족의 측면

- 부모교육에 참가한 부모는 그렇지 않은 부모에 비해 아동교육에 대해 더 확신을 가지며 다른 부모들과 사회적인 결속과 우정을 형성한다.
- 부모는 다른 사람의 지지와 격려로 인하여 문제해결능력, 심리적 안정을 갖는다.
- 자녀에 대한 교사의 역할을 담당함으로써, 부모는 자신감과 능력을 향상시킬 수 있다.
- 교육기관에 대해 긍정적인 생각을 갖게 된다.
- 다른 장애아동이 부모와 교류하여 다양한 정보교환과 공감대를 형성한다.

• 교육기관 및 지역사회에 나타난 효과

- 부모의 활용은 프로그램의 경비를 절감시키고 서비스의 질적 향상을 가져온다.
- 교육기관의 프로그램에 대한 지역사회의 자원을 증가시킴으로써 장애아동에 대한 인식에 변화를 가져온다(이미자, 2001).

부모교육은 여러 가지 다양한 방법의 부모 모임을 통해서 할 수 있고 단기간에 걸쳐 계획된 프로그램을 통해서 실시할 수도 있다.

1) 부모교육의 운영계획

부모교육을 실시하고자 할 때는 몇 가지의 기본원리와 세부지침을 수립한 후에 연간계획을 구상하여 실시하는 것이 바람직하다.

부모교육의 운영을 위한 기본원리는 다음과 같다.

- 부모교육은 교육기관의 전체 프로그램의 운영계획과 연관지어서 계획한다.
- 부모교육의 내용, 방법, 시기, 일정 등은 교육기관과 지역사회의 제반 사정을 충분히 고려하여 계획한다.
- 부모교육은 부모들의 직업, 학력, 생활수준, 시간적 여유 등을 고려하여 실시한다.
- 부모교육은 부모참여를 증진할 수 있도록 부모의 요구를 기초로 실시한다.
- 부모교육은 실천 가능한 구체적이고도 쉬운 일부터 시작하여 점차적으로 활동의 폭을 확대해 나가도록 계획한다.
- 부모교육의 활동이 가정생활에 피해를 주거나 경제적인 부담을 주지 않는 범위 내에서 계획한다.
- 부모교육을 위한 장 · 단기 목표를 설정하고 그에 따라 구체적인 실천방안을 항목화하여 단계적으로 추진한다(이은화, 김영옥, 1999).

현장에서 계획 및 운영되고 있는 부모교육에 대한 연간 계획을 살펴보면, 다음의 〈표 4-7〉과 같다.

〈표 4-7〉 부모교육의 연간 프로그램

월	부모교육 내용
3	신입생 학부모 오리엔테이션
4	함께 생각하는 자녀교육 통합교육의 이해
5	가정에서의 치료교육
6	가정에서의 생활지도
7	방학생활 지도 요령
8	전화통신지도(방학생활 태도 상담)
9	2학기 운영계획 안내 레크리에이션, 취미활동
10	여성의 건강관리
11	특수교육정보, 사례발표
12	방학 중 놀이지도
1	전화통신지도(방학생활 태도 상담)
2	부모참여 교육활동 평가

출처: 강릉 오성학교(2005). 2005학년도 교육계획.

2) 부모교육에 대한 부모의 요구

부모교육이 효율적으로 운영되기 위해서는 구체적으로 부모들에게 유용한 교육내용이 무엇이며 이러한 교육내용을 어떠한 방법으로 운영할 것인지에 대한 조사가 필요하다. 연구들에 의하면, 부모들은 부모교육에 대해서 만족하지 못하고 있는 것으로 나타났다(석재은, 1993; 이미자, 2001). 이는 부모교육이 부모들의 요구를 잘 반영하지 못했기 때문으로 생각된다. 부모교육을 계획하고 운영하는 것은 전문가들이다. 부모교육의 내용은 전문가들의 입장에서 부모에게 유용하다고 생각하는 내용을 선택한 것이다. 그러나 이러한 내용들이 부모의 측면에서 정말 유용한 내용이었는지, 부모들이 부모교육을 통해서 얻고 싶었던 내용을 충분히 얻었는지는 알 수 없다.

홍성희(2000)의 연구에 의하면, 81%의 부모들은 부모교육에 대한 자신들의 요구가 프로그램 선정과 운영방법에 반드시 반영되어야 한다고 하였다. 이미자(2001)의 연구에서, 부모들이 부모교육에 대해 불만족한 이유로 54.8%의 부모는 교육내용이 실제 생활에 적용될 수 없는 것이며 29.6%의 부모는 부모요구 수준에 맞지 않다고 했다. 부모들이 배우고 싶은 내용을 부모에게 이해되는 방법으로 전달하는 것은 부모교육의 효율적 운영을 위해 중요한 문제다.

(1) 부모교육의 내용선정에 대한 요구

부모교육의 내용을 크게 '지식과 정보' '가정에서의 아동지도'로 나누어 조사한 결과 현장에서 행해지고 있는 부모교육 내용의 실태와 부모들의 요구에 차이가 있었다(홍성희, 2000). 국립특수교육원(1998)에서 행해진 연구에서도 교사입장에서 중요하다고 생각하는 부모교육의 내용과 부모입장에서 중요하다고 생각하는 부모교육의 내용이 다르게 나타났다. 교사의 입장에서 장애아동을 가진 부모교육 프로그램의 내용에서 가장 중요하다고 응답한 내용은 '가정에서의 생활지도 방법' 이었으나 부모입장에서는 '장애아동의 법적 지위 및 직업에 대한 내용' 을 가장 중요하다고 생각하였다.

권요한 외(1998)에서 한 조사를 좀 더 구체적으로 살펴보면, 부모의 연령에 따라 그리고 아동의 장애유형에 따라 부모들이 나타내는 부모교육의 내용에 대한 요구도가 다르게 나타났다.

〈표 4-8〉에서 보는 바와 같이 전반적으로 부모의 연령집단에 따

라 부모교육에 대한 요구도가 다른 것으로 나타났다. 즉, 부모연령이 낮을수록 요구도가 높게 나타났으며 집단 간에는 대부분의 문항에서 통계적으로 의미 있는 차이가 나타났다. 영역별로는 모든 연령집단에서 다음과 같은 순위로 요구를 보였다.

〈표 4-8〉 부모연령에 따른 문항별 부모요구도 분석

문 항

특수교육일반

1. 특수교육의 필요성과 교육대상
2. 장애아동의 출현율과 원인
3. 장애아동의 판별 · 진단의 절차
4. 장애아동의 교육조치(배치)
5. 장애아동의 출현 예방과 사후 대책
6. 장애아동의 신체적, 심리적 특성
7. 장애아동이 가족에게 미치는 영향과 대처방안
8. 장애아동 부모의 심리적 갈등과 해결방안
9. 장애아동을 가진 학부모의 기본자세에 관한 내용
10. 장애아동의 조기교육에 관한 내용

	집 단				F
	30대 이하	40대	50대 이상	계	
1.	4.66(.53)	4.50(.67)	4.16(.81)	4.58(.79)	9.77***
2.	4.20(.80)	4.07(.78)	3.30(.79)	4.08(.82)	17.67***
3.	4.46(.67)	4.22(.73)	3.86(.93)	4.29(.74)	10.07***
4.	4.56(.62)	4.28(.76)	4.20(.90)	4.41(.73)	8.35***
5.	4.58(.68)	4.35(.86)	3.95(1.20)	4.42(.83)	8.65***
6.	4.41(.67)	4.15(.72)	4.04(.89)	4.27(.72)	7.12***
7.	4.32(.75)	4.17(.88)	3.73(1.08)	4.27(1.36)	6.34***
8.	4.33(.78)	4.26(.80)	3.98(.95)	4.28(.80)	2.57
9.	4.25(.66)	4.13(.88)	3.97(.79)	4.19(.78)	2.38
10.	4.76(.47)	4.33(.83)	4.00(1.18)	4.51(.76)	20.24***
계	4.45(.43)	4.25(.49)	3.92(.66)	4.33(.52)	8.2***

교육 및 생활지도
11. 특수학교 교육과정과 일반학교 교육과정의 차이점
12. 장애아동 가정에서의 학습지도 방안
13. 가정에서 장애아동의 생활지도 방법
14. 통합교육의 장단점과 성공적인 통합교육을 위한 조건
15. 치료교육(행동수정, 물리치료, 언어치료, 작업치료, 심리치료)의 원리와 적용방법
16. 장애아동 어머니회 활동과 역할
17. 장애아동의 성교육
18. 장애아동의 취미생활
19. 장애아동의 형제자매가 가지는 심리적 갈등과 해결방안
20. 장애아동의 신변자립과 보건과 안전

	집 단				F
	30대 이하	40대	50대 이상	계	
11.	4.28(.77)	3.95(.84)	3.40(1.04)	4.09(1.03)	15.92***
12.	4.48(.62)	4.14(.74)	3.91(1.05)	4.31(.86)	14.09***
13.	4.48(.60)	4.20(.72)	3.82(1.08)	4.31(.73)	14.30***
14.	4.20(.85)	3.19(.89)	3.68(.93)	4.05(.88)	8.41***
15.	4.65(.58)	4.54(.63)	4.27(.87)	4.66(1.26)	5.34***
16.	4.07(.75)	3.81(.72)	3.86(.77)	3.95(.75)	6.09***
17.	4.22(.62)	4.01(.84)	3.97(.90)	4.24(.74)	4.26 **
18.	4.28(.68)	4.06(.85)	3.89(.84)	4.15(.78)	5.07 **
19.	4.32(.69)	4.07(.85)	3.90(.52)	4.18(.75)	5.85***
20.	4.64(5.2)	4.28(.79)	4.09(.86)	4.43(.71)	13.28***
계	4.36(.43)	4.09(.47)	3.88(.53)	4.23(.51)	21.48***

장애아동의 법적 지위 및 직업, 복지
21. 장애아동의 법적 지위와 장애아동을 가진 부모의 권리
22. 장애인고용촉진공단의 역할과 고용현황
23. 장애인 특례입학제도와 고등교육
24. 장애인 직업훈련 교육기관
25. 장애아동의 학교 졸업 후 취업문제
26. 장애아동 평생교육

27. 장애인을 위한 기관과 역할
28. 장애아동을 위한 교육인적자원부와 보건복지부의 역할
29. 선진국의 장애인 복지정책
30. 장애인 복지 제도의 향상을 위한 접근방법

집 단					F
	30대 이하	40대	50대 이상	계	
21.	4.45(.67)	4.29(.79)	4.18(1.08)	4.38(.76)	3.28 *
22.	4.47(.66)	4.15(.82)	3.95(1.12)	4.29(.80)	9.33***
23.	4.46(.75)	4.13(.96)	3.79(1.11)	4.27(.90)	10.53***
24.	4.55(.72)	4.36(.76)	4.18(.84)	4.43(.75)	4.36***
25.	4.66(.63)	4.62(.62)	4.52(.66)	4.63(.62)	.65
26.	4.67(.55)	4.38(.75)	4.27(.87)	4.56(.90)	8.59 **
27.	4.52(.62)	4.20(.85)	3.77(.77)	4.32(.77)	15.34***
28.	4.55(.63)	4.24(.84)	3.82(.84)	4.42(1.36)	14.72***
29.	4.53(.60)	4.38(.75)	4.04(.83)	4.42(.70)	6.28***
30.	4.53(.56)	4.30(.75)	4.14(.77)	4.40(.68)	7.62***
계	4.54(.43)	4.54(.43)	4.07(.54)	4.42(.52)	16.53***
전체	4.45(.36)	4.45(.36)	4.45(.36)	4.32(.46)	23.28***

*p〈.05 **p〈.01 ***p〈.001
출처: 권요한 외(1998). 장애학생 부모교육 프로그램. 국립특수교육원.

- 장애아동의 법적 지위 및 직업, 복지
- 특수교육일반
- 교육 및 생활지도

이러한 결과는 장애아동을 가진 부모는 연령에 관계없이 부모가 겪는 심적 갈등의 해결방안과 졸업 후의 취업에 관한 내용을 중요하게 생각하고 있음을 의미한다.

아동의 장애영역에 따른 부모요구 분석에서는 전체적으로 다음

과 같은 순위로 요구를 보였다.

- 정서장애아동 부모
- 시각장애아동 부모
- 정신지체아동 부모
- 지체부자유아동 부모
- 청각장애아동 부모

또한 모든 문항에서 아동의 장애영역별 부모집단 간에 부모교육 요구에 있어 통계적으로 의미 있는 차이가 있었다. 영역별로 구분하여 살펴보면 다른 인적사항에 따른 분석에서와 마찬가지로 장애아동의 법적 지위 및 직업, 복지를 묻는 문항에서 가장 높은 요구를 보인 반면 교육 및 생활지도에 대해 가장 낮은 요구를 보였다.

(2) 부모교육의 운영에 대한 요구

부모교육의 내용선정뿐만 아니라 부모교육을 운영하는 방법에 있어서도 이미자(2001)의 연구에 의하면 단지 14%의 부모만이 만족하거나 매우 만족하고 있었고 나머지 부모들은 보통이거나 불만족하고 있었다. 불만족한 이유로 ① 실시방법이 다양하지 않다(57.1%), ② 강사가 적당하지 않다(19.5), ③ 실시시간이 부적합하다(14.3%)라고 기술하였다.

현재 운영되고 있는 부모교육의 실태와 부모들의 요구도 또한 부모교육의 내용과 마찬가지로 차이가 있었다. 홍성희(2000)의 연구에 의하면, 부모교육을 운영하는 방법의 실태는 ① 강사초빙강연회(24.8%), ② 아동관찰(22.3%), ③ 부모개별면담(16.5%), ④ 수업참관

(14%), ⑤ 부모통신문(8.3), ⑥ 실습을 통한 강연회(5.8), ⑦ 슬라이드/비디오/영화(2.5%)의 순으로 나타났다.

이에 대한 부모 요구는 ① 실습을 통한 강연회(39.7%), ② 강사초빙강연회(24%), ③ 수업참관(12.4%), ④ 아동관찰(10.7%), ⑤ 부모개별면담(8.3%) 등으로 실습을 통한 강연회를 가장 선호하였으나 현장에서는 불과 5.8%의 부모교육만이 실습을 통한 강연회를 선택하였다. 이는 부모들의 요구를 반영하지 못한 운영방법으로 부모들이 부모교육에 대해서 불만족하는 이유 중의 하나다.

3) 부모교육 운영방법

부모교육이나 부모모임을 운영하기 위해 다양한 방법을 활용할 수 있다. 부모교육은 주제에 따라 적절한 운영방법을 선택해야 하며 한 가지의 획일적인 방법보다는 다양한 방법을 활용하는 것이 바람직하다. 구체적인 부모교육 운영방법은 다음과 같다.

- 강연회, 심포지엄
- 시청각교재
- 독서회
- 토론, 대담, 공개토론회
- 극화놀이
- 역할놀이
- 관찰, 참여
- 워크숍

• 소집단토의, 원탁모임, 동심원모임

• 브레인스토밍(이은화, 김영옥, 2000)

4) 부모교육 프로그램

부모교육은 주제에 따라 여러 회기에 걸쳐서 행해지기도 하고 단기간에 이루어지기도 한다. 부모교육 프로그램을 구성할 때는 먼저 부모들에게 홍보하고 주제를 선정하는 작업이 이루어져야 한다. 이를 위해 본 훈련에 들어가기 전에 사전준비를 해야 한다. 뮌헨 부모훈련 프로그램(Warnke, 1983)에서 실시하는 부모훈련의 사전준비는 다음과 같은 단계로 이루어진다.

• **부모훈련 프로그램 소개**: 부모에게 부모훈련 프로그램에 가입할 것을 권유한다. 권유는 친근한 교사나 치료사가 하며 프로그램의 기간, 방법(역할놀이, 비디오, 그룹토의…), 프로그램의 목표 등에 대해 미리 설명한다. 부모들이 훈련에 참가하는 데 지장을 주는 요소는 크게 두 가지다. 첫째, 훈련기간이 3~4주가 넘으면 부모에게 부담이 되고 1~2주면 훈련의 효과가 감소한다. 따라서 훈련기간은 3주가 적당하다. 둘째, 부모훈련에 참여하는 데 방해가 되는 환경이다. 부모는 훈련기간 동안 아동을 돌봐줄 사람을 찾지 못하거나 배우자의 이해 부족 등 참여를 저해하는 여러 여건들에 처하게 된다. 따라서 프로그램 책임자는 프로그램에 참여를 권유할 때 이러한 저해요인에 대한 정보를 가지고 있어야 한다.

• **부모로부터의 정보**: 프로그램 실시 전 부모와의 인터뷰를 통해서

정보를 얻는다. 그러나 인터뷰 기술이 부족하여 부모와 전문가 사이에 긴장감과 저항이 감돌 수 있다. 전문가는 질문하고 부모는 대답하는 식의 대화로 마치 전문가는 모든 것을 할 수 있는 사람이고 부모는 늘 도움이 필요한 사람이라는 생각은 부모와 전문가를 의존적인 관계로 만들기 쉽다. 따라서 인적사항이나 일상적인 정보는 인터뷰보다는 질문지를 통해서 수집하는 것이 좋으며 부모와 아동의 상호작용에 대한 정보는 비디오를 찍어서 얻는 것이 유용하다.

• **비디오 촬영**: 부모훈련 프로그램 시작 일주일 전쯤 가정에서 부모와 아동의 상호작용(자유놀이, 퍼즐…)을 비디오로 찍는다. 이러한 비디오 촬영을 통해서 프로그램 실시 전 무엇이 문제이며 어떤 방향으로 프로그램이 진행되어야 할 것인지에 대해서 예견한다.

• **수집된 정보의 정리와 해석**: 각종 질문지, 인터뷰, 비디오 등을 통해서 수집된 자료는 정리해서 해석한다.

• **부모훈련 프로그램의 목표와 내용들을 정리한다**: 수집된 정보를 해석하고 정리함으로써 이것을 근거로 부모교육의 내용과 목표를 선정한다.

• **부모훈련 프로그램 운영**: 부모훈련 프로그램의 참가자를 선정한다. 참가자를 선정할 때는 이 프로그램을 통해서 효과를 볼 수 있는 부모들을 선발한다.

이러한 사전준비를 마친 후에 본 훈련에 들어간다.

부모교육을 위한 본 훈련 프로그램은 다양한 주제로 진행된다. 이 장에서는 부모교육의 주제로 문제행동을 수정하기 위한 부모교육 프로그램, 고든(Gorden)의 부모효율성훈련을 사례로 제시하였다.

(1) 문제행동을 수정하기 위한 부모교육 프로프램

부모교육은 아동에게서 발견될 수 있는 문제행동은 무엇이며, 그 문제행동을 해결하기 위해 어떤 프로그램을 적용할 수 있으며, 그 프로그램을 어떻게 실행하고, 실행된 프로그램의 효과에 대해서 어떻게 평가할 것인가에 관해서 부모를 훈련시키는 것이다. 〈표 4-9〉에서 부모들이 학습해야 하는 문제해결 모형을 예시하였다.

〈표 4-9〉 **문제해결모형**

문제해결 모형	기 술
문제의 정의	행동수정기법을 적용해서 문제를 기술한다. 문제행동의 기술은 관찰할 수 있는 객관적이고 측정할 수 있는 행동을 선정하여 도표화한다.
해결책의 모색	행동수정기법, 행동의 선행사건과 후속사건 분석
해결책의 실행	행동수정기법, 행동수정절차를 지속적으로 수행
결과에 대한 평가	행동수정 적용, 수정된 행동을 도표화하기, 수정된 행동을 유지하고, 일반화하기

아동이 어떠한 문제행동을 보였을 때 교사와 부모가 똑같은 방법으로 반응한다면 문제행동은 다루기가 훨씬 수월해진다.

부모교육은 부모가 우선 관심을 갖는 아동의 문제행동에서부터 시작해야 한다. 문제의 종류는 다음의 〈표 4-10〉과 같으므로 부모에게 우선 문제행동의 목록을 체크하게 한 다음 가장 빈도수가 많은 문제부터 수정해 나가도록 한다. 프로그램의 초기에는 주로 교사와 부모 사이에 신뢰감과 안정을 획득하도록 하고 심리적으로 상호신뢰감이 싹텄을 때 행동수정기법에 대해서 교육을 시작한다.

〈표 4-10〉 문제행동목록

부모__________ 아동__________ 날짜__________

아래의 항목들은 가정에서 아동에게 발생할 수 있는 문제행동의 목록입니다. 아래에 열거된 행동들이 가정에서 발생한다면 그 발생빈도를 아래의 항목에서 골라서 쓰시오.

1. 외현적 문제행동

A=가정에서 전혀 발생하지 않음
B=일주일 한 번 혹은 그 이하
C=일주일에 2~6번
D=하루에 1~3번
E=하루에 4~10번
F=하루에 10번 이상

	A	B	C	D	E	F
① 울기	___	___	___	___	___	___
② 고함지르기	___	___	___	___	___	___
③ 말대답하기	___	___	___	___	___	___
④ 다른 아동 때리기	___	___	___	___	___	___
⑤ 어른을 때리기	___	___	___	___	___	___
⑥ 침 뱉기	___	___	___	___	___	___
⑦ 물건을 집어던지거나 부수기	___	___	___	___	___	___
⑧ 물기	___	___	___	___	___	___
⑨ 명령에 불복종하기	___	___	___	___	___	___
⑩ 상황에 부적절한 옷 입기	___	___	___	___	___	___
⑪ 가출하기	___	___	___	___	___	___
⑫ 공공장소에서 이탈하기	___	___	___	___	___	___

2. 식사시간의 문제행동

A=가정에서 전혀 발생하지 않음
B=일주일 한 번이나 그 이하
C=일주일에 2~3번
D=일주일에 4~6번
E=하루에 1~2번
F=하루에 3번 이상

	A	B	C	D	E	F
① 음식 집어 던지기	___	___	___	___	___	___
② 음식 훔치기	___	___	___	___	___	___
③ 음식 거부하기	___	___	___	___	___	___
④ 음식 엎지르기	___	___	___	___	___	___
⑤ 과식하기	___	___	___	___	___	___
⑥ 소식하기	___	___	___	___	___	___
⑦ 식사시간에 자리 이탈하기	___	___	___	___	___	___
⑧ 음식을 지나치게 빨리 먹기	___	___	___	___	___	___
⑨ 음식을 지나치게 천천히 먹기	___	___	___	___	___	___

3. 잠잘 때의 문제행동

A=가정에서 전혀 발생하지 않음
B=일주일 한 번이나 그 이하
C=일주일에 2~3번
D=하루에 4~6번
F=매일 저녁

	A	B	C	D	E	F
① 잠자는 시간 거부하기	___	___	___	___	___	___
② 밤에 일어나거나 일찍 일어나기	___	___	___	___	___	___
③ 침대에 오줌 싸기	___	___	___	___	___	___

4. 공포

A=집에서는 문제가 없다
B=약간 당황한다
C=당황한다
D=매우 당황한다
F=무서워한다

	A	B	C	D	E	F
① 동물들	___	___	___	___	___	___
② 물	___	___	___	___	___	___
③ 어두움	___	___	___	___	___	___
④ 이방인	___	___	___	___	___	___
⑤ 어머니와 분리	___	___	___	___	___	___
⑥ 소음	___	___	___	___	___	___
⑦ 기타	___	___	___	___	___	___

5. 이상행동

A=집에서는 문제가 없다
B=매일은 아니다
C=하루에 10분 이하
D=하루에 10~60분
E=하루에 1~3시간
F=하루에 3시간 이상

	A	B	C	D	E	F
① 머리박기	___	___	___	___	___	___
② 흔들기	___	___	___	___	___	___
③ 자기를 물기	___	___	___	___	___	___
④ 자기를 찌르기	___	___	___	___	___	___
⑤ 자기를 때리기	___	___	___	___	___	___
⑥ 손톱 뜯기	___	___	___	___	___	___
⑦ 엄지손가락 빨기	___	___	___	___	___	___
⑧ 이상한 몸짓	___	___	___	___	___	___

6. 위축된 행동

A=집에서는 문제가 없다
B=거의 발생하지 않는다
C=드물게 발생한다
D=때때로 발생한다
E=보통으로 발생한다
F=항상 발생한다

	A	B	C	D	E	F
① 다른 사람과 눈이나 신체적 접촉을 피한다	___	___	___	___	___	___
② 다른 사람에게 냉담하다	___	___	___	___	___	___
③ 새로운 상황에서 당황해하거나 운다	___	___	___	___	___	___
④ 다른 아동과 놀지 않는다	___	___	___	___	___	___
⑤ 목적 없는 활동에 몰두한다	___	___	___	___	___	___

출처: Baker, B. (1989). *Parent Training and Developmental Disabilities*, pp. 226-229.

행동수정을 위해 베이커(B. Baker)에 의해서 행해진 부모교육 프로그램은 일주일에 2시간씩 8~9번에 걸쳐서 이루어진다. 참여가족은 8~10가족이다. 각 가족은 교육에 들어가기 전에 인터뷰를 통해 부모의 교육방법에 대해 이야기하고 실제로 아동과의 상호작용을 비디오로 찍는다.

프로그램은 전체 10회기로 되어 있으며 10회기 중 4회는 자조기술을 가르치는 데 초점을 둔다. 부모들은 문제를 설정해서 몇 단계로 과제분석한 후에 적절한 강화를 사용하는 법을 학습한다. 5회기에는 1~2명의 발달지체아동의 부모가 참석하고, 부모는 가정에서 아이들을 가르쳤던 방법을 교사와 다른 부모 앞에서 시연해 보여주고 교사나 다른 부모로부터 평가를 받는다. 부모가 한 시연은 비디오로 찍고 때때로 비디오를 다시 보면서 토론한다. 다음 3회는 행동문제를 다룬다. 부모들은 수정할 문제행동을 정의하고 문제행동의 지속시간, 빈도를 기록하고 관찰하며 문제행동을 야기하는 선행사건과 그 문제행동을 지속시키는 후속사건을 관찰한다. 행동수정과 화장실 기술을 가르치는 방법을 실습하고 진보를 도표화하며 문제가 발생했을 때 문제를 해결하는 방법을 습득한다. 마지막 두 회기는 언어와 놀이기술의 방법과 원리를 적용하는 법을 다룬다. 10회기에 걸친 부모교육 내용은 〈표 4-11〉과 같다. 아동의 문제행동을 수정하기 위해 부모에게 아동을 가르치는 기술을 훈련시킬 때 모방을 사용하는 경우가 많다. 모방을 통한 학습에는 세 가지 단계가 있으며 다음과 같다.

- 교사는 부모가 보는 앞에서 아동과 함께 아동의 목표행동을 수정한다. 이러한 행동수정을 실시하기 전 교사는 부모에게 미리

〈표 4-11〉 Baker의 부모훈련 내용

1회	자조기술: 자조기술의 목표행동과 행동수정의 원리 소개
2회	자조기술: 기본적인 행동수정 전략, 과제 분석법, 단계설정과 모델링법
3회	자조기술: 보상선택
4회	자조기술: 중재
5회	자조기술: 아동을 실질적으로 중재, 자조기술을 가르치는 방법 시연과 평가받음
6회	행동문제: 문제행동의 정의와 관찰, A-B-C(기능적) 분석
7회	행동문제: 프로그램 계획
8회	행동문제: 부가적 기술(토큰법)
9회	놀이기술의 원리 적용
10회	말과 언어의 원리 적용

교사가 할 행동들을 설명한다.

- 교사가 보는 앞에서 부모는 관찰한 내용대로 아동의 목표행동을 수정한다.
- 부모와 교사는 부모의 수행에 대해서 평가한다.

■ 1회기(자조기술)

- 교육내용: 자조기술(자조기술의 목표행동과 행동수정의 원리 소개)
- 교육목표: 부모에게 프로그램을 소개하고 아동의 목표행동을 관찰할 수 있도록 한다.
- 교육절차(2시간)

0:00: 소개(2, 3분에 걸쳐 각각의 가족과 아동을 소개한다)

0:25: 프로그램 개관(프로그램의 목적과 프로그램을 통해서 무엇을 성취할 것인가에 대해 소개한다)

0:40: 행동과 해석(부모는 아동의 행동을 비디오로 보고 아동의 행

동을 묘사한다. 교사는 아동의 독특하면서도 관찰 및 측정이 가능한 행동과 그에 대한 해석을 함으로써 그 차이에 대해서 토론한다)

0:55: 휴식(다과시간, 다과는 때때로 부모가 가져오기도 한다)

1:05: 테이프를 통해 교수-학습 방법 소개(좋은 교수법을 비디오로 녹화해서 보여 준 후 부모로 하여금 교사가 무엇을 했는지 기록하게 한다)

1:15: 가르쳐야 할 것과 가르치지 않아야 할 것에 대한 토론

1:30: 문제해결방법 소개(문제를 해결하는 것과 방해하는 것에 대해 토론한다)

1:45: 한 가지 기술을 가르치기 위하여 목표를 삼을 때 고려해야 할 점

■ 2회기

• 교육내용: 자조기술(기본적인 행동수정전략, 과제분석법, 단계 설정)

• 교육목표: 부모는 아동을 가르치기 위하여 스스로 선행사건, 과제분석, 단계 설정과 모델링 방법을 이해한다. 그들이 목표로 한 기술을 가르치기 위해 프로그램을 계획한다.

• 교육절차

0:00: 개별적 진전에 관한 보고(매 회기 동안 교사는 각각의 가족과 그들의 숙제, 진전, 문제들에 관해서 점검해 본다)

0:15: 방해와 문제해결에 관한 집단토의(교수를 하거나, 숙제를 하거나, 문제해결을 위한 사고와 전략을 일반화하는 데 방해가 되는 요인들을 목록화한다)

0:30: 과제분석법 연습(목표행동을 여러 단계로 나눈다)

0:50: 휴식

1:00: A－B－C 모델(선행사건－행동－후속결과)을 재검토하고 선행사건에 초점을 맞춘다.

1:45: 교수(교수방법을 말하고 보여 준 후에 지도한다)

■ 3회기

- 교육내용: 자조기술(보상 선택)
- 교육목표: 부모들은 교수의 결과를 이해하며 더 나아가 방해요소가 있음에도 불구하고 문제를 해결할 수 있는 능력을 발달시킨다.
- 교육절차

0:00: 개별적 진전에 관한 보고

0:15: 교수 프로그램에 대한 토의(6가족 이상이 있으면 두 그룹으로 나눈다. 각각의 가족은 교수프로그램을 설명하는데 그 내용은 가르칠 기술, 단계 설정, 아동과 함께 한 단계를 시작하는 방법, 진전상황 그리고 문제 발생에 대한 설명 등이다)

0:40: 인지적 재검토 및 문제해결 방법 재검토(가르치는 동안 느낌을 기록하고 부모들을 유도했던 기계적 사고에 대해 생각해 본다)

1:00: 휴식

1:10: A－B－C: 결과들(보상), 아동에게 가장 유용했던 보상들을 목록화한다.

1:35: 보상, 역할놀이, 행동을 형성하고(shaping) 점차 보상을

약화시키며(fading) 성공적으로 종료한다.

1:50: 자기보상(가르치기 위해 부모는 어떻게 자기 스스로에게 보상할 것인가?)

■ 4회기

• 교육내용: 자조기술(중재)

• 교육목표: 부모들은 지금까지 선행사건, 후속사건들에 대해서 단계적으로 배운 것들을 종합하여 이것들을 자신의 교수능력의 향상을 위해 사용한다.

• 교수절차

0:00: 5회기를 위한 시간 조정, 한 시간에 4가족과 시간약속을 하고 1명의 교사당 2가족씩을 배정한다. 부모에게 다음 회기에 교수자료와 아동을 데리고 올 것을 상기시킨다.

0:05: 중재

0:15: 두 그룹으로 나눔

A그룹 – 비디오테이프 비평(각각의 가정에서 가르치는 것을 찍은 비디오테이프를 몇 분 보여 준 후에 그것에 대해 비평한다. 긍정적인 측면을 보도록 유도하고 개선방안을 모색케 한다)

B그룹 – 가정에서의 중재, 가정 프로그램에 대한 토의(부모 문제를 진술하고 교사와 다른 그룹원들은 대처 전략 개발을 의논한다)

0:50: 휴식

1:00: 전 시간에 했던 내용을 A그룹과 B그룹이 바꾸어 한다.

1:40: 부수적 교수

1:55: 자조기술과 화장실훈련에 대한 자문

■ 5회기

- 교육내용: 아동에게 실질적으로 중재, 자조기술 가르치는 방법을 시연한다.
- 교육목표: 부모는 아동에게 자조기술 가르치는 방법을 직접 시연하고 그에 대한 평가를 받으며 다음 절차를 계획한다.
- 교육절차: 한 시간에 4가족이 배당되고 1명의 교사당 2가족이 배당된다. 각 가족은 15분 동안 아동을 직접 가르치고 교사와 다른 가족은 관찰한 후 평가한다.

■ 6회기

- 교육내용: 행동문제
- 교육목표: 행동문제를 정하고 기초선 측정방법을 배운다.
- 교육절차

0:00: 행동수정에 따른 방해물(행동문제와 그것을 다루는 부모의 반응들을 목록화하고 방해하는 요소들과 촉진시키는 요소들에 대해서 토론한다. 가능하면 행동문제에 대한 비디오를 보여 주고 아이의 선생님이나 부모가 아동의 행동에 대해서 어떻게 반응할 수 있을지 추측해 보게 한다)

0:25: 행동수정 방법 소개

0:30: 행동문제를 정의하고 측정(행동문제의 기준과 지속시간 빈도를 측정하며 비디오를 다시 본 후 부모들은 하나의 일반적 문

제와 하나의 특별한 문제들의 자료를 수집한다)

0:55: 휴식

1:05: A – B – C 모델을 다시 소개, 심한 행동장애를 예로 들어서 제시

1:15: 선행사건(가능하면 비디오테이프를 보여 주고 부모로 하여금 행동문제를 정하게 한 후 그 문제행동에 대한 선행 사건을 지적하게 한다)

1:35: 목표로 할 문제행동을 개별적으로 설정(각 가정은 목표로 할 문제행동들을 설정하고 어떻게 측정할 것인가를 결정한다)

1:55: 용변 처리 훈련에 대한 자문/자조기술 자문

■ 7회기

- 교육내용: 행동문제
- 교육목표: 부모들은 문제행동에 대해서 반응하는 것을 이해하고 반대행동을 촉진시킨다. 부모들은 그들이 목표로 한 문제행동에 대한 행동수정을 개발한다.
- 교육절차

0:00: 자료를 개인적으로 재검토

0:15: 더 좋은 반응들을 선정해 준다. 부모들은 문제행동에 대한 가능한 반응들을 목록화한다. 그러면 교사는 어떠한 반응은 효과적이고 어떠한 반응은 왜 효과적이지 않은지 설명한다.

1:00: 휴식

1:10: 문제행동과 상반되는 행동을 하도록 촉진(가능하면 간략

히 문제행동을 비디오로 보여 주고 그 문제행동과 상반되는 긍정적인 행동을 찾아서 보상을 준다)

1:25: 행동수정 프로그램 개발, 두 그룹으로 나눈다. 각 가정은 목표행동과 기초선을 정하고 A－B－C 모델을 설정한다.

■ 8회기

- 교육내용: 행동문제
- 교육목표: 부모는 격리(time out)와 계약을 학습하고 부모 자신이 갖게 되는 좌절과 두려움에 대처할 수 있는 방법을 학습한다. 부모들은 그들 자신의 프로그램을 개발한다.
- 교육절차

0:00: 행동수정 프로그램 재검토

0:30: 격리와 계약(토큰제)

1:00: 휴식

1:10: 행동수정 프로그램에 대한 중재자(문제행동을 비디오로 보여 주고 부모들에게 상담원의 역할을 하게 한다)

1:35: 화를 참는 법, 인지적인 역할놀이

■ 9회기

- 교육내용: 놀이기술의 원리 적용
- 교육목표: 부모는 이미 배운 문제행동을 중재하는 행동수정원리를 다른 문제행동을 수정하는 데 적용한다. 부모는 프로그램이 끝난 후 습득된 기술을 지속시킬 수 있는 계약을 수립한다.

• 교육절차

0:00: 행동수정 프로그램에 대한 개별적 재검토

0:15: 행동수정 프로그램에 대한 집단토의, 그룹으로 나누어 각각의 가정은 진전과 문제점을 보고한다. 몇몇의 가정이 다른 문제로 지금까지 배운 내용을 적용해 보려 한다면 그들에게 A－B－C 패턴을 만들어서 프로그램을 개발하게 한다.

0:45: 대처전략에 대한 부모들의 역할놀이

1:00: 휴식

1:10: 프로그램 종료 후 습득된 기술을 유지시키기 위한 추후계획

1:25: 놀이기술의 소개

■ 10회기

• 교육내용: 말과 언어의 원리 적용

• 교육목표: 부모들은 지금까지 그들이 배운 내용들을 종합하고 미래를 계획한다.

• 교육절차

0:00: 행동수정에 대한 진전

0:30: 놀이기술 교수

1:00: 휴식

1:10: 추후계획에 대한 개별적인 개발

1:35: 추후계획에 방해가 되는 요소들에 대한 토의

(2) Gorden의 부모효율성훈련(Parent effectiveness training: PET)

고든(Gorden)은 부모와 자녀의 관계는 애정과 존경을 바탕으로 한 따뜻하고 절친한 관계로 보았으며 부모의 역할은 자녀를 생산적이고 협동적이며 책임감 있는 시민으로 길러 내는 것이라고 하였다. 고든은 부모가 전통적인 양육방식의 답습, 이율배반적인 부모역할, 성인 중심의 인간관을 갖고 자녀와 올바른 의사소통을 하지 못하기 때문에 자녀와 친밀한 관계를 유지하지 못한다고 보았다. 자녀와 친밀한 관계를 저해하는 효율적이지 못한 의사소통 방법은 다음과 같다.

- 명령, 지시
- 주의협박
- 훈계, 설교
- 충고, 해결책의 제안
- 강의, 이론의 전개
- 비판, 비난
- 칭찬, 동의
- 욕설, 조소, 수치감
- 분석, 진단
- 격려, 동정
- 질문, 탐문
- 중지, 주의를 다른 데로 돌림

고든이 제시한 의사소통 방법들은 모두 자녀와의 친밀한 관계를 저해하는 비효과적인 의사소통방법이기 때문에 부모는 자녀와 효율적으로 의사소통하는 방법을 습득해야 한다고 보았다. 부모교육 원리는 다음과 같이 몇 단계로 나누어진다.

① 부모 자신의 수용정도를 파악한다.

자녀의 행동에 대한 부모의 수용정도는 다양하다. 어떤 부모는 수용 정도가 높고 어떤 부모는 낮다. 부모의 수용 정도는 부모의 정서적 안정성, 허용 정도, 자기 자신을 좋아하는 정도, 자기 자신의 감정을 일관되게 유지하는 등 부모의 품성에 따라 다르다. 수용 정도가 높은 부모는 동일한 문제가 발생해도 수용 정도가 낮은 부모보다 아동의 행동을 더 잘 이해하고 받아들인다. 따라서 부모 자신은 자신의 수용 정도를 파악해야 한다.

[그림 4-1]은 유아의 행동에 대한 부모의 수용 정도를 그림으로 나타내었다. A부모보다 B부모는 자녀의 행동에 대해 수용 정도가

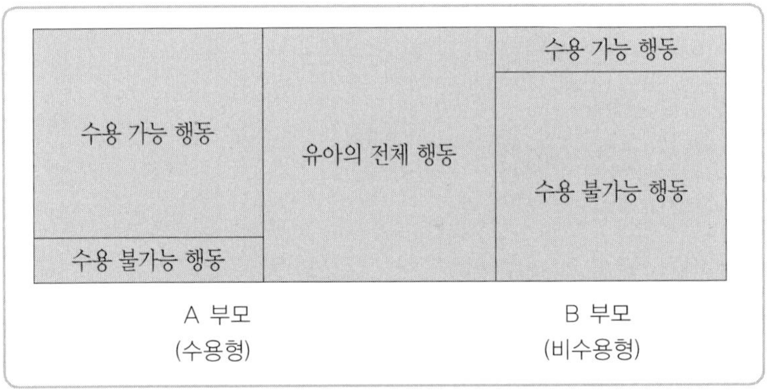

[그림 4-1] 유아의 행동에 대한 부모의 수용성 수준

출처: 이은화, 김영옥(1999). 유아를 위한 부모교육, p. 269.

더 낮기 때문에 자녀의 행동을 더 많이 문제행동으로 인식할 수 있다. 부모효율성이론은 수용형의 부모보다 비수용형의 부모에게 자녀의 행동을 수용하고 자신의 감정을 자녀에게 솔직히 이야기함으로써 자녀와 효율적으로 의사소통하는 기술을 습득할 수 있도록 하는 데 목적이 있다.

② 문제를 가진 사람을 찾는다.

부모는 자녀의 행동에 대한 자신의 수용 정도를 파악한 후 아동의 행동에 대해 문제를 가진 사람을 찾는다. 문제를 가진 사람이 누군가에 따라 적용되는 기술이 다르기 때문에 아동의 행동결과에 영향을 미치는 사람을 찾는 것은 중요하다. 자녀의 행동결과는 다음과 같이 크게 세 가지 유형으로 분류할 수 있다.

- 아동의 행동이 부모와 아동 모두에게 문제가 되지 않는다.
- 아동의 행동이 부모에게는 문제가 되지 않으나 아동 자신에게는 문제가 된다.
- 아동의 행동이 아동에게는 문제가 되지 않으나 부모에게는 문제가 된다.

③ 아동의 행동이 아동에게 문제가 되는 경우에 아동을 돕는 기술을 사용한다.

아동의 행동 결과가 아동에게 문제가 있는 경우로 아동이 친구와 싸움을 하거나 선생님에게 꾸중을 듣는 등의 행동이 이에 속한다. 이런 경우 부모는 자녀의 문제를 해결해 주려 하기보다는 자녀가 스스로 문제를 해결할 수 있다는 믿음을 갖고 자녀의 이야기를 잘

들어준다. 이때 자녀의 이야기에 단지 귀를 기울이기보다 좀 더 진지하게 적극적인 관심과 공감을 갖고 경청하고 있음을 보여 준다. 자녀의 말을 듣는 기술은 다음과 같다.

- 인식반응 보이기: 자녀가 이야기를 할 때 침묵하며 묵묵히 듣는 것보다는 고개를 끄덕이거나 미소를 짓는 방식으로 잘 듣고 있음을 표현한다.
- 계속 말하게끔 격려하기: 자녀가 이야기할 때 비평이나 질책 등으로 말을 중단하게 해서는 안 되며 계속해서 자녀가 자신의 문제를 솔직하게 다 말할 수 있도록 유도한다.
- 적극적 경청: 자녀가 말하는 것에 공감하고 충분히 이해하며 듣는다.

〈표 4-12〉 **적극적 경청**

자녀의 상황	비효율적인 의사소통	적극적 경청
학교에서 친구와 싸운 후 집에 와서 울고 있다.	• 친구와는 싸우지 말고 지내야지! • 너는 왜 항상 친구와 싸우니?	• 오늘 친구와 싸워서 울고 있구나.
자녀가 퍼즐을 맞추다가 어려워서 못하겠다고 한다.	• 어려워도 참고 끝까지 해야지! • 너는 이제 방금 시작했잖아. 열심히 해 보지도 않고 중간에 그만두면 못 써.	• 퍼즐 맞추는 것이 정말 어려운가 보구나!

④ 아동의 행동이 부모에게 문제가 되는 경우 부모를 돕는 기술을 사용한다.

아동의 행동이 아동에게는 전혀 문제가 되지 않지만 부모에게 문제가 되는 경우 부모를 돕는 기술로 나-전달법(I-message)과 무승부법이 있다.

나-전달법

나-전달법은 부모 자신이 중심이 되어 아동의 행동을 비난하지 않고 부모의 입장에서 단순히 자신의 느낌을 전달하는 것이다. 반면 너-전달법(You-message)은 부모가 원하는 해결방안을 아동에게 강제로 요구하기 위해 명령, 지시, 주의주기, 협박, 훈계, 설교, 비난 등의 전달방식을 사용한다. 이러한 너-전달법을 통한 해결방법은 아동에게 설득력이 없어 문제를 해결하기 어려우며 올바른 부모-자녀관계를 저해한다.

나-전달법의 대화방식은 세 가지 요소로 구성되어 있다. 첫째, 부모에게 방해되는 행동을 명확하게 아동에게 말한다. 아동의 행동에 대해 비난하지 않고 객관적으로 명확하게 이야기한다. 둘째, 아동의 행동 결과에 따른 부모의 느낌을 말한다. 셋째, 아동의 행동결과에 대해 말한다.

나-전달법의 예는 〈표 4-13〉과 같다.

〈표 4-13〉 나-전달법과 너-전달법의 예

상 황	나-전달법	너-전달법
엄마가 전화를 걸고 있는데 아동이 TV를 점점 크게 튼다.	네가 지금 TV를 크게 틀어서 엄마가 전화통화를 계속할 수가 없어 속이 상한다.	TV 소리 줄여라. 시끄럽구나.
엄마가 외출에서 돌아왔는데 집안이 온통 어질러져 있다.	장난감이 이렇게 어질러져 있어 엄마가 치워야 하니 힘들구나.	장난감 좀 치워라. 왜 이렇게 어질러 놓니!

나-메시지를 전달할 때는 너-메시지를 사용하지 않고, 부정적 감정을 강조하지 않으며, 훈련과정에서 부모들이 감정을 조절할 수 있도록 돕는다(이은화, 김영옥, 1999).

무승부법

부모가 지속적으로 자녀에게 나-메시지를 통해 자신의 감정을 객관적으로 전달하였음에도 불구하고 자녀의 행동이 개선되지 않는다면 부모들은 지금까지와는 다른 태도로 아동과 상호작용하게 될 것이다. 부모는 자녀에게 좀 더 권위적인 방법을 사용하여 아동을 위협하거나 혹은 자녀에게 항복함으로써 자녀가 원하는 대로 방치하게 된다. 그러나 위의 사례처럼 승자형의 부모나 패자형의 부모는 두 경우 다 바람직하지 못하므로 나-전달법이 실패했을 경우 무승부법을 활용하는 것이 효율적이다.

무승부법은 부모와 자녀가 서로간의 의사를 존중하여 민주적인 방식으로 문제를 해결하는 것이다. 무승부법의 절차는 다음과 같다.

- 아동이 갖고 있는 갈등(문제)을 확인한다.

- 갈등을 해결하기 위한 다양한 해결책을 탐색한다.
- 해결책을 평가해 본다.
- 최적의 해결안을 결정한다.
- 결정된 해결안을 시행한다.
- 평가한다.

〈Gorden의 부모효율성훈련 사례〉

다음의 사례는 부모효율성훈련을 위한 구체적인 프로그램으로 광명시에서 제작한 부모교육을 위한 사례집에서 발췌한 내용이다.

〈공감적 경청 기술〉

1) 신뢰의 산책

타인에 대한 신뢰감은 나 자신에게 비롯되는 것이며 상대방에 대한 나의 태도가 타인과의 관계 형성 및 의사소통에 영향을 주고 있음을 이해한다. 더 나아가 자녀의 세상에 대한 신뢰감은 부모의 양육태도에 영향을 받는 것임을 이해한다.

(1) 준비물

눈가리개(손수건 혹은 두루마리 휴지)

(2) 진행절차

① 2인 1조로 짝을 지어 한 명은 눈을 가리고 한 명은 안내자의 역할을 하면서 미리 정해 놓은 코스로 10분 동안 산책한다.

② 산책을 다녀온 후에는 역할을 바꿔서 같은 방법으로 시행한다.

③ 2명이 역할을 바꿔 가며 산책을 다녀온 후에 활동 중에 느낀 점을 발표한다.

2) 부모-자녀 대화기술 I

(1) 목적: 대화의 기본적인 원리와 부모의 양육태도에 대해 점검한다.

(2) 진행절차

① 공감적 경청기술 소개

공감적 이해란 자신이 직접 경험하지 않고도 다른 사람의 감정을 거의 같은 내용과 수준으로 이해하는 것이다.

공감적 이해에는 세 가지 수준이 있다.

첫째, 관습적인 수준으로 인간관계 형성과 문제해결 및 긍정적인 인간성의 성장과 발달에 도움을 주지 못한다.

둘째, 기본적인 수준으로 부드러운 인간관계가 어느 정도는 형성될 수 있는 기초적인 관계로 피상적이고 일상적인 문제해결이 가능한 수준이다. 대화기술을 처음 공부하는 사람은 이 수준의 공감적 반응을 열심히 익히는 것이 바람직한다. 셋째, 심층적 수준으로 자발적인 인간관계의 형성 및 일상적인 문제의 해결뿐 아니라 마음의 세계를 심화 · 발전시킬 수 있는 수준이다.

-공감적 이해의 세 가지 수준의 사례

"저는 친한 친구가 없어요. 마음 터놓고 이야기할 만한 친구가 하나도 없어요."

*인습적 수준: 넌 사교성이 없어서 큰일이구나, 친구가 없으면 대신 공부에 재미를 붙이면 되잖아!

*기본적 수준: 음, 마음 터놓고 이야기할 만한 친구가 없다고, 마음 터놓고 이야기할 만한 친구가 없으니 외롭겠구나.

*심층적 수준: 마음 맞는 친구가 있어 우정을 나누었으면 좋겠단 말이지?

② 공감적 반응 연습

"지난번 시험에서 제일 열심히 한 수학성적이 안 좋다."

-인습적 수준 ______________________________

-기본적 수준 ______________________________

-심층적 수준 ______________________________

출처: **부모교육 프로그램**, 광명시, pp. 26-29, 미간행.

연습문제

1. 가족참여의 형태에 대해서 서술하시오.

2. 가족훈련의 목적은 무엇인가?

3. 부모가 학급에서 보조교사로 일할 때 어떤 절차를 통해서 훈련을 시키는가?

4. 교사와 보조교사의 역할분담표를 작성해 보시오.

5. 전화를 통해서 부모와 의사소통할 때 주의할 점은 무엇인가? 두 사람이 한 조가 되어서 연습해 보시오.

6. 부모 · 아동의 비형식적 놀이모임을 계획해 보시오.

7. 부모훈련 프로그램을 작성해 보시오.

참고문헌

강릉 오성학교(2005). 2005학년도 교육계획.

경기도 장애인부모회(2000). 사회통합과 장애인교육의 개선방향. 2000년 장애인 부모교육 세미나 자료.

권요한 외(1998). 장애학생 부모교육 프로그램. 국립특수교육원.

공립 천안도솔유치원(2005). 2005학년도 유치원 교육계획.

구본권 외(1998). 특수교육학. 교육과학사.

이미자(2001). 부모교육 프로그램 운영을 위한 장애유아 어머니의 요구. 우석대학교 교육대학원 미간행 석사학위논문.

이은화, 김영옥(1999). 유아를 위한 부모교육. 동문사.

유안진, 김연진(2000). 부모교육. 동문사.

한국행동과학연구소 편(1983). 부모교육. 문교부.

홍성희(2000). 사각장애아 부모의 부모교육 운영실태와 요구. 우석대학교 교육대학원 미간행 석사학위논문.

Baker, B. (1989). Parent Training and Developmental Disabilities. *American Association on mental Deficiency*.

Croft, D. (1979). *Parent and Teachers: A Resource book for home, school, and community relations*. Bermont.

Hasenoer, A. (1997). Kommunikative Zusammenarbeit zwischen Kindergarten und Elternhaus-zum Wohle unserer Kinder. In: *mit Kindern auf dem Weg II Noe Schriften 103/Dokumentation*: *Neulengbach*.

Marion, R. (1979). Minority parent involvement in the IEP process: A systematic model approach. *Focus on Exceptional Children*. *10*(8), 1-15.

Shea, M., & Bauer, M. (1991). Parents and Teachers of Children with Exceptionalities. *A Handbook for Collaboration*. Allyn and Bacon.

Spoerri, C-L. (1983). Gegenwaertig praktizierte Formen der Elterngruppenarbeit. In: Speck, O., Warnke, A. (Hrsg.) *Fruehfoerderung mit den Eltern*. Ernst Reinhardt. 131-149.

Warnke, A. (1983). Kritische Nebenwirkungen der Zusammenarbeit mit den Eltern. In: Speck, O., Warnke, A. (Hrsg.) *Fruefoerderung mit den Eltern*. Muenchen und Basel.

Warnke, A. (1991). Familien in der Fruefoerderung psychodynamischer Aspekte. In: *Familien orientierte Fruehfoerderung*. Muenchen und Basel.

제5장

가족지원과 개별화 가족서비스 계획

1. 스트레스 유발과정 및 대처전략
2. 자원과 가족기능의 관계
3. 가족강화모델에 기초한 Dunst, Trivette, Deal의 가족지원 프로그램
4. 가족지원의 실제
5. 개별화 가족서비스 계획

제 5 장

가족지원과 개별화 가족서비스 계획

장애아동의 가족은 장애아동이 태어남으로써 비장애아동의 가족에 비해서 더 많은 스트레스가 있는가? 그로 말미암아 장애아동의 가족기능은 원활치 못할 것인가에 대한 관심은 지속되어 오고 있다. 이한우, 강위영(1999)의 연구에 의하면, 장애아동 부모는 비장애아동 부모에 비해서 스트레스가 더 높다고 한다. 이러한 스트레스의 요인은 다음과 같다.

- 아동을 양육, 교육하는 과정에서 발생하는 병원치료나 치료교육비 혹은 재활기기 구입 등으로 인한 경제적 부담감
- 장애아동의 양육에 따른 많은 시간의 소요 및 정신적, 신체적 피로
- 부모 중 한 사람이 직장을 그만두어야 하는 문제
- 정서적 문제

- 가족 간의 여행이나 외출 등의 활동제한, 여가시간의 부족
- 지나친 양육부담과 정서적 문제로 인한 부부 사이의 갈등(이미선, 김경진, 2000, p. 15 재인용)

위에서 언급하였듯이 장애아동과 관련된 양육부담과 아동교육을 위한 가족의 참여는 장애아동의 가족에게 스트레스를 줄 수 있다.

아동의 생활연령과 관련하여 특별히 부모들의 스트레스가 극대화되는 시기가 있다. 머레이(Murray, 1990)의 연구에서는 3~4세인 취학전기, 6~8세인 학교입학 시기, 12~14세인 청소년기 그리고 성인기에 접어드는 19~21세가 부모들의 스트레스가 극대화되는 시기라고 하였다. 생활주기에 따른 장애아동 가족의 특정 스트레스를 살펴보면 다음과 같다.

- 부부만의 시기: 자녀에 대한 일상적 기대, 부부생활에 대한 일상적 적응
- 출산, 취학 전기: 자녀의 비정상적 발달에 대한 공포, 진단, 치료와 관련된 일, 형제와 확대가족에게 장애에 관하여 이야기하기
- 학령기: 장애아동에 대한 비장애아동과 가족의 반응, 학교교육
- 청소년기: 또래 아동의 거부, 직업준비, 성욕에 관한 문제
- 진출기: 생활환경, 재정적 문제, 사회화 기회
- 부모 후기: 장애 자녀에 대한 장기적인 안정, 서비스 제공자와의 상호작용, 장애 자녀의 연애, 결혼, 출산의 문제
- 노년기: 부모 사망 후 장애아동의 보호와 감독, 가족의 다른 하위체제나 서비스 제공자에게 부모책임을 이동시키기(Turnbull, Summers, & Brotherson, 1986; 이애현, 1995, 재인용).

이와 같이 장애아동 가족은 다양한 시기에 다양한 문제로 스트레스를 경험하기 때문에 가족지원이 제공되어야 한다. 따라서 이장에서는 스트레스의 유발과정과 이를 경감시키기 위한 가족지원모델에 대해서 설명하고, 우리나라의 가족지원의 실제에 대해서 언급하며, 아동의 교육과 연계하여 가족지원을 제공하기 위해 '개별화 가족서비스 계획' 의 수립방법에 대해서 서술하고자 한다.

1. 스트레스 유발과정 및 대처전략

1) 중복 ABCX 모델

아동의 연령에 따라 부모는 많은 다양한 문제에 접하게 된다. 그러나 이러한 문제에 접했다고 해서 모든 가정이 스트레스 상황에 처하게 되는 것은 아니다. 그러나 동일한 문제에 대해 가정마다 스트레스를 경험하는 강도가 다르다. 힐(Hill, 1958)은 이러한 다양한 강도의 스트레스 형성과정에 대해 설명하였다. 그는 제2차 세계 대전으로 인한 가족의 별거와 재결합에 대한 연구에서 가족들 간에 당면 상황에 대한 적응능력 면에서 차이가 있음을 발견하고 똑같은 상황에 대한 결과의 차이에 대해 ABCX 모델로(A: 사건의 특성, B: 가족의 위기극복자원, C: 긴장사건에 대한 가족의 지각 및 판단, X: 가족의 위기) 설명하였다. ABCX 모델에 의한 스트레스 유발과정은 ① 사건의 특성(A), ② 그에 따른 고통, 위기에 대한 가족의 극복자원(B), ③ 사건에 대한 가족의 지각 여부(C), ④ 결과에 따른 위기 발생(X)

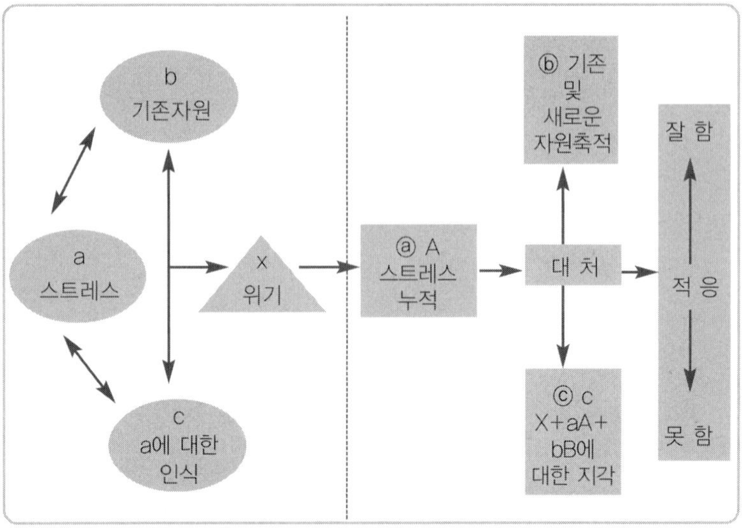

[그림 5-1] Double ABCX 모델

출처: McCubbin & Patterson, "Chronic: Family Stress and Coping," In Figley & McCubbin (Eds.), 1983, p. 27에서 인용.

이다.

특히 이 모델에서 중요한 개념은 A, B, C 요인들이 상호작용하여 X 요인의 출현 여부와 성격을 결정한다는 것이다.

맥커빈과 페터슨(McCubbin & Patterson, 1983)은 힐(Hill)의 ABCX 모델을 기초로 하여 4요소를 첨가하여 중복 ABCX 모델을 만들었다. 첨가된 4요소란 누적된 스트레스, 가족 내·외부에서 새 자원을 개발하려는 긍정적인 대처노력을 첨가시킨 모델이다. 중복 ABCX(double ABCX) 모델의 중요한 개념은 위기 후에 가족이 어떻게 새로운 수준의 가족기능을 성취하게 되는가다. 즉, 누적된 긴장들에 대한 대처노력에 의한 적응(XX)을 가족의 노력 정도에 따라서 얻어지는 소산으로써 설명하였다(김일수, 2000).

이 모델의 가장 중요한 공헌은 대처(coping)의 개념을 부각시킨 것이다. 대처노력이란 누적된 긴장원과 그에 따른 긴장 및 고통을 다루기 위하여 가정의 통합 또는 정신력을 유지시키면서 새로운 자원을 개발하고 새로운 필요에 따라 가정의 구조를 변화시키려는 노력을 말한다(McCubbin & Patterson, 1983).

특히 맥커빈(McCubbin)은 대처자원 중에서도 환경적 자원인 사회적 지지의 수동적인 면보다 능동적인 대처행동이 적응에 더 중요한 요소라고 보았다(Bristol, 1987; 김일수, 2000, 재인용).

2) 인지현상학적 이론

중복 ABCX 모델은 스트레스에 대한 대처의 개념을 부각시키는 데는 중요한 역할을 하였으나 구체적으로 이러한 대처가 스트레스와 적응의 관계에 어떤 영향을 미치는지는 설명하지 못하였다. 인지현상학적 이론은 상황중심적 관점에서 대처를 보는 것으로 대처를 스트레스 상황에 의해 야기된 인간의 내적, 외적 요구를 통제하려는 인지적 · 행동적 노력으로 보았다(서미경, 1999).

인간이 스트레스 상황에 직면하게 되면 그에 대한 평가를 하게 되며 이러한 평가는 1차 평가와 2차 평가로 나누어진다. 1차 평가는 당면한 문제의 상황평가로 이 문제가 스트레스를 유발시킬 수 있는 문제인지 평가한다. 스트레스 상황이라고 판단되면 그 다음은 2차 평가를 하게 되며 2차 평가는 이러한 스트레스 상황에 대처할 수 있는 방법을 모색하기 위한 평가다.

이때 사용되는 대처전략은 정서중심적 대처전략과 문제중심적 대처전략으로 나누어진다. 정서중심적 대처전략은 스트레스 상황과 관련하여 발생되는 정서적인 고통을 줄이기 위해 사용되는 전략이며 문제중심적 전략은 스트레스를 발생시키는 환경이나 사람을 변화시키기 위해 사용되는 전략이다. 따라서 스트레스를 야기시키는 상황에 대한 지식이나 정보가 더 많이 필요한 경우 문제중심적 대처전략을 사용하고, 상황을 변화시킬 수 없어서 그 문제를 인정해야 하는 상황에서는 문제를 수용하기 위한 정서중심적 대처전략을 사용하게 된다(이삼연, 1999).

포크먼과 라자루스(Folkman & Lazarus, 1986)는 정서와 문제중심적 대처를 다음과 같이 8개의 대처전략으로 세분화하였다(이삼연, 1999, p. 191 재인용).

- 직면: 스트레스 상황을 적개심의 표현과 같은 공격적인 방법으로 대처
- 거리를 둠: 스트레스 상황과 연결시키지 않으려는 노력
- 자기통제: 자신의 감정표현과 행동을 자제
- 사회적 지지 추구: 타인으로부터 도움을 얻으려는 노력
- 책임수용: 스트레스 상황에 대한 자신의 책임 인정
- 회피: 스트레스 상황으로부터 도피
- 문제해결: 스트레스 상황을 해결하려는 노력
- 긍정적인 재평가: 스트레스 상황을 정신적인 성장의 기회로 해석

장애아동의 가족들은 위에서 언급한 대처전략들을 다양하게 활용하고 있다. 그러나 위의 대처전략들이 모두 장애아동 가족의 적

응에 도움이 되고 효율적으로 기능하는 것은 아니다. 많은 대처전략들은 오히려 가족의 문제해결력을 약화시켜 정서적인 고통을 가중시킨다.

이삼연(1999)의 연구에 의하면, 장애아동의 어머니는 문제해결 전략과 긍정적인 재평가 그리고 사회적 지지추구 전략을 사용할 때 스트레스 상황에 대한 적응도가 높았으며 직면, 회피, 책임수용 전략을 사용할 때 적응도가 낮았다. 또한 서미경(1999)의 연구에서도 적극적인 대처를 문제해결 전략과 사회적 지지추구 전략으로 간주하여 이러한 적극적인 대처에 영향을 주는 변인을 조사한 결과 사회적, 제도적 지원 부족과 사회적 지지가 적극적인 대처전략과 상관관계가 높은 것으로 나타났다. 사회적, 제도적 지원 부족에 대해 부담을 많이 느낄수록 더 적극적인 대처전략을 사용하며 일반적으로 보호부담이 많을수록 적극적인 대처전략을 사용하였다. 사회적, 제도적 지원이 부족하다고 느끼면 이를 해결하기 위해 사회적 지지가 필요하며 이러한 사회적 지지는 좀 더 적극적인 대처를 모색하기 위한 동기를 제공한다.

2. 자원과 가족기능의 관계

던스트, 트리빗과 딜(Dunst, Trivette & Deal, 1988)에 의해 제시된 자원과 가족의 기능과의 관계를 살펴보면 사회적인 지원은 다음과 같이 관계적 지원, 구조적 지원, 구성적 지원 그리고 기능적인 지원으로 대별되며 이러한 지원들은 [그림 5-2]와 같이 서로 연결되어 있다.

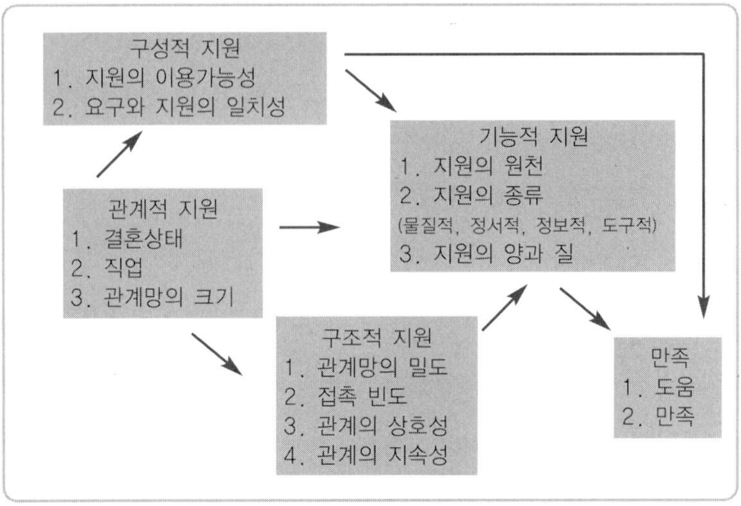

[그림 5-2] 사회적 지원의 범위

- 관계적 지원: 사회적 관계의 존재와 사회적 관계의 양으로 결혼 상태, 직업수준, 사회적 관계망의 크기 등이다.
- 구조적 지원: 사회적 관계망의 양적 측면으로 관계망의 밀도, 관계의 안정성과 지속성, 관계망의 구성원들 간의 결속력 및 상호성 등이다.
- 구성적 지원: 필요에 대한 도움의 정도로 필요한 특정한 형태의 지원에 대한 이용가능성, 필요한 지원과 제공되는 지원종류 간의 일치성 등이다.
- 기능적 지원: 도움과 지원의 양과 질에 대한 것으로 정보적, 물질적, 정서적 그리고 도구적 지원이 제공되고 이러한 지원이 사회적 관계망의 다양한 구성원을 통해 성취될 수 있다.

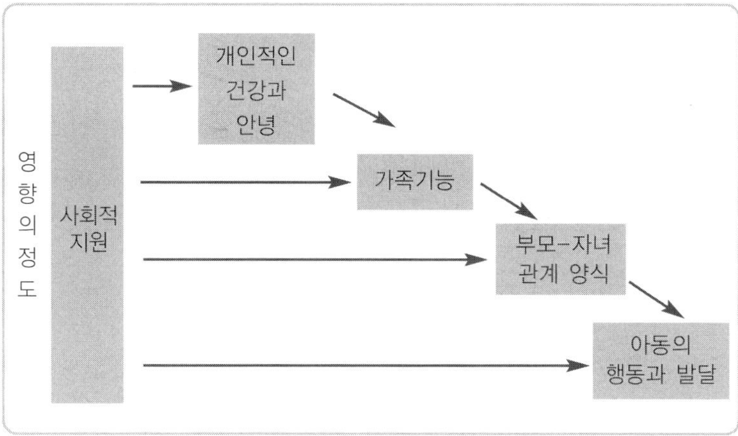

[그림 5-3] 사회적 지원의 영향

출처: Dunst, Trivette, & Deal (1988). Enabling and Empowering Family, p. 31.

관계적 지원에 의해 요구가 발생하며, 이러한 요구는 구조적 지원에 의해 개인의 관계망의 특성이 도출되고, 구성적 지원에 의해 사회관계망으로부터 이용할 수 있는 지원의 종류가 결정되며, 이러한 세 가지 종류의 지원이 기능적 지원으로 제공될 때 소비자는 지원을 유용하고 도움이 되는 것으로 인식하게 된다(Dunst, Trivette, & Deal, 1988). 이러한 지원은 [그림 5-3]에서와 같이 직접적 · 간접적으로 부모, 가족 그리고 아동의 기능에 영향을 미친다.

던스트(Dunst, 1985)는 가족기능과 지원과의 관계에 대한 연구결과 가족기능은 여섯 종류의 지원과 관계가 있다고 하였다. 가족의 기능에 긍정적인 영향을 미치는 지원은 가족구성원(배우자, 자녀), 친척(본인의 친척, 배우자의 친척), 비공식적 지원(친구, 배우자의 친구), 사회집단(부모모임), 조기중재(조기중재팀원), 기타 전문가(주치의)였다.

웨슬링과 폭스(Westling & Fox, 1995; 김은주, 1999, 재인용, p. 23)는 부모로 하여금 정서적인 고통과 같은 개인적인 어려움을 경험하게 되는 조건이란 일반적으로 여러 가지 유형의 지원에 접근하는 것과 관련이 있다고 지적하면서 가족 내의 스트레스를 감소시키는 데 도움을 주는 것으로 ① 중도장애 자녀를 위한 건강상의 보호, ② 적절한 교육적 서비스, ③ 탁아지원, ④ 재정적인 보조, ⑤ 집안에서의 지원, ⑥ 대처기술에 관한 상담과 훈련, ⑦ 가족, 친구, 다른 장애아동 부모들의 지원 등을 제시하였다.

또한 정청자(1988)의 연구에서는 장애아동 부모가 받는 스트레스의 정도와 대처행동의 중요성에 대해서 탐색한 결과 중중장애아동의 부모가 경증장애아동의 부모에 비해 스트레스의 수준이 높았으며, 장애아동의 특성상 육체적 부담이 많은 부모가 육체적 부담이 적은 부모에 비해서 스트레스 수준이 높았다. 또한 이러한 스트레스를 경감시킬 수 있는 대처요인 중에서는 남편의 지지가 장애아동 양육이라는 긴장적 상황에 적응하는 어머니의 능력을 결정하는 핵심요소였다. 또한 크니엘(Kniel, 1988)은 사회적 지원이 학령 전 장애아동의 어머니들의 스트레스를 경감시키는 요인이라고 지적했으며 젊은 부부는 노년층의 부부에 비해서 그들의 부모나 형제자매, 친척들이 그들의 스트레스 해소에 중요한 역할을 한다고 했다.

또한 부모모임은 같은 문제를 가진 사람들끼리 문제해결을 할 수 있도록 도와주며 서로에게 정보를 제공해 줄 뿐 아니라 연대감과 결속력을 갖게 해 준다. 따라서 부모 모임은 부모의 적응행동에 중요한 역할을 한다. 공식적 지원도 스트레스 해소에 중요한 요인으로 작용하는데 보덴벤더(Bodenbender, 1981)의 연구를 보면, 장애아동을 유치원에 보내는 가족은 그렇지 않은 가족에 비해서 여가선용의 기회가 많으며 이를 통해서 가족들이 장애아동의 양육의무에서 다소 해방된 것을 볼 수 있다.

3. 가족강화모델에 기초한 Dunst, Trivette, Deal의 가족지원 프로그램

특수교육에서 가족지원의 의미는 가족을 지원함으로써 가족이 장애아동의 교육에 적절히 효율적으로 참여하여 궁극적으로 장애아동의 발달에 기여하는 데 있다. 가족참여는 특수교육의 중요한 추천실제임에도 불구하고 가족참여를 현실화시키기 위해 병행되어야 하는 가족지원에 대한 노력은 특수교육 분야에서 극히 제한적이었다. 특히 가족지원에 대한 이론 정립과 실행을 위한 공적 시스템의 부재는 가족참여를 실행하는 데 많은 어려움을 야기시키고 있다.

장애아동의 가족을 지원하기 위해 많은 모델들이 제안되고 실행되어 왔으나 가족강화모델이 다른 모델들에 비해 효율적임이 입증되었다(Dunst, Trivette, & Deal, 1994).

가족지원모델은 의학적 모델에 입각한 전문가 중심의 모델(professional centered), 직접적인 교수를 근간으로 하는 부모훈련모델(parent training model) 그리고 가족강화모델(family empowerment model)로 각자의 철학적 기반 위에 다양한 접근을 시도하고 있다. 전문가중심의 모델은 일반적으로 장애아동의 가족이 그들의 문제를 스스로 해결할 수 없고 필요한 요구와 자원을 활용하기 위해 전문가의 도움이 필요하다고 보는 견해다. 직접적인 교수를 하는 부모 훈련모델은 전문가의 중재를 실현시키기 위해 부모를 교육시키는 것이며 가족강화모델은 가족이 적극적으로 동참하여 가족 스스로 새로운 지식과 기술을 획득하고 선택하는 연습을 함으로 문제해결을 위한 가족의 능력을 강화하기 위한 것이다(Dunst, Trivette, Boyd, & Brookfield, 1994).

던스트와 트리빗(Dunst & Trivette, 1994)에 의한 가족지원 프로그램은 가족강화모델에 근거한 것으로 가족의 기능을 강화하고 가족단위나 가족구성원의 발달과 성장을 촉진하기 위하여 자원과 지원을 계획하는 것을 목적으로 구성되었다. 이러한 목적을 실현시키기 위한 프로그램의 주된 중재실제는 가족의 요구에 기초한 실행, 자원에 기초한 실행 그리고 강점에 기초한 실행이다. 가족이 자신의 강점을 바탕으로 자신의 요구를 자신이 활용할 수 있는 자원을 통하여 스스로 충족시킬 수 있다면 [그림 5-4]에서와 같이 자신의 문제를 스스로 해결할 수 있는 능력 있는 가족이 될 것이다.

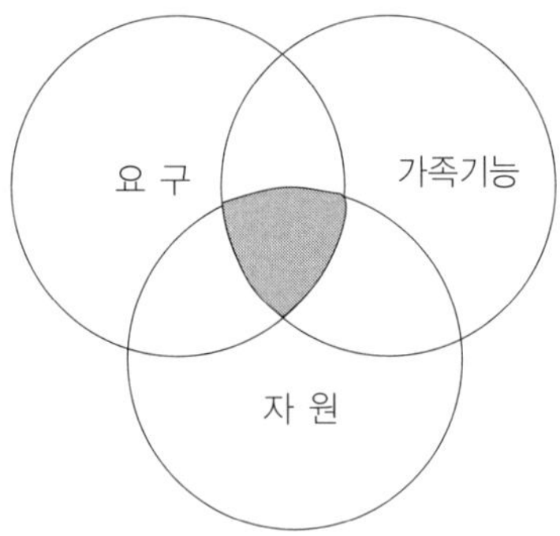

[그림 5-4] 가족지원의 구성요소와 그들의 관계

1) 가족지원의 원리

가족지원의 원리는 크게 다음과 같이 6가지로 생각해 볼 수 있다.

① 공동체 의식 강화

공동체간 상호작용할 수 있도록 가치의 공유를 증진한다. 따라서 중재는 지역사회와 가족구성원 간의 상호의존성을 구축하며 공동의 관심과 지원에 초점을 맞춘다.

② 자원과 지원 확장

가족을 도와줄 수 있는 지원체제를 구축한다. 따라서 중재는 가족이 공식적인 지원에 의존하기보다는 비공식적인 지원을 확장하고 강화하며, 지원은 가족이 이용하기 용이하게 융통적이고 개인적이며 개인의 필요에 즉각 부응할 수 있도록 한다.

③ 공동의 책임과 협력

부모와 존문가는 협력하기 위해 서로 간 원활한 의사소통을 해야 한다. 이를 위해 전문가와 가족은 서로의 입장을 이해하고 존중해야 한다.

④ 가족공동체의 보호

가족이 공유하는 가치와 믿음을 보호해 주며 외부인이 이를 침해하지 않는다. 가족 간의 건전한 상호작용을 촉진할 수 있도록 가족지원이 이루어져야 한다.

⑤ 가족기능의 강화

가족의 능력과 가능성을 촉진한다. 이를 위한 중재로는 가족의 취약점을 강화하기보다는 가족의 강점을 촉진시킨다.

⑥ 적극적인 서비스의 실천

가족을 강화하기 위해 제공자중심이 아닌 소비자중심의 프로그램을 제공해야 한다.

2) 가족지원 프로그램을 구성할 때 포함되는 요소들

던스트와 트리빗(Dunst & Trivette, 1994)은 가족지원 프로그램을 구성하기 위해 [그림 5 – 5]에서와 같이 몇 가지 요소를 포함시켰다.

프로그램을 성공적으로 실행하기 위해 ① 가족강화철학과 가족지원의 원칙에 근거하여 프로그램들이 이러한 철학과 원칙에 위배되지 않도록 실행되어야 한다. ② 서비스의 대상인 가족의 필요를 조사한다. ③ 또한 가족이 활용할 수 있는 자원 그리고 가족의 강점을 조사한다. ④ 이러한 조사결과에 근거하여 가족의 필요를 충족시키고 가족이 활용할 수 있는 자원을 확장한다. ⑤ 그 결과 가족은 능력이 신장되어 기능이 정상화되고 삶의 질이 향상된다.

[그림 5-5] 가족지원 프로그램 구성요소

출처: Dunst, C., & Trivette, C. (1994). *Aims and principles of family support programs*. In: Dunst, C., Trivette, C., & Deal, A., supporting and strengthening families. Cambridge, p. 42.

3) 가족지원 프로그램의 실행

(1) 요구에 기초한 실행

봐이스보드(Weissbourd, 1987)에 의하면, 모든 가족은 어떤 경제수준에 있거나 부모의 특성에 상관없이 가족지원 프로그램이나 개인의 사회적 관계망을 통해서 지원받아야 하는 요구를 갖고 있다. 따라서 요구에 기초한 가족중심평가와 중재는 가족구성원의 요구에 부응하여 가족을 지원하고 가족의 자원을 확대시키기 위한 것이다. 가족의 요구가 충족되지 못할수록 가족의 정서적, 신체적인 문제가 더 많이 발생하여(Dunst & Leet, 1987; Dunst, Vance, & Cooper, 1986) 가족의 원활한 기능을 저해하게 된다.

① 가족의 요구와 관련된 연구

가족지원을 위해 먼저 가족의 필요나 기능에 대해 기본적인 정보를 수집해야 하며 이를 위하여 가족조사서를 작성하여야 한다. 미국에서는 이미 이러한 가족의 요구에 기초해서 가족지원 프로그램을 실시하고 있으며 가족의 다양한 요구에 대한 연구들이 이루어져 왔다. 그러나 우리나라에서는 이러한 연구들이 희박하다. 서경희(1998)의 연구에서 0~6세 장애유아의 어머니 248명을 대상으로 조사한 어머니의 요구는 서구에서 행해졌던 연구결과들과 우선순위에서 차이를 나타냈다.

서경희는 베일리와 시몬슨(Bailey & Simeonsson, 1988)이 사용한 동일한 설문지로 가족욕구조사를 실시하였다. 연구에 사용된 설문지는 여섯 가지 하위영역(정보, 지원, 타인에게 설명, 지역사회 서비스, 재정, 가족기능)으로 이루어졌다. 서경희의 연구결과 우리나라의 장애영유아 가족은 ① 정보, ② 재정, ③ 사회적 지원, ④ 지역사회 서비스, ⑤ 타인에게 설명, ⑥ 가족기능의 순위로 욕구를 표현했으며, 베일리와 시몬슨의 연구결과 미국의 장애영유아 가족은 ① 정보, ② 가족기능,

③ 사회적 지원, ④ 타인에게 설명하기, ⑤ 재정, ⑥ 지역사회 서비스 순으로 욕구를 표현했다. 우리나라의 가족은 미국의 가족에 비해서 재정부분에 강한 욕구를 나타내고 있다. 이는 우리나라가 장애영유아 교육과 가족의 지원을 100% 무상으로 실시하고 있지 못하기 때문으로 추측할 수 있다.

또한 서경희의 연구결과는 베일리와 시몬슨에 의한 가족욕구조사척도를 통해 실험한 연구들보다 하위영역인 설명하기, 가족기능의 영역을 제외한 네 가지 영역에서 더 높은 욕구를 나타내고 있다. 욕구가 높은 가족은 더 많은 스트레스를 경험한다는 연구결과를 볼 때 우리나라 가족은 더 많은 심리적 · 현실적 문제들을 갖고 있을 것으로 추정된다.

장애 영유아 가족의 요구도를 살펴본 김정진, 최민숙(2003)의 연구결과 자녀와 함께 할 시간, 자녀를 돌봐줄 기관, 저축비, 가족이 함께 할 시간, 여행비, 쉴 시간, 내 시간, 가족여가비용, 공적 지원, 의료적 보살핌, 더 좋은 직업, 배우자와 함께 할 시간, 치과진료, 이야기할 시간, 자녀를 돌봐줄 사람, 자녀를 위한 장난감 순으로 요구도가 높게 나타났다. 장애 영유아 가족의 요구는 아동관련 요구, 가정관련 요구, 지역사회관련 요구 등 모든 영역에 걸쳐 있기 때문에 이러한 요구에 부응하기 위해 포괄적인 가족지원서비스가 개발되어야 한다.

또한 인구사회학적인 변인에 따라 가족의 요구에 차이를 나타내고 있다. 서경희의 연구에서 아동의 연령과 가족의 수입에 따라 가족요구의 차이가 유의하게 나타났다. 아동의 연령이 0～3세인 경우가 연령이 3～6세인 경우에 비해서 '가족이 아동의 장애를 타인에게 설명하기 위한 서비스의 요구' 와 '지역사회서비스의 요구' 가 더

강했으며 유의한 차이를 나타냈다. 또한 가족의 수입에 따라서 재정 요구에 대한 유의한 차이를 보였다. 월수입 100만 원 이하의 가정이 월수입 300만 원 이상인 가족보다 더 많은 재정적인 요구를 갖고 있었다. 그러나 장애유형에 따른 가족의 요구에는 유의한 차이가 없었다. 이는 이애현(1995)의 연구나 권요한(1998)의 연구결과와는 다른 것으로 이애현의 연구에서는 자폐아동의 가족이 정신지체아동의 가족보다 요구가 더 많은 것으로 나타났고 권요한(1998)의 연구에서는 정서장애아동 부모의 요구가 가장 높게 나타났다. 그 외에 인구사회학적인 변인에 따른 가족요구의 차이를 살펴보면 권요한(1998)의 연구는 가족의 요구를 '부모교육'으로 한정했지만 부모의 연령에 따라 요구에 차이가 있었다. 부모연령이 낮을수록 부모교육에 대한 대부분의 문항에 대해 높은 요구도를 보였다.

② 가족필요 조사서

이 장에서는 두 가지 종류의 가족필요조사서를 소개하고자 한다.

〈표 5-1〉 가족필요조사서 (1)

이 측정은 여러분이 다음의 41개 항목에서 어떤 도움이나 지원이 필요한가를 조사하기 위한 설문지입니다. 아래 항목에서 여러분에게 가장 적절하다고 생각되는 부분에 동그라미를 해 주십시오.

아래 항목에서 어느 정도의 필요성을 느끼십니까?	해당 없음 0	전혀 없다 1	어쩌다 한번 2	가끔 3	종종 4	매우 종종 5
1. 필수품을 사고 청구서 지불할 돈	0	1	2	3	4	5
2. 예산 짜기	0	1	2	3	4	5
3. 내 자녀의 특별한 요구에 따른 경비 지불하기	0	1	2	3	4	5
4. 미래를 위해 저축하기	0	1	2	3	4	5

5. 마실 수 있는 깨끗한 물	0	1	2	3	4	5
6. 가족이 하루 두 끼 먹을 음식	0	1	2	3	4	5
7. 내 가족을 위해 건강에 좋은 음식을 만들기	0	1	2	3	4	5
8. 아이에게 음식을 먹이기	0	1	2	3	4	5
9. 살 집을 얻기	0	1	2	3	4	5
10. 전등, 난방 등의 시설구비	0	1	2	3	4	5
11. 가구, 의복, 장난감 사기	0	1	2	3	4	5
12. 집안일 치우고 고치기	0	1	2	3	4	5
13. 아이들을 위해 내 집안 구조 고치기	0	1	2	3	4	5
14. 직업 구하기	0	1	2	3	4	5
15. 만족할 만한 직업 갖기	0	1	2	3	4	5
16. 내 자녀의 미래 직업에 대해 계획하기	0	1	2	3	4	5
17. 내가 가야 할 곳에 가기	0	1	2	3	4	5
18. 내가 이야기하고자 하는 사람들과 접촉하기	0	1	2	3	4	5
19. 나의 자녀들을 태워다 주기	0	1	2	3	4	5
20. 내 자녀들의 특별 여행 장비 갖추기	0	1	2	3	4	5
21. 내 자녀에 대해 이야기할 사람 찾기	0	1	2	3	4	5
22. 이야기 나눌 사람 찾기	0	1	2	3	4	5
23. 내 가족의 의료와 치아관리	0	1	2	3	4	5
24. 내 자신을 돌볼 시간 갖기	0	1	2	3	4	5
25. 급할 때 건강을 위해 치료하기	0	1	2	3	4	5
26. 내 자녀를 위한 특별한 치아치료나 의료보호	0	1	2	3	4	5
27. 미래의 건강을 위해 계획하기	0	1	2	3	4	5
28. 가정 내에서 내 자녀의 일상적인 욕구를 해결해 주기	0	1	2	3	4	5
29. 직장에 가 있는 동안 아이들 돌보기	0	1	2	3	4	5

30. 급할 때 아이들 돌보기	0	1	2	3	4	5
31. 아이 돌보기 위하여 휴직하기	0	1	2	3	4	5
32. 미래에 나의 아이들을 돌볼 수단 찾기	0	1	2	3	4	5
33. 내 자녀를 위한 학교 선택하기	0	1	2	3	4	5
34. 내 자녀를 위해 장비를 구입하거나 치료하기	0	1	2	3	4	5
35. 내 자녀들을 교육이나 치료기관에 데려다 주기	0	1	2	3	4	5
36. 내 자녀의 미래 교육을 위하여 준비하기	0	1	2	3	4	5
37. 나의 교육과 기술과 흥미를 증진시키기	0	1	2	3	4	5
38. 내가 즐거워하는 일 하기	0	1	2	3	4	5
39. 나의 가족과 함께 활동하기	0	1	2	3	4	5
40. 부모그룹이나 클럽에 참가하기	0	1	2	3	4	5
41. 나의 자녀들과 여행/휴가 가기	0	1	2	3	4	5

출처: Dunst, C., Trivette, C., & Deal, A. (1988). *Enabling and empowering families and guidelines for practice*. Cambridge, MA Brookline Books. May be reproduced.

〈표 5-2〉 가족필요조사서 (2)

다음 20개 항목들은 사람들이 가끔씩 도움이 된다고 생각하는 지원 유형입니다. 이 영역에서 여러분이 도움이 필요하다고 생각되는 정도를 표시하면 됩니다. 여러분에게 가장 해당된다고 생각되는 난에 동그라미를 해 주십시오.

아래 유형의 도움이나 지원 중 어느 정도 필요성을 느끼거나 받고 있습니까?	전혀 없다 1	어쩌다 한번 2	가끔 3	종종 4	매우 종종 5
1. 당신이 걱정하는 일에 관해 이야기할 누군가가 필요하다.	1	2	3	4	5
2. 돈을 주어서 당신이 음식, 의복, 다른 물건을 살 수 있도록 해 줄 사람이 필요하다.	1	2	3	4	5

3. 정기적으로 당신의 아이를 돌보아 줄 사람이 필요하다.	1	2	3	4	5
4. 당신의 아이를 키우는 일에 관하여 이야기할 사람이 필요하다.	1	2	3	4	5
5. 당신의 아이가 서비스를 받을 수 있도록 도와줄 사람이 필요하다.	1	2	3	4	5
6. 당신이 낙담할 때 격려해 줄 수 있는 사람이 필요하다.	1	2	3	4	5
7. 집 주변의 물건들을 고쳐 줄 수 있는 사람이 필요하다.	1	2	3	4	5
8. 당신과 비슷한 경험을 가진 사람과 이야기하고 싶다.	1	2	3	4	5
9. 당신의 자녀들과 같이 놀아 줄 사람이 필요하다.	1	2	3	4	5
10. 당신이 의지할 수 있는 사람이 필요하다.	1	2	3	4	5
11. 정부기관이나 회사와 필요하면 대신 싸워 줄 사람이 필요하다.	1	2	3	4	5
12. 당신에게 돈을 빌려줄 사람이 필요하다.	1	2	3	4	5
13. 당신 자녀의 행동에 상관없이 당신 자녀를 받아 줄 수 있는 사람이 필요하다.	1	2	3	4	5
14. 같이 쉬거나 농담할 사람이 필요하다.	1	2	3	4	5
15. 집안의 잡다한 일을 같이 해 줄 사람이 필요하다.	1	2	3	4	5
16. 일이 힘들게 느껴질 때 그 일을 계속 하도록 도와줄 사람이 필요하다.	1	2	3	4	5
17. 위급할 때나 당신이 외출할 때 당신의 아이를 돌보아 줄 사람이 필요하다.	1	2	3	4	5
18. 조언이 필요할 때 조언을 해 줄 사람이 필요하다.	1	2	3	4	5
19. 당신이나 자녀에게 차량을 제공해 줄 사람이 필요하다.	1	2	3	4	5
20. 당신의 자녀나 가정에 필요한 서비스에 대해 이야기해 줄 사람이 필요하다.	1	2	3	4	5

출처: Dunst, C., Trivette, C., & Deal, A. (1988). *Enabling and empowering families and guidelines for practice*. Cambridge, MA Brookline Books. May be reproduced.

(2) 자원에 기초한 실행

가족기능에 영향을 미치는 사회적 지원은 공식적인 지원과 비공식적인 지원으로 대별해 볼 수 있다. 비공식적인 사회적 지원은 인간의 적응과 삶의 균형 회복에 영향을 미치며(서미경, 1999) 가족의 안녕을 증진시키는 등 공식적인 지원보다 더 큰 효과가 나타났다(Dunst, Trivette, & Deal, 1988). 그러나 이러한 사회적 지원이 비공식적 지원으로 한정될 때 많은 문제가 발생하고 문제해결에 대한 국가적 책임회피를 부추기는 결과를 초래하기 때문에 자원의 활용은 공식적, 비공식적 지원이 병행되어야 한다(김인숙, 우국희, 2000).

사회적 지원을 제공하기 위한 실행 방법으로 서비스중심의 실행(service-based Practices)과 자원중심의 실행(resource-based practices)이 있다. 서비스중심의 실행은 전문가 위주의 중재로 주로 공식적인 지원에 의존하게 되며 전문가의 수준에서 최선이라고 생각하는 서비스를 제공하게 되므로 매우 한정적이고 수요자의 요구에 부응하지 못하는 서비스를 제공할 가능성이 높다. 반면 자원중심의 중재는 지역사회중심의 중재로 공식적, 비공식적 지원을 총망라하여 수요자의 요구에 부응하고 지역사회의 자원을 활용하기 때문에 프로그램이 더 다양하다(Dunst, Trivette, & Deal, 1994).

따라서 장애아동의 가족에게 자원중심의 중재를 통해서 다양한 공식적, 비공식적인 사회적 지원을 제공하여 가족의 적응력을 높이고 부모-자녀의 관계를 향상시킬 수 있는 공적 시스템을 개발해야 한다(Featherstone, 1986; Bodenbender, 1981; Kniel, 1988; 이삼연, 1999).

① 가족의 자원과 관련된 연구

김정진, 최민숙(2004)은 〈표 5-3〉에서와 같이 장애영유아 가족의 자원만족도를 조사하였다. 보통 이상으로 도움을 주는 자원은 유아특수교사, 배우자, 치료사, 친부모, 자녀의 순으로 나타났다. 어쩌다

〈표 5-3〉 자원 만족도

자 원	N=79	
	평 균	표준편차
친부모	3.16	1.50
시부모	1.78	1.08
친척	1.73	.98
시가친척	1.49	.83
배우자	3.42	1.27
어머니 친구	1.81	.92
배우자 친구	1.37	.72
자녀	3.10	1.29
다른 부모	1.77	.93
직장 동료	1.28	.64
장애 부모	2.63	1.15
친목회	1.59	.91
교인과 목사	1.80	1.07
주치의	1.59	.91
유아 교사	2.30	1.29
유아특수교사	3.58	1.36
사회복지사	2.38	1.40
치료사	3.41	1.36
간호사	1.41	.73

도움이 되는 자원으로는 다른 장애아동의 부모, 사회복지사, 유아교사 순이다. 이는 장애아동의 가족에게 구체적인 도움이 되는 지지자원은 직계가족으로 한정되어 있고 전문기관의 전문가에 대한 의존도가 높은 것을 의미한다. 즉, 자원의 크기가 협소하고 친척이나 친구, 직장동료, 교회 등 사회적 자원망이 희박하다. 이는 이한우(2002a)의 연구에서 장애아동 가족의 지지망 크기가 작고 주로 직계가족에 한정되어 있으며 지역사회를 활용한 다양한 관계망을 형성하고 있지 못하다는 지적과 일치한다. 이러한 결과는 던스트 등(Dunst et al., 1988)이 지적한 바와 같이 지역사회를 활용한 자원중심의 지원이 되어야 하며 공식적, 비공식적 지원체계의 구성을 기반으로 한 가족지원 실행이 필요함을 말해 준다고 하겠다.

② 가족의 자원

각 가정마다 이용할 수 있는 자원은 다르며 일반적으로 부모들이 활용할 수 있는 자원의 범주는 〈표 5-4〉와 같다.

〈표 5-4〉 가족의 자원

범주	내용
개인의 사회적 지원망에 속하는 구성원	가족이 자문, 도움, 돌보아주는 사람 등을 찾을 때 이용할 수 있거나 이용하는 많은 개인, 즉 배우자, 자녀, 친척, 친구, 이웃, 동료, 성직자, 교회구성원, 아기 봐주는 사람, 주간탁아직원, 교사, 카풀동료 등
교제집단	예술집단, 사업집단, 자선집단 및 자선운동, 교회집단, 시민행사, 지역사회 지원집단, 스포츠 연맹, 공부집단, 남성집단, 여성집단, 청소년집단, 노인집단, 취미클럽, 시민행사 등
지역사회 프로그램 및 전문가	공립 및 사립학교, 가족자원 프로그램, 주간탁아센터, 재정적 계획 프로그램, 고등교육기관, 도서관, 지역사회 건강관리센터, 가족계획 클리닉, 경찰 및 소방부서, 병원, 레크리에이션 프로그램 및 캠프, 가정의/간호사, 사회복지기관 및 프로그램, 주택프로그램

특별한 전문적 서비스	많은 아동과 가족의 요구는 특별한 전문가 및 전문적인 프로그램/기관에 의해 충족될 수 있으며 공공보건 클리닉, 가족보건기관, 정신건강 프로그램/기관, 조기중재 프로그램, 특수교육 프로그램, 직업재활 프로그램, 아동복지기관, 가족유지 프로그램, 특별한 건강관리 클리닉, 성인을 위한 기본교육 프로그램, 부모교육 프로그램, 아동발달 전문가, 약물오용예방 프로그램, 특별한 교통수단서비스, 비상 · 위기 · 재난구제서비스, 주간 단기 보호 및 사례관리 등이 있다.

출처: 이미선, 김경진(2000). **장애영유아 가족지원 방안 연구**. 국립특수교육원, p. 24.

③ 가족의 사회적 자원망조사서

〈표 5-5〉 가족의 자원망만족도

다음 항목들은 어린아이를 키우고 있는 가정의 구성원들에게 가끔씩 도움이 되고 있는 사람들이나 그룹입니다. 이 설문지는 각 항목들이 여러분 가정에 얼마나 유용한지 밝히기 위한 것입니다. 지난 3개월에서 6개월 사이에 여러분의 가정에 아래의 항목들이 얼마나 도움이 되었는가를 생각해 보시고 해당되는 곳에 동그라미 해 주십시오.

아래의 각 항목들은 여러분이 아이를 키우는 데 얼마나 도움이 되었습니까?	해당 없음	전혀 도움 안 됨	어쩌다 도움 됨	보통 도움	매우 도움	가장 도움
1. 나의 부모	Na	1	2	3	4	5
2. 나의 배우자의 부모	Na	1	2	3	4	5
3. 나의 친척	Na	1	2	3	4	5
4. 내 배우자의 친척들	Na	1	2	3	4	5
5. 배우자	Na	1	2	3	4	5
6. 나의 친구들	Na	1	2	3	4	5
7. 내 배우자의 친구들	Na	1	2	3	4	5
8. 나의 자녀들	Na	1	2	3	4	5

9. 다른 부모들	Na	1	2	3	4	5
10. 동료들	Na	1	2	3	4	5
11. 부모그룹	Na	1	2	3	4	5
12. 사회그룹/클럽	Na	1	2	3	4	5
13. 교인들/목사	Na	1	2	3	4	5
14. 나의 가족이나 아이들의 의사	Na	1	2	3	4	5
15. 유아중재 프로그램	Na	1	2	3	4	5
16. 학교/데이케어센터	Na	1	2	3	4	5
17. 전문적인 조력자	Na	1	2	3	4	5
18. 전문적인 기관(치료기관)	Na	1	2	3	4	5

출처: Dunst, C., Trivette, C., & Deal, A. (1988). *Enabling and empowering families and guidelines for practice.* Cambridge, MA Brookline Books. May be reproduced.

〈표 5-6〉 가족의 자원망조사서

다음 항목들은 사람들이 가끔씩 필요로 하는 도움이나 지원 12개와 도움이나 지원을 요청받는 사람 등이나 집단 19개입니다. 12항목의 각 난에 여러분이 도움이 필요할 때 찾아가는 사람이나 집단을 체크해 주시고 여러분에게 도움이나 지원을 해 주는 사람도 체크해 주십시오.

아래 항목에 대해 여러분에게 도움이나 지원을 해 주는 사람들이나 집단을 오른쪽에서 찾아 주세요.	나 자신	배우자	나의 자녀들	나의 부모들	배우자 혹은 조부모	형제/자매	배우자 혹은 배우자의 형제자매	다른 친척
1. 도움을 청하거나 이야기하고 싶을 때 누구를 찾습니까?								

2. 당신의 자녀들을 돌볼 때 누가 도움을 줍니까?								
3. 아이 양육에 관해 질문이 있으면 누구에게 합니까?								
4. 돈이 필요하면 누구에게 빌립니까?								
5. 상황이 어려워지면 누가 용기를 줍니까?								
6. 자녀가 어떤 행동을 하더라도 받아 주는 사람은 누구입니까?								
7. 집안의 잡다한 일을 누가 도와줍니까?								
8. 놀거나 쉬거나 잡담 같은 것을 누구와 함께 합니까?								
9. 당신의 자녀와 함께 기꺼이 활동해 주는 사람은 누구입니까?								
10. 차가 필요할 때 누가 당신과 자녀를 태워다 줍니까?								
11. 당신이 필요한 것을 얻기가 힘들 때 대신해서 사람들이나 기관들을 만나 해결해 주는 사람은 누구입니까?								
12. 당신의 자녀나 가족에게 서비스에 관해 이야기해 주는 사람은 누구입니까?								

아래 항목에 대해 여러분에게 도움이나 지원을 해 주는 사람들이나 집단을 오른쪽에서 찾아 주세요.	친구	이웃	교인/목사	동료	아이 봐 주는 사람	치료사	아이나 가족의 의사
1. 도움을 청하거나 이야기하고 싶을 때 누구를 찾습니까?							
2. 당신의 자녀들을 돌볼 때 누가 도움을 줍니까?							
3. 아이 양육에 관해 질문이 있으면 누구에게 합니까?							
4. 돈이 필요하면 누구에게 빌립니까?							
5. 상황이 어려워지면 누가 용기를 줍니까?							
6. 자녀가 어떻게 행동을 하더라도 받아 주는 사람은 누구입니까?							
7. 집안의 잡다한 일을 누가 도와줍니까?							
8. 놀거나 쉬거나 잡담 같은 것을 누구와 함께 합니까?							
9. 당신의 자녀와 함께 기꺼이 활동해 주는 사람은 누구입니까?							
10. 차가 필요할 때 누가 당신과 자녀를 태워다 줍니까?							
11. 당신이 필요한 것을 얻기 힘들 때 대신해서 사람들이나 기관들을 만나 해결해 주는 사람은 누구입니까?							
12. 당신의 자녀나 가족에게 서비스에 관해 이야기해 주는 사람은 누구입니까?							

출처: Dunst, C., Trivette, C., & Deal, A. (1988). *Enabling and empowering families and guidelines for practice*. Cambridge, MA Brookline Books. May be reproduced.

(3) 강점에 기초한 실행

강점에 기초한 가족중심평가와 중재의 목적은 가족의 기능을 강화하고 지원하기 위한 것이다.

강점에 기초한 실행은 던스트, 트리빗과 모트(Dunst, Trivette, Mott, 1994)에 의하면 다음과 같이 다섯 가지의 기본가정에 기초하고 있다.

- 모든 가족은 강점을 갖고 있고 이러한 강점은 가족마다 다르며 가족의 강점은 가족의 믿음, 문화적 배경, 민족성 그리고 사회경제적 배경에 따라 차이가 있다.
- 가족 전체나 각각의 가족구성원이 능력을 보이지 못한다면 그것은 그들의 능력이 결핍되어 있기 때문이 아니라 사회나 기관의 시스템이 그들이 능력을 발휘하거나 학습할 기회를 주지 않았기 때문이다.
- 가족을 지원할 때는 가족의 약점보다 긍정적인 기능의 측면에 초점을 맞추는 접근을 해야 한다.
- 치료나 예방모델에서 증진과 촉진모델로 전환되어야 한다.
- 중재의 목적은 가족을 위해서 무엇인가를 해 주는 것이 아니라 가족의 전문가에 대한 의존도를 낮추는 것이다.

가족의 강점을 평가하기 위한 도구로는 가족강점평가척도(Family Strengths Scale), 가족기능양식척도(Family Functioning Style Scale) 등을 사용할 수 있다.

가족강점평가척도는 1987년 매커빈, 매커빈과 톰슨(McCubbin, McCubbin, & Thompson; Dunst, Trivette, & Mott, 1994, 재인용)에 의해

서 제작되었으며 가족기능을 평가하기 위해 두개의 하위영역에 총 12개의 문항으로 이루어져 있다. 가족기능양식척도는 1988년 딜, 트리빗 그리고 던스트에 의해 제작되었으며, 세 개의 하위영역에 총 26문항으로 구성되어 있다.

강점에 기초한 중재는 각각의 가족의 강점을 설문지나 인터뷰를 통하여 파악한 후 강점을 기초로 가족이 스스로 문제를 해결할 수 있도록 하는 것이다. 모든 가족은 나름대로의 강점을 갖고 있으며 이러한 강점을 바탕으로 하여 새로운 능력을 습득하는 것이다.

① 가족기능조사서

〈표 5-7〉 가족기능 유형척도

가족이름:
날　　짜:

지 시 사 항
모든 가족들은 그들의 능력을 사용하는 데에 여러 가지 방법이 있지만 그들만의 독특한 힘과 능력을 가지고 있다. 이 설문지는 여러분의 가족이 26개의 항목에 의해 특성화되는지 그렇지 않은지를 여러분이 표시하도록 되어 있습니다. 이 설문지는 세 개의 파트로 나누어져 있습니다. 〈표 5-7-1〉은 여러분이 지금 함께 살고 있는 모든 가족들에 대한 질문들입니다. 〈표 5-7-2〉는 여러 가지 항목들이 여러분의 가정에 어느 정도 해당되는가를 표시하는 질문입니다. 〈표 5-7-3〉은 여러분 가정의 가장 큰 힘이 무엇인가를 여러분이 생각나는 대로 적는 난입니다. 아래 칸에 현재 여러분이 같이 살고 있는 가족들에 관한 필요한 정보를 써주시고 다 끝내면 다음 페이지로 넘어가 주십시오.

〈표 5-7-1〉

이 름	생년월일	나 이	관 계

〈표 5-7-2〉

다음 26개 항목은 가족들에 관한 것입니다. 각 항목을 읽고 여러분의 가족에 해당되는 점수에 ○표 해 주십시오.

다음 각 항에서 여러분의 가정에 해당되는 정도는 어느 점수에 해당됩니까?	전혀 다름	약간 비슷	가끔 비슷	보통 비슷	거의 비슷
1. 우리 가정에 도움이 되면 개인적으로 희생할 가치가 있다.	0	1	2	3	4
2. 가족구성원들이 어떻게 행동했으면 좋겠다라는 데 일반적으로 동의한다.	0	1	2	3	4
3. 최악의 상황에서도 무엇인가 좋은 결과가 나올 것이라고 믿는다.	0	1	2	3	4
4. 우리 가족의 아주 작은 성취에도 우리는 자랑스러워한다.	0	1	2	3	4

5. 우리의 관심과 느낌을 건설적인 측면으로 공유한다.	0	1	2	3	4
6. 일이 아무리 어렵게 되어 가더라도 우리 가족은 협력한다.	0	1	2	3	4
7. 일반적으로 우리 가족의 힘으로만 할 수 없다면 외부의 도움을 요청한다.	0	1	2	3	4
8. 우리 가족에게 어떤 것이 중요하다는 것에 대해 서로 동의한다.	0	1	2	3	4
9. 우리 가족 내에서 우리는 언제나 열심히 서로를 도울 준비가 되어 있다.	0	1	2	3	4
10. 우리가 통제할 수 없는 일이 끊임없이 우리 가정에 닥치면 우리의 걱정으로부터 벗어날 수 있는 다른 일을 찾는다.	0	1	2	3	4
11. 우리 가족에게 어떤 일이 발생해도 그 일의 긍정적인 면을 보려고 노력한다.	0	1	2	3	4
12. 스케줄이 바쁘더라도 함께 할 시간을 갖는다.	0	1	2	3	4
13. 우리 가족 모두는 수긍할 수 있는 행동양식에 관한 규칙을 갖고 있다.	0	1	2	3	4
14. 문제나 위기에 닥치면 우리 친구들이나 친지들이 항상 우리를 기꺼이 도와줄 준비가 되어 있다.	0	1	2	3	4
15. 문제에 직면하면 우리가 무엇을 해야 할 것인가에 대한 결정을 할 수 있다.	0	1	2	3	4
16. 집안에 해야 할 잡다한 일이 있을지라도 시간을 함께 즐길 수 있다.	0	1	2	3	4
17. 너무 엄청나게 보이는 일에 직면하면 그것을 잠시 잊으려고 노력한다.	0	1	2	3	4
18. 가족끼리 의견이 일치하지 않으면 우리는 서로의 의견을 경청한다.	0	1	2	3	4
19. 가족 내에서 중요하다고 협의한 일을 하려고 시간을 낸다.	0	1	2	3	4
20. 가족 내에서 어떤 일이 잘못되어 가면 서로에게 의지할 수 있다.	0	1	2	3	4

18. 가족끼리 의견이 일치하지 않으면 우리는 서로의 의견을 경청한다.	0	1	2	3	4
19. 가족 내에서 중요하다고 협의한 일을 하려고 시간을 낸다.	0	1	2	3	4
20. 가족 내에서 어떤 일이 잘못 되어 가면 서로에게 의지할 수 있다.	0	1	2	3	4
21. 우리는 문제나 관심을 해결하는 다양한 방법에 대해서 이야기한다.	0	1	2	3	4
22. 가족 내에서 우리들의 관계는 물질의 소유권보다 강하다.	0	1	2	3	4
23. 이사 가는 것이나 직업을 바꾸는 것과 같은 결정들은 가족 모두에게 가장 좋은 방향으로 결정한다.	0	1	2	3	4
24. 예기치 않는 일이 생기면 서로의 도움에 의지한다.	0	1	2	3	4
25. 가족 내에서 우리는 서로에게 감사한다.	0	1	2	3	4
26. 우리 문제에 대해 다른 사람에게 도움을 요청하기 전에 먼저 우리가 해결하려고 노력한다.	0	1	2	3	4

출처: Dunst, C., Trivette, C., & Deal, A. (1988). *Enabling and empowering families and guidelines for practice*. Cambridge, MA Brookline Books. May be reproduced.

〈표 5-7-2〉 **점수용지**

항목	1 2 3 4 5 6 7 8 9 10 11 12 13 14 15 16 17 18 19 20 21 22 23 24 25 26	하위점수 (총점)
열심(1, 23)		
인정(4, 25)		
시간(12 ,16)		
목적의식(6, 22)		
의견일치(8, 19)		
대화(5, 18)		

역할기대(2, 13)		
대처 1(10, 17)		
대처 2(14, 20)		
문제해결(15, 21)		
적극성(3, 11)		
유연성(9, 24)		
균형(7, 26)		
	범주점수	

가족정체성: 열심+인정+시간+목적의식
정보공유: 대화+역할기대
대처/자원유동성: 대처 1+대처 2+문제해결+적극성+유연성+균형

프로필 양식

가족정체성	열심	0	1	2	3	4	5	6	7	8
	인정	0	1	2	3	4	5	6	7	8
	시간	0	1	2	3	4	5	6	7	8
	목적의식	0	1	2	3	4	5	6	7	8
	의견일치	0	1	2	3	4	5	6	7	8
정보공유	대화	0	1	2	3	4	5	6	7	8
	역할기대	0	1	2	3	4	5	6	7	8
대처/자원 유동성	대처 1	0	1	2	3	4	5	6	7	8
	대처 2	0	1	2	3	4	5	6	7	8
	문제해결	0	1	2	3	4	5	6	7	8
	적극성	0	1	2	3	4	5	6	7	8
	유연성	0	1	2	3	4	5	6	7	8
	균형	0	1	2	3	4	5	6	7	8

가족정체성
0........................10........................20........................30........................40
정보공유
0........................10........................20........................30........................40
대처/자원
유동성
0........................10........................20........................30........................40

4. 가족지원의 실제

1) '장애인복지법'에 근거한 가족지원

(1) 장애인복지법

장애아동의 가족은 위에서도 살펴보았듯이 여러 가지 어려운 상황에 처해 있으며 또한 현장에서의 가족참여에 대한 요구로 더 더욱 가족의 부담이 가중되고 있다. 따라서 이러한 가족의 부담을 감소시키기 위하여 국가적 차원에서 많은 노력을 기울이고 있으나 특수교육이 아동중심적인 접근에서 벗어나고 있지 못한 우리나라의 현실에서는 가족에 대한 총체적인 지원은 미약한 실정이다. 그나마 장애인복지법이 통과됨으로써 장애인의 보호자에 대한 특별한 배려를 하며 장애인을 위한 복지적 측면의 지원이 이루어지게 되었다.

장애인복지법의 목적은 "장애인의 인간다운 삶과 권리 보장을 위한 국가와 지방자치단체 등의 책임을 명백히 하며, 장애발생의 예방과 장애인의 의료, 교육, 직업재활, 생활환경 개선 등에 관한 사업을 정함으로써 장애인 복지대책의 종합적 추진을 도모하며, 장애인의 자립, 보호 및 수당의 지급 등에 관하여 필요한 사항을 정함으로써 장애인의 생활안정에 기여하는 장애인의 복지 증진 및 사회활동 참여 증진에 기여함을 목적으로 한다."

이 법령에서 지원해 주는 주된 경제적인 혜택은 다음과 같다.

〈보건복지부에서 주관하는 시책〉

- 장애수당 지급
- 장애인자녀 교육비 지급
- 장애인 자립자금 대여
- 장애인 의료비 지원
- 장애인 재활보조기구 무료 교부
- 보장구 의료보험급여 실시
- 장애인 자동차 표지 발급
- 지역 가입자의 건강보험료 감면
- 재활병 · 의원 운영
- 시각장애인 심부름센터 운영
- 수화통역센터 운영
- 장애인 직업재활시설 운영
- 장애인 결연사업(결연을 통해 후원금품 지원, 자원봉사활동, 취업 알선)
- 장애인 생활시설 운영
- 장애인복지관 운영
- 주간 단기보호시설 운영
- 장애인 재활정보센터 운영
- 재가장애인 순회 재활서비스 제공
- 장애인 생산품 판매시설
- '올해의 장애극복상' 운영

〈복건복지부가 아닌 정부기관에서 주관하는 시책〉

- 승용자동차에 대한 특별소비세 면세
- 승용자동차 LPG 연료 사용 허용
- 차량 구입 시 도시철도채권 구입 면제
- 소득세 인적 공제
- 장애인 의료비 공제
- 상속세 인적 공제
- 증여세 면제
- 장애인 보장구 부가가치세 영세율 적용
- 장애인용 수입물품 관세 감면
- 장애인 의무고용제
- 철도, 도시철도 요금 감면
- 특허출원료 또는 기술평가청구료 등의 감면

〈지방자치단체에서 주관하는 시책〉

- 장애인용 차량에 대한 등록세, 취득세, 자동차세, 면허세 면세
- 차량 구입 시 지역개발공채 구입 면제
- 고궁, 능원, 국공립 박물관 및 미술관, 국공립 공원, 국공립 공연장, 공공체육시설 요금 감면
- 공영버스 요금 감면
- 전화요금 할인
- 시청각 장애인 TV 수신료 면제
- 공동주택 특별분양 알선
- 무료법률구조제도 실시

• 항공요금 및 연안여객선 여객운임 할인
• 이동통신요금 할인
• PC 통신요금 할인
• 고속도로 통행료 50% 할인
(*좀 더 자세한 내용은 부록 참조)

이상의 혜택은 주로 경제적인 측면에 국한된 것으로 장애인의 가족을 위한 다각적인 지원은 이루어지고 있지 않다. 위에서 언급한 지원 또한 충분히 이루어지고 있는 것은 아니다. 보장구 지원 중에서 보청기의 지원을 예로 들면 보청기 구입을 위하여 25만 원을 보조하고 있으나 시중의 보청기 가격은 보조금액을 상당히 웃도는 가격이어서 실질적으로 많은 도움이 되고 있지는 않다.

(2) 장애인복지관

장애인복지관을 통해서 미약하나마 가족에 대한 총체적인 지원이 이루어지고 있다. 장애인복지관의 주요 사업은 다음의 〈표 5-8〉과 같다.

〈표 5-8〉 장애인복지관의 사업내용

번호	사업 분류	주요 내용	사업 예시
1	진단 · 판정사업	상담 및 각종 검사, 진단을 통한 판정, 장애등록	지체진단 판정위원회 및 평가위원회 운영
2	의료 재활사업	장애인의 신체기능 회복을 위한 의료재활 서비스 제공	진료실 운영, 물리치료, 작업치료, 언어치료, 청능훈련, 재활보조기구 처방 및 사용자 착용훈련 등

3	교육 재활사업	장애인에 대한 각종 교육재활서비스 제공	조기교육(영유아, 아동 등), 통합교육, 부모교육, 각종 교구대여, 시각장애인 기초 재활 등
4	사회심리 재활사업	장애인의 사회참여 확대를 위한 각종 사회심리 재활서비스 제공	재활상담(개별 집단, 가족, 동료 등) 사회적응훈련(캠프, 방과후 활동, 사회기술훈련 등). 심리치료(놀이치료, 심리운동치료, 음악치료, 미술치료, 치료 레크리에이션 등), 장애가족 지원(장애 형제 기능강화, 부모 스트레스 대처훈련, 장애인의 자녀 지원 등) 자조집단(동아리활동,부모회 육성), 주간보호센터, 단기보호센터
5	재가 장애인 복지사업	지역사회장애인의 재가 복지서비스 제공	재가복지서비스(상담, 의료, 교육, 가사지원 등), 지역사회자원 활용 및 연계망 구축 등
6	스포츠 및 여가활동 사업	신체적, 정신적 건강 증진을 위한 스포츠 및 여가 활동 지원	내방장애인 체육대회 개최, 장애유형에맞는 체육교실 운영, 취미 · 여가 오락 프로그램 운영 등
7	정보제공 사업	장애관련 정보제공	시각장애인 도서(시청각자료 등) 제작 · 출판 · 보급 · 대여, ARS 운영, BBS 운영, 장애인 정보화 교육 등
8	사회교육 사업	비장애인의 장애인에 대한 인식 개선 및 참여 조성	장애체험, 장애인 부모교육, 장애인복지전문요원교육(세미나, 워크숍 등), 지역사회 주민교육, 지역대학의 실습생 지도 등
9	지역사회 자원개발 사업	지역사회에 대한 장애인의 이해 증진 및 자원개발 · 활용	자원봉사자(청소년, 대학생, 일반인 등) 발굴교육 · 활동 및 관리,지역행정기관 · 일반사회단체 종사자 · 교육 및 언론기관 등과의 교류협력 증진, 기타 자원개발 · 활용(인적, 물적 자원 등)
10	홍보 계몽 사업	지역사회를 대상으로 한 장애인식 개선 및 장애예방 등을 위한 활동	관보 발행, 장애발생 예방 캠페인, 매스컴을 활용한 장애인식 개선 홍보, 견학 등

출처: 보건복지부(2002). 2000 장애인 복지사업 안내.

서울의 복지관에서 제공하는 구체적인 가족지원 프로그램은 〈표 5-9〉와 같다.

〈표 5-9〉 서울특별시 소재 장애인복지관에서 제공하는 가족지원

<table>
<tr><th>가족
지원
형태</th><th>내 용</th><th>대 상</th><th>실시
횟수</th><th>실시
기관명</th></tr>
<tr><td rowspan="9">교육
및
치료</td><td>조기교육
(자모참여수업)</td><td>만 3세~학령전기 (최)중도
장애아동과 자모</td><td>주 3회</td><td rowspan="3">강북장애인
종합복지관</td></tr>
<tr><td>통합교육</td><td>통합교육을 받고 있거나 통합교육이 필요한 장애아동과 가족</td><td>월 1회 및
수시관리</td></tr>
<tr><td>모·아 상호작용 증진 프로그램-아동중심 상호작용 놀이활동</td><td>상호작용에 어려움이 있는 모·아
(만 13세 미만)</td><td>주 2회</td></tr>
<tr><td>구강관리교육</td><td rowspan="2">장애아동 및 보호자</td><td>7~8월</td><td rowspan="2">방이복지관</td></tr>
<tr><td>건강교육</td><td>연 2회</td></tr>
<tr><td>개별교육 I
(신변자립 및 기초학습)</td><td>20~48개월 정신지체·발달장애 유아 및 부모</td><td>주 1~2회</td><td rowspan="2">사랑의
복지관</td></tr>
<tr><td>토요교실
(가족 중심의 그룹활동, 지역사회중심의 취미와 여가활동, 아동중심의 체육활동)</td><td>정신지체·발달장애 초·중학생
10명과 가족</td><td>주 1회</td></tr>
<tr><td>영아 교육치료
(장애의 이해, 영아 잠재력개발)</td><td>만 3세 이하의 발달지체 영유아와 부모</td><td>주 2회</td><td>원광장애인
종합복지관</td></tr>
<tr><td>영유아교실</td><td>출생~40개월 발달장애 영유아와 자모</td><td>주 1회</td><td>서울시남부장애인종합복지관</td></tr>
</table>

	성교육	장애인과 보호자	연 1회	강북장애인종합복지관
부모교육	대집단 부모교육 (재활정보 제공, 욕구 파악)	장애아동의 부모	연 2회	강북장애인종합복지관
	우편부모교육(재활정보제공)	재활서비스 대기자 보호자	월 1회	
	부모 아카데미, 장애아 아버지 지원, 가족댄스파티(부모-자녀관계 개선, 스트레스 관리에 대한 교육)	장애아동의 부모	연중	
	부모욕구를 반영한 주제교육	장애아동의 부모	연 2회	다운복지관
	진학지도	유치원~고등학교 특수학교 진학예정자 부모	연 2회	서대문장애인종합복지관
	자녀발달과 양육에 필요한 지식 및 방법과 다양한 정보 제공	장애아동의 부모		서부장애인종합복지관
			연 4회	서울시남부장애인종합복지관
	집단사회사업 방법과 교육 및 실습, 자기탐색, 스트레스 관리, 영화 상영, 실제적인 정보 및 활용을 중심으로 교육	장애아동의 부모	주 1회	서울장애인종합복지관
	장애자녀 양육 및 재활 관련 전문지식, 정보 제공	장애아동의 부모	연 4회	성동장애인복지관

<table>
<tr><td rowspan="6">부모 교육</td><td>각 전문분야별 부모대상의 가정 내 지도 및 심화교육</td><td rowspan="6">장애아동의 부모</td><td>연 1~2회</td><td rowspan="2">성동장애인 복지관</td></tr>
<tr><td>아빠사랑 만들기 (친목도모 및 재활관련 부모 교육)</td><td>월 1회</td></tr>
<tr><td>재활관련 내용 교육</td><td>연중</td><td>서울시립 정신지체인 복지관</td></tr>
<tr><td>장애인복지정책, 재활정보, 교양강좌</td><td>연 2회</td><td></td></tr>
<tr><td>가정지도 방법 및 진학지도, 장애치료 및 교육정보 제공</td><td>상 · 하반기</td><td>에덴장애인 종합복지관</td></tr>
<tr><td>부모교육</td><td>연 1회</td><td>충현복지관</td></tr>
<tr><td rowspan="5">상담 및 심리</td><td>부모동료상담</td><td>장애아동의 부모</td><td>주 1회</td><td>기쁜우리 복지관</td></tr>
<tr><td>MBTI, MMPI, 지능검사, 자아수용, 자아인식, 진로적성, 인성검사, 사회성검사 등</td><td>장애인과 부모</td><td>연중</td><td>방이 복지관</td></tr>
<tr><td>부모상담</td><td rowspan="2">장애인의 부모</td><td>연 2회</td><td>서대문장애인종합복지관, 마포장애인종합복지관</td></tr>
<tr><td>집단상담(미술치료)</td><td></td><td>서울시남부장애인종합복지관</td></tr>
<tr><td>전화상담, 사이버 상담</td><td>장애인의 부모</td><td></td><td>서울시남부장애인종합복지관</td></tr>
</table>

<table>
<tr><td rowspan="7">상담 및 심리</td><td>가족역량 강화 (집단상담)</td><td>장애인의 부모</td><td>주 1회</td><td>서울시립북부장애인종합복지관, 서울시남부장애인종합복지관</td></tr>
<tr><td>개별 상담 및 가족치료</td><td>장애인과 부모</td><td>주중</td><td>서울장애인종합복지관</td></tr>
<tr><td>성동피리-성격검사, 집단상담</td><td>장애아동의 모</td><td>예약제</td><td></td></tr>
<tr><td>성격검사</td><td>장애인의 가족</td><td></td><td></td></tr>
<tr><td>부모상담</td><td rowspan="2">장애인의 부모</td><td>연중</td><td>성동장애인복지관</td></tr>
<tr><td>부모상담, 학습상담</td><td></td><td>송파인성장애인복지관</td></tr>
<tr><td>집단미술치료</td><td>장애인의 가족</td><td>연중</td><td>에덴장애인종합복지관</td></tr>
<tr><td rowspan="8">스포츠 및 여가</td><td>모자수영 '파란나라'</td><td>미취학장애아동 및 자모</td><td>주 2회</td><td rowspan="4">강북장애인종합복지관</td></tr>
<tr><td>특수체육교실 '달려라 K'</td><td>초등학생 장애아동 자모</td><td>주 1회</td></tr>
<tr><td>등산동호회 '더불어 행복하게'</td><td>장애아동 및 청소년과 가족</td><td>월 1회</td></tr>
<tr><td>가족여행 '아빠 닮았네'</td><td>장애아동과 가족</td><td>연 1회</td></tr>
<tr><td>모자수영</td><td>초등 1~3학년 장애아동과 모</td><td>주 2회</td><td>기쁜우리복지관</td></tr>
<tr><td>가족주말농장 (원예작물 재배)</td><td>장애가정</td><td>주말</td><td>늘푸른나무복지관</td></tr>
<tr><td>건전한 여가활동 및 위안잔치, 공연관람 및 야외 나들이</td><td></td><td>봄, 가을</td><td>마포장애인종합복지관</td></tr>
<tr><td>모자수영</td><td>만 2~6세 정신지체·발달장애아동과 어머니</td><td>주 2회</td><td>사랑의 복지관</td></tr>
</table>

<table>
<tr><td rowspan="11">스포츠 및 여가</td><td>수영, 체조, 체력단련 등의 체육활동과 음악회, 운동경기 관람, 영화 · 연극 관람 등의 문화체험</td><td rowspan="2">재가장애인 및 보호자</td><td>정기적</td><td>사랑의 복지관</td></tr>
<tr><td>가족나들이</td><td></td><td>서부장애인종합복지관</td></tr>
<tr><td>학부모 자전거 인라인교실</td><td>장애인 부모</td><td>주 1회</td><td rowspan="5">서울시남부장애인종합복지관</td></tr>
<tr><td>발마사지</td><td>이용자 부모</td><td>주 1회</td></tr>
<tr><td>야외나들이 및 여행</td><td rowspan="3">재가장애인 및 가족</td><td>연 4회</td></tr>
<tr><td>문화여가 지원</td><td>연 4회</td></tr>
<tr><td>방문/관내 이 · 미용실 운영</td><td>방문 월 1회, 관내 주 1회</td></tr>
<tr><td>주말농장(행복가족농장)</td><td>경증지체장애인 가족, 장애인</td><td></td><td>송파인성장애인복지관</td></tr>
<tr><td>주말농장 참여</td><td>장애인 가족</td><td>연중</td><td>에덴장애인종합복지관</td></tr>
<tr><td>어머니문화증진 프로그램</td><td></td><td></td><td rowspan="2">충현복지관</td></tr>
<tr><td>가족체육대회</td><td>조기교육 및 방과후교실 아동 및 가족</td><td>10월</td></tr>
<tr><td rowspan="2">형제자매지원</td><td>야외활동, 레크리에이션, 집단상담, 캠프 등 외부활동을 통한 가족의 기능 강화</td><td>초등학교 이상 장애 · 비장애 형제</td><td>연 1회</td><td>강북장애인종합복지관</td></tr>
<tr><td>형제놀이</td><td>만 3~6세의 장애아동과 비장애 형제</td><td>주 1회</td><td>기쁜우리복지관</td></tr>
</table>

형제자매지원	스트레스를 동질집단 내에서 상호작용과 집단활동을 통해 경감, 부모에게만 의존했던 장애아동이 형제자매와 활동을 하면서 유대감을 높임	장애아동과 비장애 형제자매	여름방학 중	서부장애인종합복지관
	집단활동을 중심으로 형제의 역할과 부담, 캠프 가족기능 강화 프로그램, 장애체험, 영역별 · 장애유형별 정보 제공			서울장애인종합복지관
	한마음캠프		연 1회	성동장애인복지관
	형제음악캠프			서울시립정신지체인복지관
	형제지원 단기 교육			성모자애복지관
	형제아동 통합프로그램			
	형제자매캠프		9월	충현복지관, 서대문장애인종합복지관
	형제역량강화캠프			양천장애인종합복지관
가족캠프	야외활동을 통한 가족결속력 강화 및 가족 간 정보교류 확대	장애아동과 가족	연 2회	기쁜우리복지관
	서초장애인 가족캠프	장애인과 가족	연 1회	사랑의 복지관

가족캠프	가족기능강화캠프	청각장애아동을 둔 가족	연 1회	삼성소리샘복지관
	상호이해 증진, 스트레스 해소, 문화여가기회 제공목적	장애인과 가족		사랑의 복지관
	가족무놀이, 가족관계 증진 프로그램	조기교육 및 방과후교실 아동 및 가족	9월	삼성소리샘복지관
	이상의 가족을 위한 프로그램	장애아동과 가족	연 1회	하상장애인종합복지관
정보화사업	컴퓨터 교실	장애인 및 가족	주 2~5회	기쁜우리복지관, 방이복지관, 정립회관, 하상장애인종합복지관
기타	명절송편잔치 (떡국이나 송편 및 과일 등을 가정마다 제공)	복지관서비스를 이용하는 재가장애인 및 가족	연 2회	마포장애인종합복지관
	반찬조리 및 배달, 방문 이·미용, 정서·교육·외출·민원서비스 지원, 사랑의 쌀 나누기, 가사 지원		·	사랑의복지관, 서울장애인종합복지관
	부모회	장애아동의 부모		서대문장애인종합복지관, 서부장애인종합복지관, 성동장애인복지관
	장애인의 자립생활 실천에 필요한 기본이념 및 실천방안 등을 가족과 지역사회에 이해시킴		연 3회	국립재활원

2) '장애인 등에 대한 특수교육법'에 근거한 가족지원

(1) 특수교육지원센터를 통한 가족지원

특수교육지원센터는 특수교육 대상학생과 특수교육 현장에 대한 지원 정책의 집행 내지 전달을 담당하는 지역 중심의 특수교육 지원 체제로서 2005년에는 전국 182개 모든 교육청에 설치가 완료되었다. 특수교육지원센터는 〈표 5-10〉과 같이 장애아동에 대한 직접적인 교육, 치료를 제공하는 외에도 가족상담 및 기자재 대여 등 다양한 가족지원 업무를 수행하고 있어 공식적인 가족지원을 제공할 수 있는 대표적 기관으로써의 역할을 수행할 것으로 보인다.

〈표 5-10〉 **천안특수교육지원센터의 주요 업무**

영역	운영 내용	시기
순회교육지원	• 학급순회교육(치료교육) • 재택순회교육(교과교육)	수시
진단 · 평가지원	• 장애학생에 대한 진단평가 지원	수시
상담활동지원	• 특수교육관련 상담(가족상담, 교사상담, 진로상담, 특수교육 상담, 인터넷 상담)	수시
연수 운영	• 특수교육보조원(장애이해 교육, 문제행동 대처 방안, 특수교육보조원의 직무와 역할) • 부모교육(자녀이해하기, 치료교육활동, 가정에서의 문제행동 개선점, 언어지도 방안, 장애이해교육) • 통합학급 담당교원(장애특성이해, 문제행동 대처방안, 개별화 교육계획, 협력교수-학습안 계획) • 특수교육 교원(치료교육: 감각, 물리, 심리, 언어등, 직업교육) • 장애이해 교육(장애인에 대한 이해, 장애인에 대한 에티켓, 장애체험활동, 장애인 시설 봉사활동 및 자매결연 연계, 장애이해 교육 관련 자료 제공 및 대여)	수시

자원봉사 인력 뱅크 운영	• 지역주민 및 대학생 자원봉사활동 참여 확대(특수교육대상자의 치료교육 보조, 특수 교육대상학생의 교수 학습 보조, 학생의 생활보조, 현장학습 보조, 수업 보조, 학습자료제작 도서정리, 자료정리, 서류정리)	수시
미취학 특수교육 대상자 관리	• 미취학 특수교육 대상자를 조기 발견하여 정보관리(연 2회 실태조사, 천안 시청 사회복지과, 읍면 동사무소 협력체제 구축, 특수교육대상자의 정보관리, 조기교육을 받을 수 있도록 복지관, 유치원, 조기교육실 등을 안내)	수시
홈페이지 운영	• 홈페이지 주소(특수교육지원센터 홍보, 특수교육 소식, 홍보, 이해의 장으로 활용, 특수교육관련 자료 정보 탑재, 인터넷 상담실 운영으로 특수교육관련 상담 및 취학안내) (http://www.cncae.go.kr/~caesec/)	수시
교수 · 학습지원	• 교수 · 학습자료 대여 및 정보제공(특수교육에 필요한 다양한 자료제공: 부모용 도서, 전공도서, 각종 유익한 비디오 자료, 각 장애학생에 맞는 교재교구 등, 교수학습자료를 수집하여 학습자료 대여, 특수교육 보조기구 대여)	수시

출처: 충청남도 천안교육청(2006). 2006 특수교육 운영계획.

2) 유아특수학교의 가족지원 프로그램 (부산 천사의 학교 가족지원 프로그램)

① 부모교육 및 부모연수

- 부모교육은 강연회, 워크숍, 상담, 가정통신 등을 통해 실시하고 연수는 정기적으로 학교실정에 따라 실시한다.
- 학부모교실은 매월 둘째 주에 실시하되 한 달에 2번이 있을 경우 첫째 주와 둘째 주에 실시하도록 한다. 연수는 연 4회 실시하되 격월로 실시한다.

- 강사는 본교의 교직원이나 외부강사로 구성한다.
- 타기관, 단체에서 실시하는 부모교육 프로그램에도 참여하도록 홍보, 추천한다.
- 학부모교실은 학부모의 요구와 특성을 고려하여 적절한 프로그램을 개발, 운영한다.

② 파파즈 공부방(아버지모임)

- 공부방은 학기별로 5월과 10월에 실시한다.
- 강의주제는 아버지들의 요구를 반영하여 강사를 섭외한다.
- 이 모임에는 졸업생의 아버지도 함께 참여할 수 있다.

③ 학부모 율동연수 및 율동대회

- 가능한 한 전 학부모의 참여를 원칙으로 한다.
- 주 1회 율동연수를 실시하며 월별로 주제를 바꾼다.
- 학기말 학부모 율동대회를 개최한다.

④ 형제지원 프로그램

- 매월 셋째 주 토요일에 실시하며 외부강사를 초빙한다.
- 사전에 미리 강사와 교사들 간의 협의를 통하여 장애아동의 형제를 이해할 수 있고 올바르게 대처할 수 있는 방법 등을 포함한 연간활동계획을 구성한다.

⑤ 생일잔치

- 생일 케이크와 생일잔치 사진액자는 학교에서 제공한다.
- 생일을 맞이한 유아는 한복이나 예쁜 옷을 입고 등교한다. 학교에서는 생일날 입을 수 있는 여벌의 옷을 준비한다.

- 생일을 맞은 아동의 어머니는 친구들과 함께 나누어 먹을 간식을 준비한다.
- 학급 친구들은 교실에서 직접 만든 작은 선물을 준비한다.
- 매월 넷째 수요일 주제학습이 끝난 후에 생일잔치를 실시하며 방학이 있는 7월과 12월 생일잔치에는 8월과 1월 생일인 사람을 포함시킨다.

⑥ 가족등반

- 가족 전 구성원의 참석을 유도한다.
- 5월 초에 시작하며 아버지들의 참석을 위해 적극적으로 홍보한다.

⑦ 부모사랑의 일기

- 전 학생의 학부모를 대상으로 개인별로 일기를 작성하게 한다.
- 매일 교사와 학부모가 면담을 통해 상호정보를 교환한다.
- 개별화 교육 프로그램을 구안하기 위한 자료 및 교육과정 편성 시 부모님의 의견을 반영하는 자료로 삼는다.
- 매월 마지막 주 수요일에 전체적인 검사를 하고 반별 검사는 담임교사가 융통성 있게 결정한다.

⑧ 토요 산행

- 매주 2주차 토요일에 실시하며 근교 산 위주로 등반한다.
- 유아들의 개별능력에 따라 2개의 그룹으로 나누어 코스를 정한다.

- 일반 어린이집과 연계하여 함께 등산을 실시한다.
- 등반활동 후 자체평가와 기관평가를 실시하여 다음 등반에 참고하도록 한다.

⑨ 미니도서관 운영

- 학교 도서관의 이용은 교직원, 학부모, 자원봉사자를 대상으로 한다.
- 학교 도서관의 설치장소는 지하실 로비로 하며 도서비치용 책장 및 탁자 등을 배치하여 편하게 쉬며 책을 읽을 수 있는 분위기를 만든다.
- 도서구비의 방법은 구입 및 기증으로 한다.
- 도서는 특수교육, 재활치료, 유아교육, 통합교육, 가족관련 일반도서, 잡지 및 정기간행물로 분류하여 보관한다.
- 도서 구입은 학기별로 1회 실시한다(2005학년도 부산 천사의 학교 교육계획서)

3) 기타 가족지원 사례

(1) 가족지원 프로그램 사례(연극놀이를 중심으로)

① 연극놀이의 치료적 요인

예술치료는 1950년대 이후부터 시작되어 오늘날 전 세계적으로 하나의 학문으로 자리 잡아 가고 있다. 우리나라의 경우 1980년대에 정서장애 아동을 위한 놀이치료가 보급되고 뒤이어 미술치료, 음악치료, 독서치료 등이 활성화되고 있다. 1975년 국립정신병원에서 실시된 사이코드라마나 사회극 등을 포함하여 연극치료의 기원을 거슬러 올라간다면 연극치료도 다른 예술치료만큼 그 역사가 길다고 볼 수 있다. 그러나 지금까지 사용되었던 방법은 연극 자체에서 비롯된 치료라기보다 개인이나 집단의 심리치료를 위해 연극적 방법을 사용한 것이기 때문에 엄밀한 의미에서 연극치료라고 하기 어렵다. 따라서 우리나라의 경우 연극치료가 하나의 학문으로서 자리잡기 시작한 것은 최근이라고 할 수 있다(박미리, 2003).

연극놀이란 창의적인 연극놀이의 개념으로 놀이에 연극적 요소가 결합된 '신체표현' '목소리의 표현활동'으로 구성되어 있으며 연극놀이프로그램은 몸짓놀이, 도구변형놀이, 즉흥극, 인형극놀이, 연극공연 등을 포괄하는 의미다.

연극놀이는 다각적인 측면에서 효과가 있다고 보고되고 있다. 연극놀이의 효과는 첫째, 연극을 교육하는 기능으로 참여자는 직접 연극에 참여함으로써 연극적 경험을 하게 되며 이를 통해 연극에 대한 예술적 이해력을 습득하게 된다. 둘째, 참여자는 연극적 경험을 통하여 기존 행동의 변화를 겪음으로써 언어능력, 의사소통능력, 인성개발, 문제해결력, 도덕성 함양 등 사회적 능력을 갖게 된다. 셋째, 연극을 통해 교과내용을 습득하는 학습도구로 사용한다. 넷째, 참여자는 연극을 통해 개인적 집단적 카타르시스를 경험하여 치료적 효과를 얻는다(김은성, 2003).

연극과 놀이는 치료적인 요소가 있기 때문에 연극놀이를 하는 그 자체로 이미 많은 경우 마음의 문제가 해결된다.

놀이의 치료적 요인으로 쉐퍼(Schaefer; 김나영, 2003, 재인용)는 다음과 같은 요인을 지적했다.

- 저항의 극복요인(작업동맹을 맺게 함)
- 의사소통요인(이해하게 함)
- 능력요인(자아존중감을 형성함)
- 창조적 사고요인(혁신적으로 문제를 해결함)
- 정화요인(감정적 이완이 일어남)
- 억압된 감정의 해소요인(외상이 조절됨)
- 역할극요인(새로운 행동의 연습과 획득, 공감)
- 환상/상상요인(환상적 보상을 받음)
- 암시적 교훈요인(통찰을 가져옴)
- 애착형성요인(애착이 형성됨)
- 관계증진요인(자아실현, 자기존중, 다른 사람과 가까워짐)
- 긍정적 정서요인(자아 상승이 일어남)
- 공포의 발달적인 극복요인(성장과 발달 이룸)
- 게임놀이요인(자아의 강화, 사회화)(김나영, 2003)

연극의 치료적 요인은 수 제닝스(Sue Jennings; 이귀연, 2001, 재인용)에 의해 이론화된 마음의 극적 구조를 통해 체계화할 수 있다. 수 제닝스는 모든 인간의 마음은 안내자, 기술, 예술가 그리고 상처로 구성되어 있다고 하였다. 내면의 기술은 특정 분야의 기술을 습득하는 것뿐만 아니라 그 기술을 사용하지 않는 경우에도 그 숙련됨을 알고 경험하는 것을 말하며 내면의 안내자는 한 걸음 물러서서 온화하게 행동하게끔 이끌어 주는 우리 자신의 일부다. 내면의 예술가는 독자적인 창조력을 갖고 있으면서 다른 영역을 자극하기도 하는 우리의 창조적이고 예술적인 자아다. 마지막으로 내면의 상처는 언제나 거기에 있으며 다른 부분들로부터 지지를 필요로 하고 있다. 한 사람의 총체성은 한가운데 있는 신념체계를 중재자로 삼아 이들 영역들이 서로 자극하고 부양하면서 구성된다고 보았다(이귀연, 2001).

치료대상자의 마음의 극적 구조에 대한 분석은 그가 지니고 있는 문제점과 해결책이 무엇인지 쉽게 파악할 수 있게 해 준다. 이러한 마음의 극적 구조를 장애아동에게 적용해 보면 정신지체아동의 경우 신념이 기본적으로 부족하기 때문에 네 가지 극적 구조의 특성들이 전반적으로 결핍되어 있다. 이 외에 낮은 지능은 학습과 인지능력이 현저하게 떨어지기 때문에 마음의 구조 중 안내자와 기술의 능력이 부족하다고 볼 수 있다. 따라서 여기에 적합한 연극치료는 스스로 통제할 수 있는 감독의 자질과 기술능력을 일깨우는 구체적인 방법으로 적용되는 것이 바람직하다. 정서장애아동의 경우 상처영역이 나머지 영역에 비해 월등히 많은 부분을 차지하고 있기 때문에 이 부분에 특별히 관심을 요하는 프로그램이 제공되어야 한다.

이러한 마음의 구조를 '체현-투사-역할(EPR): 드라마 발달의 패러다임' 과 관련지어 설명할 수 있다. 체현(Embodiment)은 태어난 첫해 신체적이고 감각적인 놀이로 감각/신체놀이라고 부르며 투사(Projection)는 첫돌이 지나 외부세계가 확장됨에 따라 신체 외의 다른 사물들을 가지고 노는 것으로서 그림그리기, 찰흙놀이 등이 이에 해당된다. 역할(Role)은 투사활동의 다음 단계로서 직접 인물을 창조하는 극적놀이 등이 이에 해당된다. EPR은 마음의 극적 구조와 함께 연극치료를 위한 원인과 해결책을 제공해 준다. 따라서 연극치료를 제공할 때 상처를 치유하기 위해 현 단계의 활동은 줄이고 익숙한 단계를 충분히 연습한다. 이것은 일반적인 연극교육의 단계와 일치한다. 연극단계는 웜업(warm-up)-상상력과 감각훈련-본극으로 이루어지며 웜업은 체현단계에 해당하고 상상력과 감각훈련은 투사 그리고 본극은 역할에 해당한다고 볼 수 있어서 EPR은 연극치료의 구체적인 실행과정이라고 할 수 있다.

연극치료는 집단작업으로 장기간 규칙적으로 반복하여야 하고, 공연으로 치료의 효과를 확인하는 것이 이상적이며, 치료대상자의 자발성과 상상력 그리고 창의성을 이끌 수 있는 프로그램을 구성하는 것이 중요하다.

② 장애아동 부모를 위한 연극놀이의 효과

연극놀이는 특별한 목적 없이 활동 그 자체만으로도 즐거움을 주지만 연극을 통해 다각적인 측면에서 효과가 있다고 보고되고 있다.

장애아동 가족을 위한 연극놀이 프로그램은 한두 개의 복지관에서 프로젝트 형식으로 시범적으로 운영하고 있으며 그 효과를 검증하기 위한 연구틀이 적용되지 않아 여기서는 간단히 주관적인 효과 검증을 한 것을 사례로 제시하고자 한다.

최민숙(2005)이 시행한 프로젝트의 하나인 '장애아동을 둔 어머니를 위한 연극놀이교실'의 평가틀은 첫째, 수업전후 교사회의를 통한 평가, 둘째, 프로그램 종료 후 참가자들에 대한 설문조사였다. 설문조사의 참여자는 2개의 복지관에 총 15명의 참가자 중 10명으로 설문조사 참여율은 66.7%였다. 설문조사의 결과는 다음과 같다.

첫째, 프로그램에 대해 10명의 응답자 중 60%인 6명의 어머니는 매우 만족하였고, 30%인 3명의 어머니는 만족하였으며, 10%인 1명의 어머니만 보통의 만족을 보여서 응답자들은 대체로 프로그램에 대해 높은 만족을 보인 것으로 나타났다.

둘째, 연극놀이를 통해 가장 좋았던 것은 1번 문항인 '신나게 놀 수 있어서 좋았다' 와 3번 문항인 '평소에 사용하지 않던 몸의 부분을 일깨우고 움직일 수 있어서 좋았다.' 로 동일하게 7명이 응답하였다. 5명은 4번 문항인 '다른 사람과 이야기하고 교류할 수 있는 장이 되어서 좋았다.' 라고 응답하였으며 5번 문항인 '연극을 통해 나와 나의 주변에 대해 새롭게 생각하는 계기가 되었다.' 라고 하였다. 반면 2번 문항인 '스트레스를 맘껏 풀 수 있었다.' 라는 문항에는 4명의 어머니만이 응답함으로써 다른 문항들에 비해 비교적 적은 수가 응답하였다.

셋째, 연극놀이를 하고 난 후의 좋은 부분과 나쁜 부분에 대한 응답에서 좋은 부분으로는 '처음으로 연극놀이를 경험하면서 마음을 털어 놓을 수 있었다.' '몸을 많이 움직인 날은 기분이 상쾌했다.' '한쪽으로만 쏠렸던 고민을 털어버릴 수 있었고 주위를 돌아볼 수 있었다.' '평소에 하지 않던 행위를 함으로써 스트레스 해소도 되었다. 첫째 날 몸풀기 프로그램은 집에 가서 아이와도 같이 해 보았는데 즐거워했고 참여한 보람을 느꼈다.' '왠지 좋은 감정이 생기는 듯 활기찬 나 자신이 좋아 보였다. 좀 더 많은 사람들이 어울리고 하나의 작품이 나오고 계속적인 만남이 있기를 바란다.' 는 의견이 있었다.

참가자들의 기술에서와 같이 참가자들은 연극놀이를 통해 전반적으로 자신을 새롭게 돌아볼 수 있는 계기가 되었고 새로운 것을 시도해 본 것에 대한 만족감 그리고 스트레스가 해소되는 느낌 등의 긍정적인 느낌을 받았다고 기술하고 있다.

반면 부정적인 측면으로는 '이제 막 시작하자마자 그만둔 것 같은 아쉬움! 뭔가 계속될 것이 중단된 듯한 미완성! 장면을 만들기 위해 그 뒤의 마음, 감정에 몰입하지 못했던 내 자신, 나를 돌아보는 자세가 부족했다.' '사회성이 없는 나로서는 참여 횟수가 적어서 이제 더 하고 싶다는 생각이 드는데 끝이 난다는 거.' '더 많은 어머니들이 이런 기회를 가졌으면, 작년 어울림누리 극장에서 할 때 장소가 더 좋았다.' (임화경, 2006)고 하였다. 참가자들은 프로그램 자체에 대한 불만족보다는 프로그램의 횟수가 적은 것을 아쉬워했다. 연극놀이라는 생소한 경험에 대한 이해를 하기 위해 준비단계가 필요했고 이제 적응을 하기 시작하여 뭔가 흥미를 느끼기 시작할 때 프로그램이 종료하게 되었으므로 처음 연극놀이를 접해 본 어머니들은 많은 아쉬움을 느꼈다.

프로그램의 종료 후 설문지를 통해 검증해 본 프로그램의 효과는 대체적으로 참가자들이 만족한 것으로 나타났다. 따라서 이러한 연극놀이가 장애아동을 둔 가족을 위한 프로그램으로 더 많이 개발되어 보급될 필요가 있다.

③ 연극놀이의 기본요소와 프로그램

연극놀이의 기본요소

워거(Warger; 김은성, 2003, 재인용)가 제시하는 연극놀이의 기본요소는 8가지로 다음과 같다.

- 감각인식: 자신의 감각을 사용하여 환경을 탐색하기 위한 것으로 자극에 반응하기, 사회적 반응을 시작하기 위한 환경에 대해 표현하기, 관찰기술을 발달시키기
- 게임: 주어진 규칙에 맞게 수행하면서 즐거움 누리기 위한 것으

로 집단 간 협력과 이해를 통해 또래 간 행동강화를 받고 성취감 및 자긍심 유도하기

- 팬터마임: 비언어적 의사소통기술을 발달시키기 위한 것으로 물건들을 상상하여 사용하는 척하기, 상상된 물건들과 사물들이나 인물들과 상호작용하기
- 대화: 자발적인 언어표현을 하기 위한 것으로 타인과 상황활동 안에서 익숙하게 언어적 표현에 참여하기
- 특징 만들기: 특정한 것에 대한 성격을 파악하여 자신의 것으로 만들기 위한 것으로 팬터마임과 대화에서 가장 기본이 되는 부분으로 특정한 것의 성격을 파악하기
- 즉흥성: 문제를 해결하거나 결정을 내리기 위한 기회를 제공하기 위한 것으로 팬터마임, 대회, 개성을 배우고 나서 소개하기
- 이야기 각색: 이야기를 실행하기 위한 것으로 이야기를 배우고 나서 그것을 실행하며 특정한 장소에서 타인의 감정을 경험할 수 있는 기회 제공
- 극적 소품: 주어진 소품을 다루기 위한 것으로 연극놀이자가 소품을 어떻게 다루는지 관찰하기

연극놀이 프로그램

연극놀이 프로그램의 예는 다음과 같다.

- 시작활동을 위한 연극놀이: 정신적 · 육체적 긴장을 이완하는 과정으로 발성연습, 노래와 율동, 일반 게임, 마임연기 등 간단한 연극놀이가 포함
- 음향 청취: 음향에 맞는 이미지 표현

- 정지된 장면: 특정한 이미지나 행위의 한 단면을 정지된 동작과 표정 등으로 표현
- 즉흥표현: 주어진 상황에 맞게 즉흥적으로 생각이나 감정표현
- 역할놀이: 임의의 역할을 정하고 즉흥적으로 연기함
- 역할 바꾸기: 서로의 역할을 바꿈으로써 상대방을 이해
- 역할 굴리기: 한 사람이 표현을 멈추면 다음 사람이 연결해서 표현함
- 보여 주고 설명하기: 가상의 상자 속에 있는 가상의 물건과 관련된 사건에 대해 이야기하기
- 벽에 걸린 역할: 보편적이면서 극적인 장면의 사진이나 그림에 대해 토론하거나 상상을 통해 재구성
- 삶의 지난날: 현재의 상황에 대한 원인을 과거의 어느 하루에서 유추해 실제로 연기하여 상황의 객관적 판단
- 기념식: 특별한 날의 행사 꾸미기
- 이성의 소리: 선택의 상황에서 본인의 바람직한 선택
- 이중자아: 자기 안의 두 가지 마음을 표현하여 더 깊은 사고 유도
- 빈의자기법: 대화의 상대가 의자에 앉아 있다고 가정하고 빈 의자의 가정된 상대와 대화를 나눔
- 몽타주: 현실에서 일어나기 어려운 여러 가지 사건을 한 드라마 안에 꾸며 봄으로써 관습적인 사고의 틀에서 벗어남
- 전문인 의상: 전문인의 역할을 통해 전문적인 직업의 이해
- 공간 꾸미기: 물건이나 가구를 이용해 상상의 공간을 꾸밈(김은성, 2003)

〈표 5-11〉 **연극놀이 프로그램(사례 1)**

회기	제목	내용
1	몸 풀고 마음 열고	프로그램 소개, 연극놀이 소개, 얼음 땡, 늘어나는 괴물 얼음 땡, 신문지 집-괴물놀이, 인터뷰(별명 짓기)/ 박수 도미노, 몸짓 도미노, 감각게임(사진 찍기, 소리 듣기), 호흡 신체인식, 엄마 만나기, 엄마 이미지 쓰기
2	나 들여다보기	몸의 부분으로 인사하기, 공 주고받기(인사, 별명인사, 내가 하는 말), 이야기 즉흥극/누워서 몸 느끼기, 자화상 그리기, 나에 대해 이야기하기, 마사지하기
3	이야기를 통한 역할 탐색 아내 1 우렁각시	천놀이, 이야기 소개, 우렁각시 이야기 (장면 1) 우렁각시 집으로 데려가다! (장면 2) 우렁각시의 반복되는 일상 (장면 3) 전국 우렁이 회의-남편보고대회/세 가지 결투, 이미지 조각 군상(아내, 어머니, 며느리), 이야기 즉흥극
4	이야기를 통한 역할 탐색 아내 2 아내! 사라지다	크레센도, 권투와 사랑의 몸짓, 빈 의자-남편 인물 구축, 가지 마-갈 거야 (장면 1) 아내가 떠나기 직전, 격렬한 부부싸움 (장면 2) 아내가 떠난 지 일주일 아침 출근 시간: 모든 것이 뒤죽박죽인 현실 (장면 3) 남자의 꿈 (장면 4) 아내에게 쓰는 편지 (장면 5) 돌아온 아내
5	이야기를 통한 역할 탐색 며느리 방귀쟁이 며느리	강강술래 인사하기, 몫 잡기, 탈놀이, 이야기 들려주기 (장면 1) 시집가는 며느리-길 위에서 (장면 2) 시댁에서 첫 날 (장면 3) 며느리의 일상-아침 상 (장면 4) 쫓겨나기 전날 며느리의 꿈 (장면 5) 쫓겨나는 며느리-다시 길 위에서 (장면 5) 돌아온 며느리, 귀한 내 며느리
6	어머니의 이름으로	양쪽 말 들어주기, 이미지 시키기(말로, 말없이) 엄마 가나다 릴레이, 연극의 설정 (장면 1) 외계인의 회의 (장면 2) 지구로! 조사 (장면 3) 연구발표, 마무리-신뢰의 원

출처: 임화경(2005). **장애아동을 둔 어머니를 위한 연극놀이교실**, p. 173.

〈표 5-12〉 연극놀이 프로그램(사례 2)

회기	제 목	내 용
1	몸 풀고 마음 열고	과일샐러드, 인터뷰(별명 짓기), 신문지놀이(신문지집, 찢기, 축하해 주기), 신문지로 소중한 물건 만들기/우리 집에 왜 왔니?, 막대변형, 천변형, 막대와 천을 이용한 장면 발표, 호흡
2	나 들여다보기	몸의 부분으로 인사하기, 나의 감각(시각-사진 찍기, 청각-소리 듣기), 나의 일상(나의 24시간 조각상), 신체 부분 느끼기, 자화상 그리기
3	이야기를 통한 역할 탐색 아내 선녀와 나무꾼 1	천 놀이, 심장놀이, 이야기 소개: 캐릭터 열 고개, 이야기 공유하기 & 설정하기, 선녀와 나무꾼 이야기 극화 (장면 1) 선녀 하늘에서 내려오다! (장면 2) 나무꾼의 아내가 되다! (장면 3) HOT-SITTING! 이야기 나누기: 10년 후에 (장면 4) 10년 후의 변화된 현실장면
4	이야기를 통한 역할 탐색 아내 선녀와 나무꾼 2	세 가지 결투, 권투와 사랑의 몸짓, 우리의 현실 빈 의자(empty chair)-Object를 통한 극적 상황 창조하기, 탐색하기 (장면 5) 상상-선녀 옷 가죽 발견 뒤에 (장면 6) 편지 이야기의 결말을 짓고 남편에게 편지를 남긴다. 가지 마-갈 거야, 이야기 즉흥극
5	이야기를 통한 역할 탐색 며느리 방귀쟁이 며느리	강강술래 인사하기, 몫 잡기, 이야기 들려주기 (장면 1) 시집가는 며느리-길 위에서 (장면 2) 시댁에 도착, 시집 간 첫째 날 (장면 3) 며느리의 비밀은? (장면 4) 쫓겨나는 며느리-다시 길 위에서 (장면 5) 돌아온 며느리, 귀한 내 며느리
6	어머니의 이름으로	양쪽 말 들어 주기, 엄마 가나다 릴레이, 연극의 설정, (장면 1) 외계인의 회의, (장면 2) 지구로! 조사, (장면 3) 연구발표, 마무리

출처: 임화경(2005). 장애아동을 둔 어머니를 위한 연극놀이교실, p. 174.

(2) 가족지원 프로그램 사례(비장애 형제자매지원)

장애 형제자매와 평생을 같이 생활해야 하는 비장애 형제자매는 장애 형제자매와의 상호작용에 어려움이 있을 수 있으며 또한 장애아동에 대한 부정적인 개념을 가질 수 있다. 따라서 이러한 비장애 형제자매를 위한 지원책이 강구되어야 한다. 이에 우리나라에서 연구된 비장애 형제자매를 위한 두 가지 지원프로그램을 소개하고자 한다.

형제간 사회적 상호작용을 증진시키기 위해서 이승희(1998)는 형제간 사회적 상호작용을 전혀 보이지 않는 발달지체아동 세 명과 각 장애아동의 비장애 형제자매 한 명씩을 실험대상으로 하였다. 실험방법은 대상자 간 중다간헐기초선설계(multiple probe design across subjects – 동일한 상황에서 동일한 목표행동을 보이는 대상자를 적어도 세 명 이상을 선정하여 실험하는 방법)를 이용하여 대상 장애 형제가 집에서 자주하는 놀이 다섯 가지를 선정하여 5회기에 걸쳐 놀이훈련을 하였다. 훈련방법은 각 회기를 총 40분으로 첫 10분간은 자료수집을 위하여 기초선(아무런 실험처치를 하지 않은 상황으로 실험처치 결과와 비교해 보기 위함)과 동일한 조건하에 형제가 놀이를 하도록 하였고, 나머지 30분은 비장애 형제에게 그림자료를 이용하여 사회적 상호작용 전략에 대해 설명하고 기초선 회기에 녹화한 비디오테이프를 보며 적용사례를 살핀 후 연구자와 역할놀이를 하였다. 5회기의 훈련이 끝난 후 비디오테이프 피드백에서는 훈련기간과 마찬가지로 처음 10분간은 기초선과 동일한 조건하에 형제가 놀이를 하도록 하였으며, 형제의 놀이 후 연구자는 비장애 형제와 장애 형제의 놀이를 녹화한 비디오테이프를 보며 사회적 상호작용 전략 사용에 대한 피드백을 제공했다. 실험결과 장애 형제자매를 향한 비장애 형제자매의 사회적 시작행동과 사회적 상호작용이 증가하였다.

전혜인(1997)의 연구는 비장애 형제자매를 대상으로 놀이를 중심으로 구성된 형제지원 프로그램을 실시하여 비장애 형제자매의 자아개념과 장애 형제자매를 대하는 행동에 미치는 영향을 알아보았다. 유아특수교육기관에 다니는 장애아동의 형제자매 중 만 6~8세에 해당되는 아동 23명을 대상으로 선정하여 11명은 실험집단(실험의 효과를 보기 위하여 실험처치를 한 집단)에, 12명은 통제집단(실험집단의 실험처치의 효과를 비교하기 위해서 아무런 처치도 취하지 않는 집

〈표 5-13〉 형제지원 프로그램의 실시 순서

순서	단계 및 부제	활동	준비물
1회	• 도입 "우리 서로 알아가자."	• 공놀이 • 공포의 콩주머니	• 공 • 콩주머니
2회	• 자아개념 확립 "나는 누구인가?" "나는 왜 여기에 있나?"	• 나비그림 • 자기콜라주	• 물감, 종이 • 잡지, 가위, 풀
3회	• 장애 형제와의 형제관계 "동생이 다른 아이들과 다른 것은 사실이다. 그래도 내 동생이다."	• 타임캡슐 • 좋은 소식/나쁜 소식	• 종이, 연필, 필름통, 알루미늄 호일, 상자 • 종이, 연필
4회	• 장애 이해하기 "내 동생도 그런 장애였구나."	• 원판에 콩주머니 던지기 • 나의 특별한 꿈은… • 장애 지니고 그림 그리기	• 전지, 콩주머니 • 종이, 연필 • 종이, 크레파스
5회	• 가족체제/마무리 "달라도 괜찮아요." "안녕"	• 가족 모빌	• 옷걸이, 종이, 크레파스, 가위, 실

출처: 전혜인(1997). 장애아동의 비장애 형제를 위한 형제지원 프로그램이 비장애 형제의 장애 형제를 대하는 행동과 자아개념에 미치는 영향, p. 32.

단)에 배치하였다. 형제지원 프로그램은 연구자가 여러 프로그램을 참고하여 재구성하였다. 연구에 사용된 형제지원 프로그램의 실시 순서는 〈표 5-13〉과 같다. 이러한 형제지원 프로그램의 실시결과 비장애 형제가 장애 형제를 대하는 태도는 수용도와 지지도가 향상되었고 적대감이 감소되었다. 또한 비장애 형제의 자아개념도 통계적으로 의의 있는 수준으로 향상되었다. 이러한 프로그램의 구체적인 활동내용을 몇 가지 소개해 보면 다음과 같다.

〈표 5-14〉 믿고 걷기

단 계	도입/형제관계 장애 인식
목 표	• 장애가 어떤 상태인지 이해하도록 돕는다. • 그룹 내의 다른 아동을 믿을 수 있게 한다.
방 법	• 두 사람씩 짝을 지어 한 아동만 눈가리개를 착용한다. • 눈을 가리지 않은 아동이 눈을 가린 아동을 데리고 장애물을 여러 개 지나 찾으라고 지시된 물건을 눈을 가린 아동이 찾아낼 수 있도록 도와준다. • 역할을 바꾸어 다시 실시한다.
소요시간	30분
참가인원	자유
준비물	눈가리개, 여러 가지 물건들

〈표 5-15〉 타임캡슐

타임캡슐	
단 계	형제관계
목 표	장애 형제와 관련된 여러 가지 상황에서 장애아동의 형제들이 느끼는 것들을 서로 이야기할 수 있다.

방 법	• 장애 형제와 연관된 여러 가지 상황에 대해 종이쪽지에 적는다. 예 – 내가 정말 동생을(장애를 지닌 형제) 자랑스럽게 생각했을 때는 – 내가 한 일 중에서 가장 보람이 있었던 일은 – 내가 동생 때문에 정말 당황스러웠던 때는 – 내 동생이 친구들과 싸웠을 때는 – 내가 내 동생을 특별한 방법으로 도와주었던 때는 – 내 동생 때문에 내가 정말 미칠 것만 같은 때는 – 내 동생이 나를 웃게 만들 때는 – 내 동생의 장애 때문에 내가 혼란스러울 때는 • 각각의 종이쪽지를 필름통에 넣는다. • 필름통을 알루미늄 포일로 싼다. • 포일로 싼 필름통을 상자 안에 넣는다. • 참가자들이 캡슐을 하나씩 꺼내 읽으며 각 상황에 대해 토의한다.
소요시간	30분
참가인원	7~15명
준비물	잡지, 종이, 가위, 풀

출처: 전혜인(1997). 장애아동의 비장애 형제를 위한 형제지원 프로그램이 비장애 형제의 장애 형제를 대하는 행동과 자아개념에 미치는 영향, p. 72.

〈표 5-16〉 특수아동의 교실 견학하기

단 계	장애 이해하기
목 표	• 장애아동의 교실을 이해할 수 있게 한다. • 장애아동이 교사와 함께 하는 활동을 관찰할 수 있게 한다. • 장애아동이 비장애아동과 같은 점과 다른 점을 이해할 수 있게 한다.
방 법	• 견학할 교실에 대해 설명 듣기 • 참관을 하며 보게 될 장애아동의 행동에 대해 설명 듣기 • 교실 관찰하기 • 수업활동 참관하기
소요시간	15분
참가인원	1회에 4~6명

출처: 전혜인(1997). p. 87.

비장애 형제가 장애 형제와 함께 성장하면서 받게 되는 불이익을 최소화하기 위해 부모는 다음과 같은 사항을 염두에 두어서 부모로서의 역할을 수행하여야 한다.

다음의 내용은 2000년 장애인부모교육 자료집에서 발췌하였다.

- 열린 마음과 정직: 자녀의 장애에 대하여 비장애 자녀와 솔직하게 질문하고 대답할 수 있어야 한다. 장애에 대해서 터부시한다거나 헛된 희망을 갖게 해서는 안 된다.
- 모두가 소중한 아이: 장애 자녀나 비장애 자녀의 장단점을 수용하며 각 아동이 다르다는 사실을 지각한다.
- 양육책임의 한계: 형제자매 중 중증장애인이 있다면 비장애 자녀에게 요구되는 장애자녀에 대한 보살핌의 책임 정도는 증대될 것이다. 만일 나이가 많은 비장애 자녀인 경우 그들은 자신의 자녀도 양육하여야 하고 장애 형제자매도 보살펴야 하는 과외의 부담이 따르게 된다. 따라서 비장애 자녀와 더불어 이웃, 친구 그리고 친척들이 양육책임으로 인한 부담을 적절히 나누어 진다면 균형 있는 삶이 가능할 것이다.
- 휴식과 기타 지원서비스의 활용: 휴식은 장애 자녀로 인하여 힘들고 지쳐 있는 부모를 위한 것이다. 부모의 휴식은 비장애 자녀에게 보다 많은 시간을 할애할 수 있게 한다.
- 공정성: 장애 자녀와 비장애 자녀는 되도록이면 공정하게 대해주어야 한다. 비장애 자녀는 부모의 행동이 공정한지 그렇지 않은지 쉽게 파악할 수 있다. 따라서 부모는 그 환경이 자녀들 모두에게 공정했는지 검토할 시간적 여유가 필요하다. 한쪽에 치우쳐 생각하는 경우 다른 한쪽에 문제를 일으킬 수 있다.

- 비장애 자녀를 위한 시간계획: 비장애 자녀는 장애자녀로 말미암아 부모로부터 소외되기 쉽다. 따라서 비장애 자녀를 위한 시간계획을 세워야 한다.
- 비장애 자녀 스스로 해결하도록 한다: 장애 자녀와 문제가 발생했을 때 비장애 자녀 스스로 장애 자녀와 해결하도록 한다.
- 비장애 자녀의 친구들을 집으로 자주 놀러오게 한다.
- 비장애 자녀를 칭찬한다.
- 비장애 자녀의 이야기를 경청한다.
- 가정의 일을 결정할 때 비장애 자녀를 참여시킨다.
- 자녀들 나름대로의 능력과 기여도를 인식한다.
- 비장애 자녀를 지원할 수 있는 프로그램을 마련한다.
- 비장애 자녀의 스트레스를 인식하고 이를 감소시킬 수 있는 방안을 강구한다.
- 전문가를 통하여 비장애 자녀를 돕는다.
- 비장애 자녀에게 대인관계의 기술을 가르친다.
- 일상적인 가족의 활동이 되도록 계획한다.
- 비장애 자녀의 질문에 이해가 될 수 있도록 대답하며 잦은 질문에 대해서도 끝까지 성의 있게 대답한다.
- 비장애 자녀에게 장애 형제를 어떻게 도울 수 있는지 먼저 알아보도록 한다.
- 비장애 자녀에게 장애 형제를 도울 수 있도록 다음과 같은 전략을 가르친다.
  - 자신의 생각을 숨김없이 이야기하도록 한다.
  - 장애와 관련된 자료를 읽도록 한다.

- 같은 아픔을 경험했던 다른 비장애 형제를 통하여 배우게 한다.
- 같은 아픔을 경험하고 있는 사람들의 모임에 참여하도록 한다.
- 부모가 모르고 있는 사실을 알려달라고 한다.
- 장애 형제도 다른 가정의 형제보다 자기 형제를 더 좋아하고 있음을 인식시킨다.
- 장애 자녀에 대하여 복잡한 감정을 갖게 되는 것은 지극히 당연한 일이며 인간화되는 과정임을 인식시킨다.
- 장애 형제를 둠으로써 갖게 되는 경험은 성숙의 촉매이기에 자부심을 갖도록 한다.
- 필요할 때 도움을 요청하는 것을 두려워하지 않게 한다.
- 장애아동에 대해 친구들을 지도하게 한다.
- 장애아동에 대해 옹호자가 되도록 한다.
- 부모에게 친절하도록 한다.
- 외롭지 않음을 인식시킨다.
- 유머를 간직하게 한다.
- 긍정적으로 사고하게 한다.
- 나이가 들어 가면 유전학에 대하여 상담하게 한다. 장애의 유전가능성에 대해서 명확히 한다.
- 장애 형제도 나름대로의 인생이 있음을 기억하게 한다.
- 장애 형제는 비장애 형제가 좋은 형제가 되어 주기를 원하고 또 그렇게 되도록 한다(한국장애인부모회, 1999, pp. 75-77).

4) 미국의 가족지원 사례

미국의 경우는 장애아동의 가족을 위한 지원이 좀 더 다각적으로 이루어지고 있다. 미국 50개 주를 대상으로 실시한 조사연구에 의하면, 미국에서 실시하고 있는 핵심적인 가족지원 프로그램의 내용은 다음과 같다(Knoll, Covert, Osuch, O' Connor, Agosta, & Blaney, 1992; 서경희, 1998, pp. 124-125, 재인용).

- Respite care(부모가 아동을 돌보는 데서 벗어나 휴식을 취할 동안 아동을 돌보아 주기): 가장 역사가 오래되었고 흔히 지원되는 서비스로 46개 주가 발달장애아의 가족에게 지원하고 있었다. 아동을 보살펴주는 지원에서부터 아기를 돌볼 사람을 찾는 데 필요한 도움을 제공하는 식의 다양한 형태를 취한다.
- 환경개조를 위한 서비스로 집안의 구조가 장애아동이 접근 가능하도록 개조하는 데 드는 비용을 정부가 부담하거나 보조기구 구입비를 지원한다.
- 지원적인 서비스로 다양한 형태를 취하는데 부모집단이나 형제자매집단을 위한 집단상담이나 부모를 위한 전통적인 개별상담의 형태를 취한다.
- 가정방문을 통한 서비스로 장애아를 돌보아 주거나 가족이 장애아를 돌볼 수 있도록 가사를 도와주는 서비스다.
- 재정적인 지원으로 각 주마다 아주 다양한 방법의 프로그램을 제공한다. 어떤 주는 현금보조 프로그램을 실시해서 극빈자인 경우는 일상생활비로 사용하고 그렇지 않은 경우는 미래를 위해 적

립하기도 한다. 어떤 주는 가족이 장애아동을 위해 사용한 경비의 영수증을 제출하면 이를 환불해 주는 형태를 취하기도 한다.

- 부모나 다른 가족구성원에 대한 훈련으로 훈련의 초점은 장애와 관련된 정보에서부터 개인의 권리옹호에 관련된 것까지 다양하다.
- 오락 프로그램으로 일부 주에서는 특별캠프나 특별한 오락프로그램의 형태를 취하지만 많은 주가 가족이 지역사회에 기존하는 오락 자원에 접근할 수 있도록 돕는다.
- 체계에 접근할 수 있는 도움으로 각 가족이 자신들이 얻을 수 있는 자원에 대한 정보나 가족이 받을 권리가 있는 모든 서비스를 받을 수 있도록 직접 도와준다.

미국 50개 주 중에서 오리건 주의 가족지원은 부모가 중심이 되어 운영되고 있다는 특징이 있다. 오리건 주의 가족지원을 위한 중심체는 '오리건 부모교육 및 정보센터다' (Orgon Parent Training and Information Center, http://www.orpti.org).

'오리건 부모 교육 및 정보센터' (PTI)는 0~26세의 장애아동을 둔 부모와 가족, 교육, 사회, 의료계에 종사하는 전문가들을 교육하고 지원하기 위한 목적으로 설립되었다. PTI에서 제공되는 주요 가족지원 프로그램은 다음과 같다.

① 정보도서관 운영: 정보도서관에는 장애아동의 가족과 전문가에게 필요한 도서가 비치되어 있어 필요한 경우 대출도 가능하다.
② 소식지 발간: 소식지는 두 달에 한 번씩 발간되며, 주요 내용은 PTI에서 제공되는 프로그램과 연수정보, 장애아동 관련 정책

및 주요 문제를 수록하고 있다.

③ 자원봉사자 파견: 자원봉사자는 전문가와 장애아동을 자녀로 둔 부모들로 구성되어 도움이 필요한 장애아동의 부모를 지원한다. 지원내용은 개별화 가족서비스 계획, 개별화 교육계획 등 부모가 알아야 하는 권리와 법적절차 등에 대해 개별적인 교수기회를 제공하고, 부모가 참여해야 하는 회의 등에 필요한 경우 동행하기도 한다.

④ 특수교육 무료 전화 상담: 장애아동의 가족에게 특수교육에 대한 제반 문의사항에 대하여 무료로 전화상담 서비스를 제공한다.

⑤ 부모교육: 매달 10여 차례에 걸쳐 부모교육을 실시하며, 부모교육 내용은 특정장애와 관련된 것, 전반적인 장애아동의 학교생활과 관련된 것 등이다(유현경, 2007).

5. 개별화 가족서비스 계획

1) 개별화 가족지원 계획의 의의

미국의 경우 6~18세까지의 장애학생의 무상공교육화가 PL 94-142(미 공법)에 명시되어 있다. 그러나 0~5세 장애유아의 경우 재정적인 법적 조치가 구체화되지 않았다. 그럼에도 불구하고 3~5세 아동을 위한 유아특수교육은 이미 1965년에 시작된 Head Start 프로그램에서 찾아볼 수 있다. Head Start 프로그램은 저소득층 아동의 환경적인 불이익에서 오는 성장발달의 저해를 감소시키기 위한 보상교육이며 생태학적인 이론을 많이 반영한 프로그램이었다.

브론펜브레너(Bronfenbrenner, 1976)는 특수교육이 생태학적인 접근으로 전환해야 함을 다음과 같이 역설하였다. "지금까지의 중재 프로그램은 전문가에 의해서 주도된 장애아동중심(child-centered)의 교육이었다. 그러나 가족중심의 접근(family-centered), 즉 장애아동의 직계가족, 이웃의 아동과 어른들, 학교선생님 기타 아동의 일상생활에 관여하는 사람들을 장애아동교육에 포함시킨다면 아동중심 중재 방법보다 더 효과가 있다."(Bronfenbrenner, 1976, s.255) 이러한 이론적인 근거를 바탕으로 미의회는 가족중심 중재를 뒷받침할 재정적인 근거를 마련할 필요에 직면하게 되었다.

PL 94-142가 장애아동교육에 있어서 '아동중심의 접근'을 재정적으로 보장하는 법적 근거였다면 '가족중심의 접근'을 하기 위해서는 새로운 법적 근거가 필요하게 되었다. 0~2세의 장애영아를 위한 교육에 대해서는 PL 94-142는 언급하고 있지 않았으며 기존의 학교체제는 이러한 장애영아에 대한 교육경험이 없기 때문에 0~2세의 장애영아 교육을 기존의 학교체제에 위임하는 것은 여러 가지 어려움이 예상되었다. 그러던 중 던스트(Carl Dunst, 1985)는 장애영아에 대한 교육프로그램 적용 시 드는 비용을 산출하여, 그 경비의 차이점을 발견하였다. 가정에서 중재를 시도할 때와 기관에서 중재를 시도할 때 드는 경비를 계산해 본 결과 놀랄만한 차이를 발견하였다. 가정에서 장애영아를 위한 중재 프로그램을 운영할 때 드는 경비는 1년에 아동 한 명당 3,000달러이고 기관에서 중재프로그램을 운영할 때는 45,000달러가 든다. 따라서 장애영아가 가정에서 서비스를 제공받을 때 1명의 장애영아당 1년에 42,000달러의 경비가 절감될 수 있다고 하였다. 이러한 경비절감의 효과 외에도 이 연령의 아동은 많은 경우 가정에 있게 되며 이때의 적절한 부모역할은 아동의 성장발달에 중요한 역할을 한다. 영유아기의 부모는 아동에게 기본적 신뢰감을 형성시켜 주고 적절한 자극을 제공함으로써 영아의 상호성을 발달시켜야 한다. 또한 기본적인 신뢰감을 형성시켜 주기 위해 부모는 아동의 욕구에 민감하게 반응해야 한다(김경희, 이재연, 1989; 유안진, 김연진, 2000). 그러나 장애유아는 반응성이 빈약하므로 부모는 이러한 아동의 무반응에 무심하게 된다. 이러한 상황의 누적은 결국 아동의 상호작용능력을 저해함으로써 아동의 자율성과 주도성의 발달을 저해한다. 환경과의 적극적인 탐색을 통한 인지능력을 발달시킬 수 있는 기회를 감소시킴으로써 아동의 전반적인 발달을 저해시킬 수 있다(Bailey & Wolery, 1992). 따라서 이 시기의 장애유아 부모교육은 매우 중요하며 전체적인 가족의 상황까지 반영하는 교육계획을 수립하기 위해 3세 이상의 아동에게 적용되는 IEP와는 별도의 조치가 필요하게 되었다.

미 국회는 이러한 여러 요소들을 감안하여 기존에 특수교육에 적용해 왔던 아동중심 접근이며 이에 대한 법적 보장인 PL 94-142와 구분하여 유아특수교육 분야에서는 가족중심 접근을 적용하며 이에 대한 법적 보장체제로 1986년 PL 99-457을 제정하게 되었다. 이 법에는 가족중심의 접근을 하기 위해 개별가족의 요구를 수용할 수 있는 개별화 가족서비스 계획(Individual Family Service Plan: IFSP)을 수립하도록 하고 있다. IFSP의 목적은 가족이 자신이 선택한 목표에 도달하는 것을 도와줄 수 있는 공식적 · 비공식적 자원들을 찾아내고 활용하도록 하여 가족에게 장애아동의 발달을 촉진시킬 수 있는 능력을 심어 주고 가족과 아동이 지역사회로부터 고립되는 것을 막기 위해 가족들과 관련 분야의 여러 전문가들이 팀을 이루어서 일하도록 하는 데 있다(곡교어린이집, 2000).

2) 개별화 가족서비스 계획의 구성요소

PL 99-457은 개별화 가족서비스 계획(Individual Family Service Plan: IFSP)을 작성할 것을 요구하고 있다. 이는 PL 94-142가 제기한 개별화 교육계획(Individualized Education Plan: IEP)과 대비해 볼 때 개별화 교육계획이 장애아동 개인에 대한 교육적 요구를 개별화할 것을 명시한 것이라면, IFSP는 각 장애아동의 개별적인 가족의 요구를 명시한 것이다. IFSP는 문서화하여야 하며 IFSP 작성은 전적으로 전문가(Team approch)와 아동의 부모에 의해서 작성되어야 한다. IFSP는 1년에 한 번씩 평가되어야 하며 6개월에 한 번씩 가족에게 IFSP의 전체적인 개요를 재확인시켜야 한다.

IFSP를 작성할 때는 다음의 사항을 명시해야 한다.

- 장애영유아의 현재의 수행능력을 기술한다.
- 가족의 우선순위, 관심 그리고 자원에 대해서 서술한다.
- 가족 및 아동의 주요 성취목표와 기준, 절차, 시한 등을 서술한다.
- 서비스의 시작 날짜와 예상되는 종료 날짜를 서술한다.
- 가족과 아동의 필요를 충족시키기 위한 서비스에 관하여 기술한다.
- 사례대표자를 선정한다.
- 아동의 전이에 대한 계획을 세운다(Woods & Graffeo, 1995).

① 장애영유아의 현재의 수행능력을 기술한다.

장애영유아의 현재의 육체적, 인지적, 언어적 발달상황과 자조능력을 기술해야 하며 이러한 능력을 기술할 때 전문적인 근거에 기초하여 작성해야 한다. 다음과 같이 기술할 수 있다.

아동의 현재 수행능력

• 적응행동발달

순이는 여러 가지 자조기술을 행할 수 있다. 옷 입고 손 씻을 때에 도움을 줄 수 있으며 보조 없이 혼자 컵으로 물을 마실 수 있다. 또한 손으로 먹을 수 있고 숟가락을 잡을 수 있다.

• 인지발달

순이는 비언어적인 방법으로 문제해결을 한다. 순이는 모방을 잘하며 다른 사람들과 상호작용할 때 시작행동을 할 수 있다.

• 의사소통

순이는 의사소통을 할 때 미소, 몸짓, 단서 등 여러 가지 방법을 사용하며, 몇 개의 자음을 혼용해서 사용한다. 일상적인 물건을 이야기했을 때 이해하며 간단한 지시사항을 따른다. 순이는 그녀의 가족만이 이해할 수 있는 몇 개의 단어를 사용한다.

• 현재의 건강상태

순이는 우유 알레르기가 있다. 몸무게가 가벼우며 자주 감기에 걸리고 감염되기 쉽다.

• 운동능력

순이의 운동능력은 그녀의 나이에 비해서 지체되어 있다. 그러나 지속적으로 개선되어 가고 있다. 그녀는 지지 없이 마룻바닥에 앉을 수 있다. 책상에 기대어서 설 수 있으며 몇 발자국 책상을 잡고 걸을 수 있다. 순이는 마루에 앉아 있는 동안 큰 공을 굴리고 잡을 수 있다.

• 사회 · 정서적 능력

순이는 다른 아동과 함께 있는 것을 즐거워한다. 순이는 안정되고 행복하다.

② 장애아동 교육과 관련해서 관심과 우선순위 그리고 자원에 대해서 기술한다.

IFSP를 기술할 때는 장애아동의 성장발달을 최대로 하기 위해서 가족의 관심과 우선순위, 자원들을 기술해야 한다. 중재자 팀원들은 가족이 가족의 관심과 우선순위가 무엇인지를 결정할 수 있도록 도와주어야 하며 활용할 수 있는 자원들을 발견할 수 있도록 도와주어야 한다. 기술하는 방법은 다음과 같이 예를 들 수 있다.

③ 중재를 처음 실시하는 시기와 중재를 종료하는 시기를 기술한다.

관심, 우선순위 그리고 자원들

순이의 부모는 순이를 매우 좋아한다. 순이의 언니는 부모와 협력하여 순이를 돌보기를 좋아한다. 부모는 둘 다 맞벌이이고 부부가 일을 분담해서 가정을 잘꾸려 나가는 편이다. 순이의 가족은 중요한 자원들을 갖고 있다. 용이한 시간에 편리하게 아이를 맡길 수 있는 시설이 있고 할아버지, 할머니가 근처에 살면서 도와주고 계신다. 또한 매 주일 참석하고 있는 지역사회의 교회에서 강한 정신적 지원망을 제공받고 있다.

현재 가족의 가장 중요한 관심은 순이의 건강과 육체적 성장이다. 순이의 부모는 순이가 가지고 있는 잠재력을 마음껏 발휘하여 성장하기를 희망하고 있다. 순이는 자주 감기에 걸리고 쉽게 질병에 감염된다. 순이의 귀에는 항상 물이 차 있고 쉽게 피곤해한다. 부모의 관심은 순이의 건강이 그녀의 운동발달과 후에 언어발달에 문제를 일으키지 않을까 하는 데 있다. 순이는 혀를 입속에 넣고 있기보다 입 밖으로 내밀려고 하며 아직 잘 씹지 못한다. 순이의 부모는 순이를 좀 더 잘 이해하기 위해서 다른 다운증 부모들과 접촉하기를 바란다. 순이의 부모는 순이를 그녀의 언니와 마찬가지로 일반학교에 보내고 싶어한다.

④ 사례대표자를 설정한다. 사례대표자는 가족과 아동의 욕구를 충족시킬 수 있도록 조치를 취하는 자로서 IFSP의 실시에 대한 총책임을 진다.

⑤ 중재 프로그램을 통해서 장애아동과 가족이 도달해야 하는 결과에 대해서 서술한다. 예상된 결과에 도달하기 위한 기준과 방법, 시간 등을 서술하며 중재 프로그램이 변경되어야 한다면 언제 변경되어야 하는지를 서술해야 한다.

목표는 실제적인 것이어야 하며 목표가 달성되었는지에 대한 평가는 실제적이며 간단하여야 한다. 목표가 이루어지기까지의 시간이 정해져야 하며 IFSP상에서는 매 6개월마다 가족의 관심과 우선순위가 바뀌었는가를 점검해 보아야 한다.

결과에 대한 진술은 다음과 같이 할 수 있다.

결과계획

아동이름: 박순이　　　　서비스: 의사소통
책 임 자: 박○○　　　　날　 짜: 2000년 1월 2일

결과진술(성취되어야 할 것이 무엇인가?): 순이는 욕구를 표현하고 정보를 공유하고 대화를 하기 위해서 단어들을 사용할 것이다(순이는 현재 그녀 가족들이 이해할 수 있는 단어를 6~7개 정도 사용하며 많은 제스처를 사용하고 있다).

활동(결과가 어떻게 성취될 것인가?: 누가 포함될 것인가? 언제, 어디서, 활동들이 행해질 것인가?)

1. 순이 어머니와 교사가 순이의 단어 사용을 증진시키기 위해서 함께 활동할 것이다. 'ㅁ' 으로 시작하는 '엄마' '맘마' 등이 모델단어로 활동

들에서 제시될 것이다.

2. 가정방문 시 교사는 순이와 활동하기 위한 전략들을 시범 보일 것이다. 예를 들면,
   - 순이가 관심 있어 하는 활동을 하는 동안 순이의 환경에서 발견할 수 있는 물건들의 이름을 명명한다.
   - 순이가 사용할 수 있는 단어들을 사용하면서 재미있는 게임을 한다.
   - 물건을 제공하고 사건들에 대해서 다시 질문하기 전에 순이가 단어를 사용하도록 기다린다.

다른 중재방법들이 개발되어야 하며 부모는 순이의 오빠와 조부모님들과 중재방법들에 대해서 의논한다.

3. 아버지와 교사는 순이가 잘 사용하는 단어(예를 들면, 좋아하는 장난감 이름)들의 목록을 작성한다.

평가

2000년 1월 2일 순이는 집에서 25단어를 사용하였다. 그리고 공공장소에서도 그녀가 원하는 것을 표현하고 정보를 공유하였다. 교사는 한 달에 한 번 순이의 수행을 평가하고 가정방문 시 순이의 부모와 검토한다.

날짜

시작된 날짜 1999년 11월 1일

⑥ 장애아동과 가족의 욕구를 충족시킬 수 있는 교육조치들을 진술한다. 이러한 교육조치들은 얼마나 자주 해 주어야 하는지를 언급한다. 예를 들면, 관련 서비스는 다음과 같이 진술한다.

관련 서비스 요약			
서비스 종류	서비스 책임자	주소/전화번호	시작일시, 서비스 횟수, 서비스 형태
청각검사	박○○		세 달에 한 번씩 3월에 시작해서 전이시킬 때까지
의사소통	특수교사		일주일에 한 번 부모와 어린이 그룹
영 양	보건소 박○○		한 달에 한 번 전이시킬 때까지
가족중심 조기중재	1~3세까지 최○○ 이○○		가족중심 서비스는 한 달에 2시간 전이가 이루어질 때까지
조기중재 시 선택사항 1. 한 단어의 사용을 증가시키고 두 단어의 결합을 시도한다. 2. 영양을 개선해서 몸무게를 증가시킨다. 3. 전이교육과 유아특수교육에 관한 정보를 부모에게 제공한다.			

⑦ 아동의 전이계획에 대해서 서술한다.

전이란 아동에게 실시된 한 프로그램에서 다른 프로그램으로 옮겨가는 것을 의미한다. 보통 장애아동은 2세까지 가족중심 조기중재 프로그램에 머물고 3세에는 유치원에 다니게 된다. 아동에 따라서 3세 이후에도 학교 가기 전까지 가족중심 조기중재 프로그램에 남아 있을 수 있다. 만약 아동이 전이가 필요할 때는 적어도 전이 시작 3개월 전에 전이계획이 이루어져야 한다. 전이 시 사례대표자는 부모에게 전이 프로그램이 어떻게 이루어지는지 다음과 같은 절차를 통해서 설명한다.

- 아동을 다른 서비스 기관에 맡길 것인지를 결정한다.
- 여러 다른 프로그램을 접해 보고 그중에서 가장 아동에게 적합한 프로그램을 선택한다.
- 전이를 위해 아동을 준비시킬 최적의 방법을 찾는다.
- 특수교육에 있어서 부모들의 권리를 상기시킨다.
- 가족에게 아동이 장차 배치될 곳에 대한 정보와 배치의 의미에 대해서 알게 한다.
- 새로운 배치에 대비해서 아동을 준비시킴으로써 아동으로 하여금 새로운 상황에 잘 적응하도록 한다.
- 부모의 동의하에 다른 교육기관에 아동에 대한 정보를 제공함으로써 아동에 대한 교육을 지속적으로 유지하게 한다.
- 아동이 3세가 되기 90일 전 부모의 동의하에 아동은 새로운 프로그램에 접할 기회를 갖는다.
- 필요한 추천서를 만든다.
- 새로운 프로그램에 들어가기 위해서 행해지는 아동에 대한 평가절차에 참여한다.

전이계획서

아동이름: 박순이　　　　서비스: 전이계획
책 임 자: 박○○　　　　날　짜:

결과진술(무엇이 성취될 것인가?): 순이는 3세가 되면 유치원을 가게 될 것이다.
활동과 전략(결과가 어떻게 성취될 것인가? 결과를 성취하기 위한 활동에 누가 포함될 것인가? 언제, 어디서 활동들이 일어날 것인가?)

- 유치원은 순이가 3세가 되기 전에 순이와의 만남을 주선해야 한다.

- 박 교사는 순이에게 적합한 프로그램과 교사를 찾아본다.
- 박 교사는 순이가 가게 될 유치원에 순이에 대해서 어떤 정보를 제공할지 결정한다.
- 최 교사는 순이의 언어기술이 계속적으로 향상할 수 있도록 부모들에게 계속적으로 프로그램을 제공한다.
- 순이를 지도했던 팀원들은 박 교사가 순이를 위한 적합한 프로그램을 찾을 수 있도록 돕는다.
- 순이를 지도했던 팀원들은 앞으로 순이를 지도하게 될 새로운 팀원들을 위하여 순이의 언어능력을 비디오로 찍는다.

개별화 가족서비스 계획

개별화 가족서비스 계획

Ⅰ. 신생아/영아 및 가족정보

이름　　성별　　생년월일　　나이
부모(보호자)　　주소
전화(집)　　전화(직장)
언어　　통역　　예　　아니요

Ⅱ. 서비스 대표자

이름 ______________　　소속기관 ______________
주소(보호자) ______________　　전화 ______________
예약일 ______________

Ⅲ. IFSP 팀 구성원

이름	기관	연락처	직책/역할

개별화 가족서비스 계획

Ⅳ. 점검일

작성일________ 중간(6개월) 점검________ 연말평가________

Ⅴ. 가족의 강점과 지원

Ⅵ. 가족의 관심과 우선순위

관심

우선순위

Ⅶ. 발달 및 능력의 현행수준

인지기술(사고력, 추리력, 학습)

의사소통기술(이해력, 다른 사람과의 의사소통, 의사 표현하기)

자조기술/적응기술(목욕, 식사, 옷입기, 용변)

개별화 가족서비스 계획

대근육 및 소근육 운동기술

사회–정서발달(감정, 협력하기, 다른 사람과 잘 지내기)

건강/신체적 발달(청력, 시력, 건강)

Ⅷ. 교수목표

1. 의사소통

전략/활동	서비스 제공자	시 작	종 료	교수 빈도	장 소	평 가

2. 자조기술

전략/활동	서비스 제공자	시 작	종 료	교수 빈도	장 소	평 가

2. 언어능력

전략/활동	서비스 제공자	시 작	종 료	교수 빈도	장 소	평 가

Ⅸ. 전이계획

Ⅹ. 가족 서명

______ 의 부모(들)인 ____________은 나(우리)의 아들/딸의 개별화 가족 서비스 계획이 개발에 참여할 기회를 가졌음을 확인한다. 또한 이 계획은 나(우리)의 자녀와 가족에 대한 나(우리)의 관심과 우선순위를 정확하게 반영하였음을 확인한다. 나(우리)는 이 계획이 실행되도록 동의한다.

예 ______ 아니요 ______

부모 서명(날짜) _______________

부모 서명(날짜) _______________

연습문제

1. 다음의 용어를 설명하시오.
- IEP
- FSP
- PL 94-142
- PL 99-457
- 현행수행능력
- 사례대표자
- 전이
- 전이계획서

2. IFSP를 작성해야 하는 이유에 대해서 논의하시오.

3. IFSP를 작성할 때 기술해 주어야 하는 내용을 언급하고 실제로 작성해 보시오.

4. IEP와 IFSP의 차이점을 설명하고, 이것이 특수교육에 주는 시사점은 무엇인지 설명하시오.

5. 전이의 중요성에 대해서 생각해 보고 효과적인 전이를 위해서 교사가 계획할 수 있는 사항에 대하여 논의하시오.

6. 장애아가정의 필요와 기능을 조사해 보고 이것에 근거해서 가족지원 프로그램을 작성해 보시오.

참고문헌

곡교어린이집(2000). 성공적인 통합을 위한 가정연계 프로그램.

권요한 외(1998). 장애학생 부모교육 프로그램. 국립특수교육원.

김나영(2003). 놀이의 치료적 요인. 제13회 한국아동심리재활학회 하계 놀이치료연수자료, 11-22.

김은성(2003). 통합된 장면에서의 연극놀이가 자폐아동의 의사소통 및 사회적 기술 향상에 미치는 효과. 정서장애분과 현장특수교육연구보고서.

김은주(1999). 가족중심 유아특수교육운영을 위한 특수교사의 역할과 임무. 특수교육연구, 제6집, 15-33.

김인숙, 우국희(2000). 사회적 관계망 개입의 유형과 장애요인 연구. 한국사회복지학, 43, 7-41.

김일수(2000). 장애유아 부모의 양육 스트레스와 적응에 관한 연구. 우석대학교 교육대학원 미간행 석사학위논문.

김정진, 최민숙(2003). 지역사회 중심의 장애 영유아 가족지원 실행을 위한 가족의 요구와 자원 실태분석: 천안-아산지역을 중심으로. 특수교육학연구, 38(2), 85-112.

박미리(2003). 연극 교육의 치료 효과에 관한 연구. 국어교육학연구, 18, 225-254.

보건복지부(2000). 2000 장애인 복지사업안내.

서경희(1998). 장애 영유아 어머니의 가족중심 서비스에 대한 요구. 특수교육학회지, 19(1), 125-140.

서미경(1999). 정신장애인 가족의 대처에 관한 연구. 한국사회복지학, 37, 217-239.

유안진, 김연진(2000). 부모교육. 동문사.

유향숙(2004). 또래중재 연극놀이가 뇌성마비 아동의 사회적 기능 향상에 미치는 효과. 대구대학교 석사학위논문.
유현경(2007). 미국 장애아동 가족지원에 대한 이론적 접근방법과 사례. 현장특수교육(7, 8월호), 20-23.
이귀연(2001). 샤머니즘을 바탕으로 한 수 제닝스의 연극치료모델 연구. 동국대학교 석사학위논문.
이미선, 김경진(2000). 장애영유아 가족지원 방안 연구. 국립특수교육원.
이삼연(1999). 장애아 모의 스트레스 대처전략과 적응에 관한 연구. 한국사회복지학, 38, 180-205.
이승희(1998). 비장애 형제에 대한 사회적 상호작용 전략중재가 형제간 사회적 상호작용에 미치는 영향. 이화여자대학교 미간행 석사학위논문.
이애현(1995). 발달장애아 가족의 요구와 특성에 대한 이론적 탐색. 특수교육학회지, 16(1), 147-170.
이재연, 김경희(1989). 부모교육. 양서원.
이한우, 강위영(1999). 발달장애아동과 일반아동 부모의 양육태도 및 스트레스 비교연구. 특수교육학회 추계학술연구발표.
임화경(2005). 장애아동을 둔 어머니를 위한 연극놀이교실. 문화예술교육 우수사례모델 개발연구 III, 167-212.
전혜인(1997). 장애아동의 비장애 형제를 위한 형제지원 프로그램이 비장애 형제의 장애 형제를 대하는 행동과 자아개념에 미치는 영향. 이화여자대학교 대학원 미간행 석사학위논문.
정청자(1988). 장애아 가정의 긴장과 적응에 관한 일 연구. 이화여자대학교 대학원 미간행 석사학위논문.
충청남도 천안교육청(2006). 2006 특수교육운영계획.
최민숙(2005). 연극놀이를 통한 장애아동 가족지원. 문화예술교육 우수사례모델 개발연구 III, 213-234.
한국장애인부모회(1999). 2000년 장애인 부모교육 자료집. 비매품.

Bailey, D., & Wolery, M. (1992). *Teaching Infants and Preschoolers with Disabilities.* Merrill.

Bodenbender, E. (1981). Zur psychosozialen Situation der Eltern geistig behinderter Kinder. *Geistige Behinderung, 1,* 5–15.

Bronfenbrenner, U. (1976). Is early intervention effective? Facts and principles of early intervention: A summary. In: Clark, A. M. & Clark, A. (Eds.), *Early experience: Myth and evidence.* New York, 245–305.

Dunst, C, J. (1985). Rethinking early Intervention. *Analysis and Intervemtion in Developmental Disabilities, 5,* 165–201.

Dunst, C. (1989). Family–centered assessment and intervention practices. *Family Systems Intervention Monograph, 1,* No. 1. Morganton, NC: Family, Infant and Preschool Program, Western Carolina Center.

Dunst, C., & Leet, H. (1987). Measuring the adequacy of resources in households with young children. *Child: Care, Health and development, 13,* 112–125.

Dunst, C., & Trivette, C. (1994). *Aims and principles of family support programs.* In: Dunst, C., Trivette, C., & Deal, A., supporting and strengthening families. Cambridge.

Dunst, C., Trivett, C., Boyd, K., & Brookfield, J. (1994). *Help–Giving practices and the Self–Efficady Appraisals of Parents.* In: Dunst, Trivette, & Deal (Eds.), *Supporting & Strengthening Family,* 212–221.

Dunst, C., Trivette, C., & Deal, A. (1988). *Enabling and empowering families and guidelines for practice.* Cambridge, MA: Brookline Books.

Dunst, C., Trivette, C., & Deal, A. (1994). *Supporting & Strengthening Families.* Cambridge, MA: Brookline Books.

Dunst, C., Trivette, C., & Mott, D. (1994). *Strengths-based Family-Centered Intervention Practices.* In: Dunst, Trivette, & Deal (Eds.), *Supporting & Strengthening Family,* 115-131.

Dunst, C., Trivette, C., & Thompson, R. (1991). Supporting and Strengthening Family Functioning: Toward a Congruence Between Principles and Practice. *Prevention in Human Services, 9*(1), 19-43.

Dunst, C., Vance, S., & Cooper, C. (1986). A Social systems perspective of adolescent pregnancy: Determinants of parent and parent-child behavior. *Infant Mental Health Journal, 7,* 34-48.

Featherstone, H. (1986). *Difference in the family life with a disabled child.* New York.

Hill, R. (1958). Social Stress on the Family. *Social casework, 39,* 139-150.

Kniel, H. (1988). Bedingungsfaktoren emotionaler Belastungen von Muettern behinderter Kinder im Vorschul-alter. *Behindertenpaedagogik, 27,* 28-32.

McCubbin, H., & Patterson, J. (1983). Family transitions: Adaptation to Stress. In: McCubbin & Figley (Eds.), *Stress and the family, 1,* 5-25, 131-140.

Murray, J. (1990). Best practices in working with parents of handicapped children. In: Thomas, A., Grimes, J. (Eds.), *Best practices in school psychology, II,* 823-836, Washington, DC.

Wessbourd, B. (1987). A brief history of family support programs. In: S. L. Kagan, D. R. Powell, B. Weissbourd, & E. Zigler (Eds.), *America's family support programs* (pp. 245-268). Yale University Press.

Woods, C. & Graffeo, J. (1995). *A Family's Guide to the Individualized Family Service Plan.* Brooks.

부록

1. 시도별 복지관에서 실시하는 가족지원 내용
2. 장애인복지법
3. 장애인복지시책

1. 시도별 복지관에서 실시하는 가족지원 내용

1) 서울특별시

가족지원형태	내 용	대 상	실 시	횟 수
교육 및 치료	조기교육 (자모참여수업)	만 3세~학령전기 (최)중도 장애아동과 자모	주 3회	강북장애인종합복지관
	통합교육	통합교육을 받고 있거나 통합교육이 필요한 장애아동과 가족	월 1회 및 수시 관리	
	모 · 아 상호작용 증진 프로그램-아동중심 상호작용 놀이활동	상호작용에 어려움이 있는 모 · 아(만 13세 미만)	주 2회	
	구강관리교육	장애아동 및 보호자	7~8월	방이복지관
	건강교육		연 2회	
	개별교육 I (신변자립 및 기초학습)	20~48개월 정신지체 · 발달장애 유아 및 부모	주 1~2회	사랑의 복지관
	토요교실 (가족중심의 그룹활동, 지역사회중심의 취미와 여가활동, 아동중심의 체육활동)	정신지체 · 발달장애 초 · 중학생 10명과 가족	주 1회	

	영아 교육치료 (장애의 이해, 영아 잠재력 개발)	만 3세 이하의 발달지체 영유아와 부모	주 2회	원광장애인종합복지관
	영유아 교실	출생~40개월 발달장애 영·유아와 자모	주 1회	서울시남부장애인종합복지관
	성교육	장애인과 보호자	연 1회	강북장애인종합복지관
부모교육	대집단 부모교육 (재활정보 제공, 욕구 파악)	장애아동의 부모	연 2회	강북장애인종합복지관
	우편부모교육(재활정보 제공)	재활서비스 대기자 보호자	월 1회	
	부모 아카데미, 장애아 아버지 지원, 가족 댄스파티 (부모-자녀관계 개선, 스트레스 관리에 대한 교육)	장애아동의 부모	연중	
	부모욕구를 반영한 주제교육	장애아동의 부모	연 2회	다운복지관
	진학지도	유치원~고등학교 특수학교 진학예정자 부모	연 2회	서대문장애인종합복지관
	재활정보	장애아동의 부모		
	자녀발달과 양육에 필요한 지식 및 방법과 다양한 정보 제공	장애아동의 부모		서부장애인종합복지관
			연 4회	서울시남부장애인종합복지관
	집단사회사업 방법과 교육 및 실습, 자기탐색, 스트레스 관리, 영화상영, 실제적인 정보 및 활용을 중심으로 교육	장애아동의 부모	주 1회	서울장애인종합복지관

<table>
<tr><td rowspan="7">부모교육</td><td>장애자녀 양육 및 재활관련 전문지식, 정보제공</td><td rowspan="7">장애아동의 부모</td><td>연 4회</td><td rowspan="3">성동장애인복지관</td></tr>
<tr><td>각 전문분야별 부모대상의 가정 내 지도 및 심화교육</td><td>연 1~2회</td></tr>
<tr><td>아빠사랑 만들기
(친목도모 및 재활관련 부모교육)</td><td>월 1회</td></tr>
<tr><td>재활관련 내용 교육</td><td>연중</td><td>서울시립정신지체인복지관</td></tr>
<tr><td>장애인복지정책, 재활정보, 교양강좌</td><td rowspan="2">연 2회
상 · 하
반기</td><td rowspan="2">에덴장애인종합복지관</td></tr>
<tr><td>가정지도 방법 및 진학지도, 장애치료 및 교육정보 제공</td></tr>
<tr><td>부모교육</td><td>연 1회</td><td>충현복지관</td></tr>
<tr><td rowspan="6">상담 및 심리</td><td>부모동료상담</td><td>장애아동의 부모</td><td>주 1회</td><td>기쁜우리복지관</td></tr>
<tr><td>MBTI, MMPI, 지능검사, 자아수용, 자아인식, 진로적성, 인성검사, 사회성검사 등</td><td>장애인과 부모</td><td>연중</td><td>방이복지관</td></tr>
<tr><td>부모상담</td><td rowspan="4">장애인의 부모</td><td>연 2회</td><td>서대문장애인종합복지관,
마포장애인종합복지관</td></tr>
<tr><td>집단상담(미술치료)</td><td rowspan="2"></td><td rowspan="2">서울시남부장애인종합 복지관</td></tr>
<tr><td>전화상담, 사이버 상담</td></tr>
<tr><td>가족역량 강화(집단상담)</td><td>주 1회</td><td>서울시립북부장애인종합복지관</td></tr>
</table>

<table>
<tr><td rowspan="6">상담 및 심리</td><td>개별 상담 및 가족치료</td><td>장애인과 부모</td><td>주중</td><td>서울장애인 종합복지관</td></tr>
<tr><td>성동피리-성격검사, 집단상담</td><td>장애아동의 모</td><td rowspan="2">예약제</td><td rowspan="3">성동장애인 복지관</td></tr>
<tr><td>성격검사</td><td>장애인의 가족</td></tr>
<tr><td>부모상담</td><td rowspan="2">장애인의 부모</td><td>연중</td></tr>
<tr><td>부모상담, 학습상담</td><td></td><td>송파인성 장애인 복지관</td></tr>
<tr><td>집단미술치료</td><td>장애인의 가족</td><td>연중</td><td>에덴장애인 종합복지관</td></tr>
<tr><td rowspan="9">스포츠 및 여가</td><td>모자수영 '파란나라'</td><td>미취학장애아동 및 자모</td><td>주 2회</td><td rowspan="4">강북장애인 종합복지관</td></tr>
<tr><td>특수체육교실 '달려라K'</td><td>초등학생 장애아동 자모</td><td>주 1회</td></tr>
<tr><td>등산동호회 '더불어 행복하게'</td><td>장애아동 및 청소년과 가족</td><td>월 1회</td></tr>
<tr><td>가족여행 '아빠 닮았네'</td><td>장애아동과 가족</td><td>연 1회</td></tr>
<tr><td>모자수영</td><td>초등 1~3학년 장애아동과 모</td><td>주 2회</td><td>기쁜우리 복지관</td></tr>
<tr><td>가족주말농장
(원예작물 재배)</td><td>장애가정</td><td>주말</td><td>늘푸른나무 복지관</td></tr>
<tr><td>건전한 여가활동 및 위안잔치, 공연관람 및 야외 나들이</td><td></td><td>봄, 가을</td><td>마포장애인 종합복지관</td></tr>
<tr><td>모자수영</td><td>만 2~6세 정신지체 · 발달장애아동과 어머니</td><td>주 2회</td><td rowspan="2">사랑의 복지관</td></tr>
<tr><td>수영, 체조, 체력단련 등의 체육활동과 음악회, 운동경기 관람, 영화 · 연극 관람 등의 문화체험</td><td>재가장애인 및 보호자</td><td>정기적</td></tr>
</table>

<table>
<tr><td rowspan="10">스포츠 및 여가</td><td>가족나들이</td><td></td><td></td><td>서부장애인 종합복지관</td></tr>
<tr><td>학부모 자전거 인라인교실</td><td>장애인 부모</td><td>주 1회</td><td rowspan="5">서울시남부 장애인종합 복지관</td></tr>
<tr><td>발마사지</td><td>이용자 부모</td><td>주 1회</td></tr>
<tr><td>야외나들이 및 여행</td><td rowspan="2">재가장애인 및 가족</td><td>연 4회</td></tr>
<tr><td>문화여가 지원</td><td>연 4회</td></tr>
<tr><td>방문/관내 이 · 미용실 운영</td><td></td><td>방문 월 1회, 관내 주 1회</td></tr>
<tr><td>주말농장(행복가족농장)</td><td>경증지체장애인 가족, 장애인</td><td></td><td>송파인성장애인복지관</td></tr>
<tr><td>주말농장 참여</td><td>장애인 가족</td><td>연중</td><td>에덴장애인 종합복지관</td></tr>
<tr><td>어머니문화증진 프로그램</td><td></td><td></td><td rowspan="2">충현복지관</td></tr>
<tr><td>가족체육대회</td><td>조기교육 및 방과후 교실 아동 및 가족</td><td>10월</td></tr>
<tr><td rowspan="4">형제 자매 지원</td><td>야외활동, 레크리에이션, 집단상담, 캠프 등 외부활동을 통한 가족의 기능 강화</td><td>초등학교 이상 장애 · 비장애 형제</td><td>연 1회</td><td>강북장애인 종합복지관</td></tr>
<tr><td>형제놀이</td><td>만 3~6세의 장애아동과 비장애 형제</td><td>주 1회</td><td>기쁜우리 복지관</td></tr>
<tr><td>스트레스를 동질집단 내에서 상호작용과 집단활동을 통해 경감, 부모에게만 의존했던 장애아동이 형제자매와 활동을 하면서 유대감을 높임</td><td rowspan="2">장애아동과 비장애 형제자매</td><td>여름 방학 중</td><td>서부장애인 종합복지관</td></tr>
<tr><td>집단활동을 중심으로 형제의 역할과 부담, 캠프, 가족기능 강화 프로그램, 장애체험, 영역별 · 장애유형별 정보 제공</td><td></td><td>서울장애인 종합복지관</td></tr>
</table>

형제자매 지원	한마음캠프	장애아동과 비장애 형제자매	연 1회	성동장애인 복지관
	형제음악캠프			서울시립 정신지체인 복지관
	형제지원 단기 교육			성모자애 복지관
	형제아동 통합 프로그램		9월	충현복지관, 서대문 장애인 종합복지관
	형제자매캠프			양천장애인 종합복지관
가족캠프	야외활동을 통한 가족결속력 강화 및 가족간 정보교류 확대	장애아동과 가족	연 2회	기쁜우리 복지관
	서초장애인 가족캠프	장애인과 가족	연 1회	사랑의 복지관
	가족기능강화캠프	청각장애아동을 둔 가족		삼성소리샘 복지관
	상호이해 증진, 스트레스해소, 문화여가 기회 제공 목적	장애인과 가족		서부장애인 종합복지관, 원광장애인 종합복지관
	가족물놀이, 가족관계증진 프로그램	조기교육 및 방과후 교실 아동 및 가족	9월	충현복지관
	이상의 가족을 위한 프로그램	장애아동과 가족	연 1회	하상장애인 종합복지관
정보화 사업	컴퓨터 교실	장애인 및 가족	주 2~5회	기쁜우리복지관, 방이복지관, 정립회관, 하상장애인종합복지관
기 타	명절송편잔치 (떡국이나 송편 및 과일 등을 가정마다 제공)	복지관서비스를 이용하는 재가장애인 및 가족	연 2회	마포장애인 종합복지관

	반찬조리 및 배달, 방문이 · 미용, 정서 · 교육 · 외출 · 민원서비스 지원, 사랑의 쌀 나누기, 가사지원			사랑의 복지관, 서울장애인 종합복지관
기 타	부모회	장애아동의 부모		서대문장애인복지관, 서부장애인 종합복지관, 성동장애인 복지관
	장애인의 자립생활 실천에 필요한 기본이념 및 실천방안 등을 가족과 지역사회에 이해시킴		연 3회	국립재활원

2) 부산광역시

가족 지원 형태	내용	대상	실시 횟수	실시기관명
교육 및 치료	소아물리치료 '일어서는 아이들'	2세 이하의 운동발달장애 가진 염색체이상 아동 및 보호자		부산광역시장애인 종합 복지관
	열린우리교실 (장애에 대한 이해와 관리 지도)	복지관 대기자 부모 및 장애아동	연중	
	희망을 여는 교실 (다영역 접근을 통한 인지, 대 · 소근육에 대한 복합적인 서비스제)	만 24개월 미만의 발달지체 및 발달장애영아 및 부모		

<table>
<tr><td>교육 및 치료</td><td>한글교실</td><td>등록 장애인 및 가족</td><td>매주 2회</td><td>부산사상구장애인 복지관</td></tr>
<tr><td rowspan="2">부모 교육</td><td>부모교육</td><td></td><td></td><td>부산사하구장애인 종합복지관</td></tr>
<tr><td>소그룹 부모교육, 열린문 부모대학</td><td></td><td></td><td rowspan="2">부산광역시장애인 종합복지관</td></tr>
<tr><td>상담 및 심리</td><td>집단상담, 통합예술치료</td><td>장애아동 보호자</td><td></td></tr>
<tr><td rowspan="4">스포츠 및 여가</td><td>이 · 미용 서비스</td><td rowspan="4">장애인 및 장애인 가족</td><td>월 2회</td><td rowspan="2"></td></tr>
<tr><td>취미교실</td><td>연중</td></tr>
<tr><td>가족 등반대회</td><td></td><td>부산뇌병변복지관</td></tr>
<tr><td>목요시네마(영화상영)</td><td>주 1회</td><td>부산사하구장애인 종합복지관</td></tr>
<tr><td rowspan="3">형제 자매 지원</td><td>집단심리치료</td><td>심리치료 이용아동과 비장애 형제</td><td>주 1회</td><td rowspan="2">부산광역시장애인 종합 복지관</td></tr>
<tr><td>형제캠프</td><td>장애형제를 둔 초등학생</td><td>7월 중 1박 2일</td></tr>
<tr><td>놀이 프로그램 '친구야, 놀자'</td><td>장애아동과 비장애형제 자매</td><td></td><td>부산뇌병변복지관</td></tr>
</table>

3) 경기도

가족지원형태	내 용	대 상	실시횟수	실시기관명
교육 및 치료	대기자 언어치료	언어치료 대기자 장애인과 보호자	주 1회	경기도장애인종합복지관
	현장재활학습	의료재활팀 수혜자 및 가족	연 1회	군포시장애인종합복지관
	현장학습	의료재활팀 이용자 및 가족	연 1회	부천시장애인종합복지관
	성교육 (장애인과 장애가족의 건전한 성문화를 위한 전문적인 성상담 제공)	장애인과 가족		성남시장애인종합복지관
부모교육	아동발달에 대한 이해와 전이교육, 주제별 부모교육 실시	장애아동의 부모	연 2~3회	경기도장애인종합복지관, 고양시장애인복지관, 성남시장애인종합복지관, 안양수리장애인종합복지관, 안양시관악장애인종합복지관, 에바다장애인종합복지관, 용인시서북부장애인종합복지관, 용인시장애인종합복지관, 의정부시장애인종합복지관, 안산시장애인종합복지관

부모 교육	언어치료관련 부모교육	장애아동의 부모	연 1회	광명장애인종합복지관
	소집단부모교실 (각 영역별 교육방법 지도)	만 3세 이하의 장애아동 부모		구리시장애인복지관
	집단부모교육 (재활정보 제공)	복지관 이용자 및 가족	연 1회	부천시장애인종합복지관
	진학정보간담회	초 · 중 · 고 진학을 앞둔 장애인의 부모	연중	안양시관악장애인종합복지관
	재활기관 견학	장애아동의 부모		고양시장애인복지관
상담 및 심리	부모상담 (부모의 미숙한 양육태도, 아동의 문제행동에 대한 대처법, 아동의 발달단계를 고려한 양육을 할 수 있게 상담)	장애아동의 부모		경기도장애인종합복지관, 부천시장애인종합복지관, 시흥장애인종합복지관, 안산시장애인종합복지관, 안양수리장애인종합복지관, 안양시관악장애인종합복지관, 에바다장애인종합복지관, 파주시장애인종합복지관
	심리진단 (인지능력검사와 성격검사)	장애인 및 가족		구리시장애인복지관
	장애부모동료상담	장애아동의 부모		용인시장애인종합복지관, 의정부시장애인종합복지관
	미술치료(소그룹치료)		주 1회	시흥장애인종합복지관
	집단부모상담(한울자리)			안산시장애인종합복지관

<table>
<tr><td rowspan="12">스포츠 및 여가</td><td>체육교실(요가와 생활체육)</td><td></td><td>주 3회</td><td>광명장애인 종합복지관</td></tr>
<tr><td>요가로 여는 세상</td><td>장애인과 가족</td><td></td><td>성남시장애인 종합복지관</td></tr>
<tr><td>다양한 여가활동을 통해 장애자녀를 둔 어머니의 자녀 양육으로 인한 스트레스를 유의미한 수준으로 경감시키기 위해 집단활동을 실시</td><td>복지관 이용자의 어머니</td><td>2월, 5월, 10월</td><td>안양수리장애인 종합복지관</td></tr>
<tr><td>문화지원사업</td><td>장애인 및 가족</td><td>월 2회</td><td rowspan="2">안양시관악 장애인종합 복지관</td></tr>
<tr><td>어머니수영교실</td><td>지역주민 및 보호자</td><td>주 2회</td></tr>
<tr><td>에바다영화마을, 체력단련실, 아쿠아수중재활 프로그램</td><td>이용자, 보호자 및 지역주민</td><td></td><td>에바다장애인 종합복지관</td></tr>
<tr><td>장애부모문화교실
(I서예교실,수지침,풍선아트 등)</td><td>장애아동의 부모</td><td>연중</td><td>용인시서북부장애인종합복지관, 의정부시장애인종합복지관</td></tr>
<tr><td>모자수영 ‘엄마랑 물이랑’</td><td>장애아동과 모</td><td>주 2회</td><td rowspan="2">의정부시장애인 종합복지관</td></tr>
<tr><td>아빠와 함께하는 기차여행</td><td>장애아동과 부</td><td>연 1회</td></tr>
<tr><td>집단활동
(요리 만들기, 견학, 풍물 등)</td><td rowspan="3">장애아동과 가족</td><td></td><td>파주시장애인 종합복지관</td></tr>
<tr><td>가족여행</td><td>연 1회</td><td>용인시서북부 장애인 종합복지관</td></tr>
<tr><td>여가 활용(등반활동, 눈썰매)</td><td></td><td>파주시장애인 종합복지관</td></tr>
<tr><td>형제자매 지원</td><td>우리 사이 Best!!
(가족문제상담, 심리적 갈등해소, 가족기능 강화)</td><td>장애아동과 비장애형제·자매</td><td></td><td>고양시장애인 복지관</td></tr>
</table>

형제자매 지원	그룹음악치료 '신나는 난타 Cook'	장애아동과 비장애 형제 · 자매	총 12회	부천시장애인종합복지관
	집단상담 프로그램 '내마음의 보석상자'			
	형제아 놀이치료, 집단활동, 캠프			안산시장애인종합복지관
	자람교실 (자기표현훈련, 장애인식 및 이해, 장애형제와 가족관계 개선)		방학 중 8회	안양시관악장애인종합복지관
	장애형제캠프		방학 중 4일	파주시장애인종합복지관
가족 캠프	가족캠프	장애아동과 가족	연 1회	부천시장애인종합복지관, 안양시관악장애인종합복지관, 파주시장애인종합복지관
정보화 사업	컴퓨터 교실	교육이 가능한 장애인과 가족		고양시장애인복지관, 구리시장애인복지관, 성남시장애인종합복지관, 안양수리장애인종합복지관
기 타	부모회 (이용자 부모 간의 만남)	장애아동의 부모		부천시장애인종합복지관, 성남시장애인종합복지관, 안산시장애인종합복지관, 안양시관악장애인종합복지관, 용인시장애인종합복지관, 의정부시장애인종합복지관
	무료진료	인근지역 거주 장애인 및 가족	월 2회	성남시장애인종합복지관

기 타	통증치료	통증치료를 필요로 하는 장애인 가족 및 장애인	주 1회	
			주 2회	용인시서북부장애인종합복지관

4) 대구광역시

가족지원형태	내 용	대 상	실시 횟수	실시기관명
부모교육	장애부모로서의 역할에 대한 교육기회를 제공하고 상호 간의 친목도모를 통해 적극적 관심과 참여를 유도	이용자 및 대기자 부모	연중	대구광역시달구벌종합복지관, 대구장애인종합복지관, 상록뇌성마비복지관
상담 및 심리	장애아동 어머니를 위한 집단상담 (구조화된 상담기법을 적용 MBTI 성격유형검사 및분석, 성격유형과 부부관계, 자녀양육, 진로탐색, 학습스타일, 가족에게 쓰는 편지, 평가회 등을 실시)	장애아동의 모		대구광역시달구벌종합복지관
스포츠 및 여가	야외나들이	재가장애인 가족	연 2회	대구장애인종합복지관
형제자매지원	집단상담, 통합놀이, 야외활동을 실시	장애아동과 비장애 형제·자매	연 4회	대구광역시달구벌종합복지관
	장애형제 어울캠프		하계 방학중	대구장애인종합복지관
가족캠프	생활훈련캠프	조기교육실 이용 아동 및 가족	연 2회	대구장애인종합복지관
	가족 간의 역할기능 강화 및 친목도모		연 1회	상록뇌성마비복지관

5) 인천광역시

<table>
<tr><th>가족지원형태</th><th>내용</th><th>대상</th><th>실시횟수</th><th>실시기관명</th></tr>
<tr><td>교육 및 치료</td><td>성교육</td><td>장애자녀의 부모</td><td></td><td>인천광역시장애인종합복지관</td></tr>
<tr><td>부모 교육</td><td>장애체험 및 교육, 부모역할교육, 자녀교육 지원</td><td>장애아동의 부모</td><td></td><td>남동장애인종합복지관, 부평장애인종합복지관</td></tr>
<tr><td>상담 및 심리</td><td>개인 및 집단상담, 집단심리치료, 장애아동 부모의 동료상담</td><td>장애아동의 부모</td><td></td><td>남동장애인종합복지관, 부평장애인종합복지관</td></tr>
<tr><td rowspan="3">스포츠 및 여가</td><td>건전한 여가생활을 통한 삶의 여유 회복 (문화생활, 스포츠 관람)</td><td>장애인 및 가족</td><td>월 1회</td><td rowspan="2">인천광역시장애인종합복지관</td></tr>
<tr><td>이, 미용 지원(개인위생 청결)</td><td>지역장애인 및 가족</td><td>월 2회</td></tr>
<tr><td>래프팅체험</td><td>장애아동과 모</td><td>7월</td><td>노틀담복지관</td></tr>
<tr><td rowspan="2">형제자매 지원</td><td>마음이 크는 교실(상담 및 집단미술치료)</td><td rowspan="2">장애아동과 비장애 형제자매</td><td>주 1회</td><td>남동장애인종합복지관</td></tr>
<tr><td>부모 · 형제 프로그램</td><td>9월</td><td rowspan="2">노틀담복지관</td></tr>
<tr><td rowspan="2">가족 캠프</td><td>재활캠프(아빠와 함께 캠프)</td><td rowspan="2">장애아동과 가족</td><td></td></tr>
<tr><td>가족캠프</td><td>3~11월</td><td>남동장애인종합복지관</td></tr>
<tr><td>정보화 교실</td><td>언어연령 수준이 비슷한 아동을 그룹지어 치료실에서의 치료와 현장학습으로 상호작용의 기회를 제공</td><td>장애인 및 장애인 가족</td><td></td><td>부평장애인종합복지관</td></tr>
</table>

6) 광주광역시

가족지원형태	내용	대상	실시횟수	실시기관명
교육 및 치료	건강관리교육	장애인과 보호자	연 2회	광주광역시장애인복지관
	성교육	장애학생과 부모	연 2회	
부모교육	부모교육			광산구장애인복지관, 광주광역시장애인복지관, 엠마우스복지관
스포츠 및 여가	요가, 댄스스포츠, 노래교실, 풍물, 비디오상영, 영화 관람, 수화교실, 수지침시술, 야외음악회, 한가위노래자랑, 낚시대회, 도서대여	장애인 및 보호자	연중	광주광역시장애인복지관
	가족운동회	장애아동과 가족	연 1회	
형제자매지원	형제관계강화 프로그램	장애아동과 비장애형제·자매	월 1회	광산구장애인복지관
가족캠프	가족캠프	장애인과 가족		엠마우스복지관
정보화사업	컴퓨터 교육	장애인과 가족		광산구장애인복지관
기 타	장애인 가정 내 부모-자녀 관계, 부부간의 관계 속에서 발생할 수 있는 갈등들을 가족 내에서 해결해 나감으로써 구성원 간의 관계 형성을 도와 가족 내 화합을 도모		4월, 9월	광주광역지장애인복지관

7) 대전, 울산광역시

가족 지원 형태	내용	대상	실시 횟수	실시기관명
교육 및 치료	장애인 가정방문 일대일 학습지도	장애인자녀 및 장애아동		밀알복지관
	엄마와 함께하는 유아체육		주 2회	울산광역시장애인종합복지관
부모 교육	부모교육, 장애관련 정보공유, 부부세미나	장애인부모	연 2회	밀알복지관, 유성구장애인복지관, 울산광역시장애인종합복지관
스포츠 및 여가	이용자부모 취미교실			대전시립장애인종합복지관
	문화교실(와이어공예, 풍선아트,비즈공예, 댄스스포츠,수지침강습)	장애인,장애부모 및 지역주민	주 1회	울산광역시장애인종합복지관
	이 · 미용	장애인,장애부모 및 지역주민		
형제 자매 지원	형제집단상담			대전시립장애인종합복지관
가족 캠프	재활캠프		5월	울산광역시장애인종합복지관
정보화 사업	컴퓨터 교실		주 3회	유성구장애인복지관
기 타	장애가족 단체행사 진행, 부모회 운영, 간담회	장애인 부모		밀알복지관
	가족놀이	장애아동 및 가족	월 1회	울산광역시장애인종합복지관

8) 강원도

가족 지원 형태	내용	대상	실시 횟수	실시기관명
부모 교육	대상자의 장애에 대한 기본지식을 습득시켜 가정연계 교육으로 치료효과 극대화		연 2회	강릉시장애인종합복지관, 원주시장애인종합복지관, 춘천시장애인 종합복지관
스포츠 및 여가	비즈교실, 풍물교실, 음악교실	장애인 및 가족	주 2~3회	원주시장애인 종합복지관
	연합소풍, 장애가족 나들이	복지관 이용자와 가족	5월, 10월	춘천시장애인 종합복지관
정보화 교실	컴퓨터 교육			춘천시장애인종합복지관, 태백장애인복지관
기 타	야외활동 (새로운 환경에 대한 적응력을 높이고 기초체력의 증진과 자립능력을 향상)	물리치료실 이용자 및 보호자	연 2회	강릉시장애인 종합복지관
	교육특별활동 (다양한 사회적 환경의 경험을 통하여 새로운 환경에서의 적응력, 습득한 기술의 일반화된 사용, 사회적 관계 형성 촉진 도모-현장학습, 어린이날, 입학식, 봄, 가을 소풍, 산타잔치, 생일잔치, 캠프 등)	특수교육이용 대상자 및 가족		강릉시장애인 종합복지관

법률 제5931호 전면개정 1999. 02. 08.
법률 제6400호(정부조직법) 일부개정 2001. 01. 29.
법률 제6460호(담배사업법) 일부개정 2001. 04. 07.
법률 제6985호 일부개정 2003. 09. 29.
법률 제7184호 일부개정 2004. 03. 05.
법률 제7630호(국민체육진흥법) 일부개정 2005. 07. 29.
법률 제8367호 전면개정 2007. 04. 11.

제1장 총칙

제1조(목적)

이 법은 장애인의 인간다운 삶과 권리보장을 위한 국가와 지방자치단체 등의 책임을 명백히 하고, 장애발생 예방과 장애인의 의료·교육·직업재활·생활환경개선 등에 관한 사업을 정하여 장애인복지대책을 종합적으로 추진하며 장애인의 자립생활·보호 및 수당지급 등에 관하여 필요한 사항을 정하여 장애인의 생활안정에 기여하는 등 장애인의 복지와 사회활동 참여증진을 통하여 사회통합에 이바지함을 목적으로 한다.

[시행일 2007.10.12]

제2조 (장애인의 정의 등)

① '장애인' 이란 신체적·정신적 장애로 오랫동안 일상생활이나 사회생활에서 상당한 제약을 받는 자를 말한다.

② 이 법을 적용받는 장애인은 제1항에 따른 장애인 중 다음 각 호의 어느 하나에 해당하는 장애가 있는 자로서 대통령령으로 정

하는 장애의 종류 및 기준에 해당하는 자를 말한다.

1. '신체적 장애' 란 주요 외부 신체 기능의 장애, 내부기관의 장애 등을 말한다.
2. '정신적 장애' 란 발달장애 또는 정신 질환으로 발생하는 장애를 말한다.

[시행일 2007.10.12]

제3조 (기본이념)

장애인복지의 기본이념은 장애인의 완전한 사회 참여와 평등을 통하여 사회통합을 이루는 데에 있다.

[시행일 2007.10.12]

제4조 (장애인의 권리)

① 장애인은 인간으로서 존엄과 가치를 존중받으며, 그에 걸맞은 대우를 받는다.

② 장애인은 국가 · 사회의 구성원으로서 정치 · 경제 · 사회 · 문화, 그 밖의 모든 분야의 활동에 참여할 권리를 가진다.

③ 장애인은 장애인 관련 정책결정과정에 우선적으로 참여할 권리가 있다.

[시행일 2007.10.12]

제5조 (장애인 및 보호자 등에 대한 의견수렴과 참여)

국가 및 지방자치단체는 장애인 정책의 결정과 그 실시에 있어서 장애인 및 장애인의 부모, 배우자, 그 밖에 장애인을 보호하는 자의 의견을 수렴하여야 한다. 이 경우 당사자의 의견수렴을 위한 참여를 보장하여야 한다.

[시행일 2007.10.12]

제6조 (중증장애인의 보호)

국가와 지방자치단체는 장애 정도가 심하여 자립하기가 매우 곤란한 장애인(이하 '중증장애인' 이라 한다)이 필요한 보호 등을 평생 받을 수 있도록 알맞은 정책을 강구하여야 한다.

[시행일 2007.10.12]

제7조 (여성장애인의 권익보호 등)

국가와 지방자치단체는 여성장애인의 권익을 보호하고 사회참여를 확대하기 위하여 기초학습과 직업교육 등 필요한 시책을 강구하여야 한다.

[시행일 2007.10.12]

제8조 (차별금지 등)

① 누구든지 장애를 이유로 정치 · 경제 · 사회 · 문화생활의 모든 영역에서 차별을 받지 아니하고, 누구든지 장애를 이유로 정치 · 경제 · 사회 · 문화생활의 모든 영역에서 장애인을 차별하여서는 아니 된다.

② 누구든지 장애인을 비하 · 모욕하거나 장애인을 이용하여 부당한 영리행위를 하여서는 아니 되며, 장애인의 장애를 이해하기 위하여 노력하여야 한다.

[시행일 2007.10.12]

제9조 (국가와 지방자치단체의 책임)

① 국가와 지방자치단체는 장애 발생을 예방하고, 장애의 조기 발견에 대한 국민의 관심을 높이며, 장애인의 자립을 지원하고, 보호가 필요한 장애인을 보호하여 장애인의 복지를 향상시킬 책임을 진다.

② 국가와 지방자치단체는 여성 장애인의 권익을 보호하기 위하여

정책을 강구하여야 한다.

③ 국가와 지방자치단체는 장애인복지정책을 장애인과 그 보호자에게 적극적으로 홍보하여야 하며, 국민이 장애인을 올바르게 이해하도록 하는 데에 필요한 정책을 강구하여야 한다.

[시행일 2007.10.12]

제10조 (국민의 책임)

모든 국민은 장애 발생의 예방과 장애의 조기 발견을 위하여 노력하여야 하며, 장애인의 인격을 존중하고 사회통합의 이념에 기초하여 장애인의 복지향상에 협력하여야 한다.

[시행일 2007.10.12]

제11조 (장애인정책조정위원회)

① 장애인 종합정책을 수립하고 관계부처 간의 의견을 조정하며 그 정책의 이행을 감독 · 평가하기 위하여 국무총리 소속하에 장애인정책조정위원회(이하 '위원회'라 한다)를 둔다.

② 위원회는 다음 각 호의 사항을 심의 · 조정한다.

1. 장애인복지정책의 기본방향에 관한 사항
2. 장애인복지 향상을 위한 제도개선과 예산지원에 관한 사항
3. 중요한 특수교육정책의 조정에 관한 사항
4. 장애인 고용촉진정책의 중요한 조정에 관한 사항
5. 장애인 이동보장 정책조정에 관한 사항
6. 장애인정책 추진과 관련한 재원조달에 관한 사항
7. 장애인복지에 관한 관련 부처의 협조에 관한 사항
8. 그 밖에 장애인복지와 관련하여 대통령령으로 정하는 사항

③ 위원회는 필요하다고 인정되면 관계 행정기관에 그 직원의 출석 · 설명과 자료 제출을 요구할 수 있다.

④ 위원회는 제2항의 사항을 미리 검토하고 관계 기관 사이의 협조

사항을 정리하기 위하여 위원회에 장애인정책조정실무위원회(이하 '실무위원회'라 한다)를 둔다.

⑤ 위원회와 실무위원회의 구성 · 운영에 관하여 필요한 사항은 대통령령으로 정한다.

[시행일 2007.10.12]

제12조 (장애인정책책임관의 지정 등)

① 중앙행정기관의 장은 해당 기관의 장애인정책을 효율적으로 수립 · 시행하기 위하여 소속공무원 중에서 장애인정책책임관을 지정할 수 있다.

② 제1항에 따른 장애인정책책임관의 지정 및 임무 등에 관하여 필요한 사항은 대통령령으로 정한다.

[시행일 2007.10.12]

제13조 (지방장애인복지위원회)

① 장애인복지 관련 사업의 기획 · 조사 · 실시 등을 하는 데에 필요한 사항을 심의하기 위하여 지방자치단체에 지방장애인복지위원회를 둔다.

② 제1항의 지방장애인복지위원회를 조직 · 운영하는 데에 필요한 사항은 대통령령으로 정하는 기준에 따라 지방자치단체의 조례로 정한다.

[시행일 2007.10.12]

제14조 (장애인의 날)

① 장애인에 대한 국민의 이해를 깊게 하고 장애인의 재활의욕을 높이기 위하여 매년 4월 20일을 장애인의 날로 하며, 장애인의 날부터 1주간을 장애인 주간으로 한다.

② 국가와 지방자치단체는 장애인의 날의 취지에 맞는 행사 등 사업을

하도록 노력하여야 한다.
[시행일 2007.10.12]

제15조 (다른 법률과의 관계)

제2조에 따른 장애인 중 「정신보건법」 과 「국가유공자 등 예우 및 지원에 관한 법률」 등 대통령령으로 정하는 다른 법률을 적용 받는 장애인에 대하여는 대통령령으로 정하는 바에 따라 이 법의 적용을 제한할 수 있다.
[시행일 2007.10.12]

제16조 (법제와 관련된 조치 등)

국가와 지방자치단체는 이 법의 목적을 달성하기 위하여 필요한 법제(法制) · 제정과 관련된 조치를 강구하여야 한다.
[시행일 2007.10.12]

제2장 기본정책의 강구

제17조 (장애발생 예방)

① 국가와 지방자치단체는 장애의 발생 원인과 예방에 관한 조사 연구를 촉진하여야 하며, 모자보건사업의 강화, 장애의 원인이 되는 질병의 조기 발견과 조기 치료, 그 밖에 필요한 정책을 강구하여야 한다.

② 국가와 지방자치단체는 교통사고 · 산업재해 · 약물중독 및 환경오염 등에 의한 장애발생을 예방하기 위하여 필요한 조치를 강구하여야 한다.

[시행일 2007.10.12]

제18조 (의료와 재활치료) 국가와 지방자치단체는 장애인이 생활기능을 익히거나 되찾을 수 있도록 필요한 기능치료와 심리치료 등 재활의료를 제공하고 장애인의 장애를 보완할 수 있는 장애인보조기구를 제공하는 등 필요한 정책을 강구하여야 한다.

[시행일 2007.10.12]

제19조 (사회적응 훈련) 국가와 지방자치단체는 장애인이 재활치료를 마치고 일상생활이나 사회생활을 원활히 할 수 있도록 사회적응 훈련을 실시하여야 한다.

[시행일 2007.10.12]

제20조 (교육)

① 국가와 지방자치단체는 사회통합의 이념에 따라 장애인이 연령·능력·장애의 종류 및 정도에 따라 충분히 교육받을 수 있도록 교육 내용과 방법을 개선하는 등 필요한 정책을 강구하여야 한다.

② 국가와 지방자치단체는 장애인의 교육에 관한 조사·연구를 촉진하여야 한다.

③ 국가와 지방자치단체는 장애인에게 전문 진로교육을 실시하는 제도를 강구하여야 한다.

④ 각급 학교의 장은 교육을 필요로 하는 장애인이 그 학교에 입학하려는 경우 장애를 이유로 입학 지원을 거부하거나 입학시험 합격자의 입학을 거부하는 등의 불리한 조치를 하여서는 아니 된다.

⑤ 모든 교육기관은 교육 대상인 장애인의 입학과 수학(修學) 등에 편리하도록 장애의 종류와 정도에 맞추어 시설을 정비하거나 그 밖에 필요한 조치를 강구하여야 한다.

[시행일 2007.10.12]

제21조 (직업)

① 국가와 지방자치단체는 장애인이 적성과 능력에 맞는 직업에 종사할 수 있도록 직업 지도, 직업능력 평가, 직업 적응훈련, 직업훈련, 취업 알선, 고용 및 취업 후 지도 등 필요한 정책을 강구하여야 한다.

② 국가와 지방자치단체는 장애인 직업재활훈련이 원활히 이루어질 수 있도록 장애인에게 적합한 직종과 재활사업에 관한 조사 · 연구를 촉진하여야 한다.

[시행일 2007.10.12]

제22조 (정보에의 접근)

① 국가와 지방자치단체는 장애인이 정보에 원활하게 접근하고 자신의 의사를 표시할 수 있도록 전기통신 · 방송시설 등을 개선하기 위하여 노력하여야 한다.

② 국가와 지방자치단체는 방송국의 장 등 민간 사업자에게 뉴스와 국가적 주요 사항의 중계 등 대통령령으로 정하는 방송 프로그램에 청각장애인을 위한 수화 또는 폐쇄자막과 시각장애인을 위한 화면 해설 또는 자막해설 등을 방영하도록 요청하여야 한다.

③ 국가와 지방자치단체는 국가적인 행사, 그 밖의 교육 · 집회 등 대통령령으로 정하는 행사를 개최하는 경우에는 청각장애인을 위한 수화통역 및 시각장애인을 위한 점자자료 등을 제공하여야 하며 민간이 주최하는 행사의 경우에는 수화통역 및 점자자료 등을 제공하도록 요청할 수 있다.

④ 제2항과 제3항의 요청을 받은 방송국의 장 등 민간 사업자와 민간 행사 주최자는 정당한 사유가 없으면 그 요청에 따라야 한다.

⑤ 국가와 지방자치단체는 시각장애인이 정보에 쉽게 접근할 수 있도록 점자도서와 음성도서 등을 보급하기 위하여 노력하여야 한다.

⑥ 국가와 지방자치단체는 장애인의 특성을 고려하여 정보통신망 및 정보통신기기의 접근 · 이용에 필요한 지원 및 도구의 개발 · 보급 등 필요한 시책을 강구하여야 한다.

[시행일 2007.10.12]

제23조 (편의시설)

① 국가와 지방자치단체는 장애인이 공공시설과 교통수단 등을 안전하고 편리하게 이용할 수 있도록 편의시설의 설치와 운영에 필요한 정책을 강구하여야 한다.

② 국가와 지방자치단체는 공공시설 등 이용편의를 위하여 수화통역 · 안내보조 등 인적서비스 제공에 관하여 필요한 시책을 강구하여야 한다.

[시행일 2007.10.12]

제24조 (안전대책 강구)

국가와 지방자치단체는 추락사고 등 장애로 인하여 일어날 수 있는 안전사고와 비상재해 등에 대비하여 시각 · 청각 장애인과 이동이 불편한 장애인을 위하여 피난용 통로를 확보하고, 점자 · 음성 · 문자 안내판을 설치하며, 긴급 통보체계를 마련하는 등 장애인의 특성을 배려한 안전대책 등 필요한 조치를 강구하여야 한다.

[시행일 2007.10.12]

제25조 (사회적 인식개선)

① 국가와 지방자치단체는 학생, 공무원, 근로자, 그 밖의 일반국민 등을 대상으로 장애인에 대한 인식개선을 위한 교육 및 공익광고 등 홍보사업을 실시하여야 한다.

② 국가는 「초 · 중등교육법」에 따른 학교에서 사용하는 교과용도서에 장애인에 대한 인식개선을 위한 내용이 포함되도록 하여야

한다.

③ 제1항 및 제2항의 사업에 관하여 필요한 사항은 대통령령으로 정한다.

[시행일 2007.10.12]

제26조 (선거권 행사를 위한 편의 제공)

국가와 지방자치단체는 장애인이 선거권을 행사하는 데에 불편함이 없도록 편의시설·설비를 설치하고, 선거권 행사에 관하여 홍보하며, 선거용 보조기구를 개발·보급하는 등 필요한 조치를 강구하여야 한다.

[시행일 2007.10.12]

제27조 (주택 보급)

① 국가와 지방자치단체는 공공주택 등 주택을 건설할 경우에는 장애인에게 장애 정도를 고려하여 우선 분양 또는 임대할 수 있도록 노력하여야 한다.

② 국가와 지방자치단체는 주택의 구입자금·임차자금 또는 개·보수비용의 지원 등 장애인의 일상생활에 적합한 주택의 보급·개선에 필요한 시책을 강구하여야 한다.

[시행일 2007.10.12]

제28조 (문화환경 정비 등)

국가와 지방자치단체는 장애인의 문화생활과 체육활동을 늘리기 위하여 관련 시설 및 설비, 그 밖의 환경을 정비하고 문화생활과 체육활동 등을 지원하도록 노력하여야 한다.

[시행일 2007.10.12]

제29조 (복지 연구 등의 진흥)

① 국가와 지방자치단체는 장애인복지의 종합적이고 체계적인 조

사 · 연구 · 평가 및 장애인 체육활동 등 장애인정책개발 등을 위하여 필요한 정책을 강구하여야 한다.

② 제1항에 따른 장애인 관련 조사연구 수행 및 정책개발 · 복지진흥, 재활체육진흥 등을 위하여 재단법인 한국장애인개발원(이하 '개발원' 이라 한다)을 설립한다.

③ 개발원의 사업과 활동은 정관으로 정한다.

④ 국가와 지방자치단체는 개발원 운영에 필요한 비용을 보조할 수 있으며, 「조세특례제한법」 에서 정하는 바에 따라 조세를 감면하고 개발원에 기부된 재산에는 소득계산의 특례를 적용한다.

[시행일 2007.10.12]

제30조 (경제적 부담의 경감)

① 국가와 지방자치단체, 「공공기관의 운영에 관한 법률」 제4조에 따른 공공기관, 「지방공기업법」 에 따른 지방공사 또는 지방공단은 장애인과 장애인을 부양하는 자의 경제적 부담을 줄이고 장애인의 자립을 촉진하기 위하여 세제상의 조치, 공공시설 이용료 감면, 그 밖에 필요한 정책을 강구하여야 한다.

② 국가와 지방자치단체, 「공공기관의 운영에 관한 법률」 제4조에 따른 공공기관, 「지방공기업법」 에 따른 지방공사 또는 지방공단이 운영 하는 운송사업 자는 장애인과 장애인을 부양하는 자의 경제적 부담을 줄이고 장애인의 자립을 돕기 위하여 장애인과 장애인을 보호하기 위하여 동행하는 자의 운임 등을 감면하는 정책을 강구하여야 한다.

[시행일 2007.10.12]

제3장 복지 조치

제31조 (조사)

① 보건복지부장관은 이 법의 적절한 시행을 위하여 3년마다 장애인의 실태조사를 실시하여야 한다.

② 제1항에 따른 조사의 방법과 내용 등에 관하여 필요한 사항은 대통령령으로 정한다.

[시행일 2007.10.12]

제32조 (장애인 등록)

① 장애인, 그 법정대리인 또는 대통령령이 정하는 보호자는 장애상태와 그 밖에 보건복지부령이 정하는 사항을 시장 · 군수 또는 구청장(자치구의 구청장을 말한다. 이하 같다)에게 등록하여야 하며, 시장 · 군수 · 구청장은 등록을 신청한 장애인이 제2조에 따른 기준에 맞으면 장애인등록증(이하 '등록증' 이라 한다)을 내주어야 한다.

② 제1항에 따라 등록증을 받은 자와 그 법정대리인 또는 대통령령이 정하는 보호자는 해당 장애인이 제2조에 따른 기준에 맞지 아니하게 되거나 사망하면 그 등록증을 반환하여야 한다.

③ 시장 · 군수 · 구청장은 장애 상태의 변화에 따른 장애 등급 조정을 위하여 장애 진단을 받게 하는 등 필요한 조치를 할 수 있으며, 장애 진단 명령 등 필요한 조치를 거부하거나 제2항 또는 제5항을 위반한 경우에는 등록증을 반환하게 할 수 있다.

④ 장애인의 장애 인정과 등급 사정(査定)에 관한 업무를 담당하게 하기 위하여 보건복지부에 장애판정위원회를 둘 수 있다.

⑤ 등록증은 양도하거나 대여하지 못하며, 등록증과 비슷한 명칭이나 표시를 사용하여서는 아니 된다.

⑥ 장애인의 등록, 등록증의 교부와 반환, 장애 진단 및 장애판정위원회 등에 관하여 필요한 사항은 보건복지부령으로 정한다.

[시행일 2007.10.12]

第33條 (장애인복지상담원)

① 장애인 복지 향상을 위한 상담 및 지원 업무를 맡기기 위하여 시 · 군 · 구(자치구를 말한다. 이하 같다)에 장애인복지상담원을 둔다.

② 장애인복지상담원은 그 업무를 할 때 개인의 인격을 존중하고, 업무상 알게 된 개인의 신상에 관한 비밀을 누설하여서는 아니 된다.

③ 장애인복지상담원의 임용 · 직무 · 보수와 그 밖에 필요한 사항은 대통령령으로 정한다.

[시행일 2007.10.12]

第34條 (재활상담과 입소 등의 조치)

① 보건복지부장관, 특별시장 · 광역시장 · 도지사 · 특별자치도지사 또는 시 장 · 군수 · 구청장(이하 '장애인복지실시기관' 이라 한다)은 장애인에 대한 검진 및 재활상담을 하고, 필요하다고 인정되면 다음 각 호의 조치를 하여야 한다.

1. 국공립병원, 보건소, 보건지소, 그 밖의 의료기관(이하 '의료기관' 이라 한다)에 의뢰하여 의료와 보건지도를 받게 하는 것
2. 국가 또는 지방자치단체가 설치한 장애인복지시설에서 주거편의 · 상담 · 치료 · 훈련 등의 필요한 서비스를 받도록 하는 것
3. 제59조에 따라 설치된 장애인복지시설에 위탁하여 그 시설에서 주거편의 · 상담 · 치료 · 훈련 등의 필요한 서비스를 받도록 하는 것

4. 공공직업능력개발훈련시설이나 사업장 내 직업훈련시설에서 하는 직업훈련 또는 취업알선을 필요로 하는 자를 관련 시설이나 직업 안정업무기관에 소개하는 것

② 장애인복지실시기관은 제1항의 재활상담을 하는 데에 필요하다고 인정되면 제33조에 따른 장애인복지상담원을 해당 장애인의 가정 또는 장애인이 주거편의 · 상담 · 치료 · 훈련 등의 서비스를 받는 시설이나 의료기관을 방문하여 상담하게 하거나 필요한 지도를 하게 할 수 있다.

[시행일 2007.10.12]

제35조 (장애 유형 · 장애 정도별 재활 및 자립지원 서비스 제공 등)

국가와 지방자치단체는 장애인의 일상생활을 편리하게 하고 사회활동 참여를 높이기 위하여 장애 유형 · 장애 정도별로 재활 및 자립지원서비스를 제공하는 등 필요한 정책을 강구하여야 하며, 예산의 범위 안에서 지원할 수 있다.

[시행일 2007.10.12]

제36조 (의료비 지급)

① 장애인복지실시기관은 의료비를 부담하기 어렵다고 인정되는 장애인에게 장애 정도와 경제적 능력 등을 고려하여 장애 정도에 따라 의료에 소요되는 비용을 지급할 수 있다.

② 제1항에 따른 의료비 지급 대상 · 기준 및 방법 등에 관하여 필요한 사항은 보건복지부령으로 정한다.

[시행일 2007.10.12]

제37조 (산후조리도우미 지원 등)

① 국가 및 지방자치단체는 임산부인 여성장애인과 신생아의 건강관리를 위하여 경제적 부담능력 등을 감안하여 여성장애인의 가

정을 방문하여 산천 · 산후 조리를 돕는 도우미(이하 '산후조리도우미' 라 한다)를 지원할 수 있다.

② 국가 및 지방자치단체는 제1항의 규정에 따른 산후조리도우미 지원사업에 대하여 보건복지부령이 정하는 바에 따라 정기적으로 모니터링(산후조리도우미 지원사업의 실효성 등을 확보하기 위한 정기적인 점검활동을 말한다)을 실시하여야 한다.

③ 산후조리도우미 지원의 기준 및 방법 등에 관하여 필요한 사항은 대통령령으로 정한다.

[시행일 2007.10.12]

제38조 (자녀교육비 지급)

① 장애인복지실시기관은 경제적 부담능력 등을 고려하여 장애인이 부양하는 자녀 또는 장애인인 자녀의 교육비를 지급할 수 있다.

② 제1항에 따른 교육비 지급 대상 · 기준 및 방법 등에 관하여 필요한 사항은 보건복지부령으로 정한다.

[시행일 2007.10.12]

제39조 (장애인이 사용하는 자동차 등에 대한 지원 등)

① 국가와 지방자치단체, 그 밖의 공공단체는 장애인이 이동수단인 자동차 등을 편리하게 사용할 수 있도록 하고 경제적 부담을 줄여 주기 위하여 조세감면 등 필요한 지원정책을 강구하여야 한다.

② 시장 · 군수 · 구청장은 장애인이 이용하는 자동차 등을 지원하는 데에 편리하도록 장애인이 사용하는 자동차 등임을 알아 볼 수 있는 표지(이하 '장애인사용자동차등표지' 라 한다)를 발급하여야 한다.

③ 장애인사용자동차등표지를 대여하거나 보건복지부령이 정하는

자 외의 자에게 양도하는 등 부당한 방법으로 사용하여서는 아니 되며, 이와 비슷한 표지 · 명칭 등을 사용하여서는 아니 된다.

④ 장애인사용자동차등표지의 발급 대상과 발급 절차 등에 관하여 필요한 사항은 보건복지부령으로 정한다.

[시행일 2007.10.12]

제40조 (장애인 보조견의 훈련 · 보급 지원 등)

① 국가와 지방자치단체는 장애인의 복지 향상을 위하여 장애인을 보조할 장애인 보조견(補助犬)의 훈련 · 보급을 지원하는 방안을 강구하여야 한다.

② 보건복지부장관은 장애인 보조견에 대하여 장애인 보조견표지(이하 '보조견표지' 라 한다)를 발급할 수 있다.

③ 누구든지 보조견표지를 붙인 장애인 보조견을 동반한 장애인이 대중교통수단을 이용하거나 공공장소, 숙박시설 및 식품접객업소 등 여러 사람이 다니거나 모이는 곳에 출입하려는 때에는 정당한 사유 없이 거부하여서는 아니 된다.

④ 보건복지부장관은 장애인보조견의 훈련 · 보급을 위하여 전문훈련기관을 지정할 수 있다.

⑤ 보조견표지의 발급대상, 발급절차 및 전문훈련기관의 지정에 관하여 필요한 사항은 보건복지부령으로 정한다.

[시행일 2007.10.12]

제41조 (자금 대여 등)

국가와 지방자치단체는 장애인이 사업을 시작하거나 필요한 지식과 기능을 익히는 것 등을 지원하기 위하여 대통령령으로 정하는 바에 따라 자금을 대여할 수 있다.

[시행일 2007.10.12]

第42조 (생업 지원)

① 국가와 지방자치단체, 그 밖의 공공단체는 소관공공시설 안에 식료품 · 사무용품 · 신문 등 일상생활용품을 판매하는 매점이나 자동판매기의 설치를 허가하거나 위탁할 때에는 장애인이 신청하면 우선적으로 반영하도록 노력하여야 한다.

② 시장 · 군수 또는 구청장은 장애인이 「담배사업법」에 따라 담배소매인으로 지정받기 위하여 신청하면 그 장애인을 우선적으로 지정하도록 노력하여야 한다.

③ 장애인이 우편법령에 따라 국내 우표류 판매업 계약 신청을 하면 우편관서는 그 장애인이 우선적으로 계약할 수 있도록 노력하여야 한다.

④ 제1항부터 제3항까지의 규정에 따른 허가 · 위탁 또는 지정 등을 받은 자는 특별한 사유가 없으면 직접 그 사업을 하여야 한다.

⑤ 제1항에 따른 설치 허가권자는 매점 · 자동판매기 설치를 허가하기 위하여 설치 장소와 판매할 물건의 종류 등을 조사하고 그 결과를 장애인에게 알리는 조치를 강구하여야 한다.

[시행일 2007.10.12]

第43조 (자립훈련비 지급)

① 장애인복지실시기관은 제34조제1항제2호 또는 제3호에 따라 장애인복지시설에서 주거편의 · 상담 · 치료 · 훈련 등을 받도록 하거나 위탁한 장애인에 대하여 그 시설에서 훈련을 효과적으로 받는 데 필요하다고 인정되면 자립훈련비를 지급할 수 있으며, 특별한 사정이 있으면 훈련비 지급을 대신하여 물건을 지급할 수 있다.

② 제1항에 따른 자립훈련비의 지급과 물건의 지급 등에 관하여 필요한 사항은 보건복지부령으로 정한다.

[시행일 2007.10.12]

제44조 (생산품 구매)

① 국가와 지방자치단체, 그 밖의 공공단체는 그 소요물품 중 보건복지부장관이 정한 품목과 물량의 범위 안에서 매년 그 품목과 물량을 정하여 장애인복지시설과 장애인복지단체에 생산을 의뢰하여야 하며, 생산한 물품의 구매를 요청받으면 우선적으로 구매하여야 한다.

② 국가와 지방자치단체, 그 밖의 공공단체는 장애인복지시설과 장애인복지단체에서 생산한 물품을 수의계약으로 구매할 수 있다.

③ 제1항과 제2항에 따른 품목과 물량을 지정하는 데에 필요한 사항은 대통령령이 정하며, 수의계약의 절차와 방법 등에 관한 사항은 관계 법령의 규정에 따른다.

[시행일 2007.10.12]

제45조 (생산품 인증)

① 보건복지부장관은 장애인복지시설, 장애인복지단체에서 생산한 물품의 판매촉진 · 품질향상 및 소비자와 구매자 보호를 위하여 인증제도를 실시할 수 있다.

② 제1항에 따른 인증의 신청 · 기준 · 절차 · 표시방법 및 대상품목의 선정 등에 관하여 필요한 사항은 보건복지부령으로 정한다.

[시행일 2007.10.12]

제46조 (고용 촉진)

국가와 지방자치단체는 직접 경영하는 사업에 능력과 적성이 맞는 장애인을 고용하도록 노력하여야 하며, 장애인에게 적합한 사업을 경영하는 자에게 장애인의 능력과 적성에 따라 장애인을 고용하도록 권유할 수 있다.

[시행일 2007.10.12]

제47조 (공공시설의 우선 이용)

국가와 지방자치단체, 그 밖의 공공단체는 장애인의 자립을 지원하는 데에 필요하다고 인정되면 그 공공시설의 일부를 장애인이 우선 이용하게 할 수 있다.

[시행일 2007.10.12]

제48조 (국유 · 공유 재산의 우선매각이나 유상 · 무상 대여)

① 국가와 지방자치단체는 이 법에 따른 장애인복지시설을 설치하기나 장애인 복지단체가 장애인복지사업과 관련한 시설을 설치하는 데에 필요할 경우 국유 · 공유 토지와 시설 등을 우선 매각하거나 임대 또는 무상으로 대부할 수 있다.

② 국가와 지방자치단체는 제1항에 따라 국가나 지방자치단체로부터 토지와 시설을 매수 · 임차하거나 대부받은 자가 그 매수 · 임차 또는 대부한 날부터 2년 이내에 장애인복지시설을 설치하지 아니 하거나 장애인복지단체의 장애인복지사업 관련 시설을 설치하지 아니할 때에는 토지와 시설을 환수하거나 임차계약을 취소할 수 있다.

[시행일 2007.10.12]

제49조 (장애수당)

① 국가와 지방자치단체는 장애인의 장애정도와 경제적 수준을 고려하여 장애인의 소득 보전을 위한 장애수당을 지급할 수 있다. 다만, 「국민기초생활 보장법」에 따른 생계급여를 받는 장애인에게는 장애수당을 반드시 지급하여야 한다.

② 제1항에 따른 장애수당의 지급 대상 · 기준 및 방법 등에 관하여 필요한 사항은 대통령령으로 정한다.

[시행일 2007.10.12]

제50조 (장애아동수당과 보호수당)

① 국가와 지방자치단체는 장애아동에게 보호자의 경제적 생활수준 및 장애아동의 장애 정도를 고려하여 장애로 인한 추가적 비용을 보전(補塡)하게 하기 위하여 장애아동수당을 지급할 수 있다.

② 국가와 지방자치단체는 장애인을 보호하는 보호자에게 그의 경제적 수준과 장애인의 장애 정도를 고려하여 장애로 인한 추가적 비용을 보전하게 하기 위하여 보호수당을 지급할 수 있다.

③ 제1항과 제2항에 따른 장애아동수당과 보호수당의 지급 대상 · 기준 및 방법 등에 관하여 필요한 사항은 대통령령으로 정한다.

[시행일 2007.10.12]

제51조 (비용의 징수)

거짓 그 밖의 부정한 방법으로 장애수당, 장애아동수당 등을 받거나 타인으로 하여금 받게 한 경우에는 수당을 지급한 기관은 그 수당의 전부를 수당을 받은 자 또는 수당을 받게 한 자(이하 '부정수급자' 라 한다)로부터 징수하여야 한다.

[시행일 2007.10.12]

제52조 (장애인의 재활 및 자립생활의 연구)

① 국가와 지방자치단체는 장애인 재활 및 자립생활에 대하여 종합적이고 체계적으로 조사 · 연구 · 평가하기 위하여 전문 연구기관에 장애예방 · 의료 · 교육 · 직업 재활 및 자립생활 등에 관한 연구 과제를 선정하여 의뢰할 수 있다.

② 국가와 지방자치단체는 제1항에 따른 연구과제를 수행하는 데에 들어가는 비용을 예산의 범위 안에서 보조할 수 있다.

[시행일 2007.10.12]

제4장 자립생활의 지원

제53조 (자립생활지원)

국가와 지방자치단체는 중증장애인의 자기결정에 의한 자립생활을 위하여 활동보조인의 파견 등 활동보조서비스 또는 장애인보조기구의 제공, 그 밖의 각종 편의 및 정보체공 등 필요한 시책을 강구하여야 한다.

[시행일 2007.10.12]

제54조 (중증장애인자립생활지원센터)

① 국가와 지방자치단체는 중증장애인 자립생활을 실현하기 위하여 중증장애인자립생활지원센터를 통하여 필요한 각종 지원서비스를 제공한다.

② 제1항의 규정에 따른 중증장애인자립생활지원센터에 관하여 필요한 사항은 보건복지부령으로 정한다.

[시행일 2007.10.12]

제55조 (활동보조인 등 서비스 지원)

① 국가와 지방자치단체는 중증장애인이 일상생활 또는 사회생활을 원활히 할 수 있도록 그 활동에 필요한 활동보조인의 파견 등 활동보조서비스를 지원할 수 있다.

② 국가 및 지방자치단체는 임신 등으로 인하여 이동이 불편한 여성장애인에게 임신 및 출산과 관련한 진료 등을 위하여 경제적 부담 능력 등을 감안하여 활동보조인의 파견 등 활동보조서비스를 지원할 수 있다.

③ 제1항 및 제2항의 규정에 따른 활동보조인의 파견 등 서비스 지원의 기준 및 방법 등에 관하여 필요한 사항은 대통령령으로 정

한다.
[시행일 2007.10.12]

제56조 (장애동료간 상담)

① 국가와 지방자치단체는 장애인이 장애를 극복하는 데 도움이 되도록 장애동료 간 상호대화나 상담의 기회를 제공하도록 노력하여야 한다.

② 제1항에 따른 장애동료 간의 대화나 상담의 기회를 제공하기 위한 구체적인 사업 등에 관하여 필요한 사항은 보건복지부령으로 정한다.

[시행일 2007.10.12]

제5장 복지시설과 단체

제57조 (보호조치 등)

국가와 지방자치단체는 장애인의 성 · 연령 및 장애의 유형과 정도를 고려하여 제58조에 따른 장애인복지시설에서 보호 · 의료 · 생활지도 · 재활훈련과 자립생활지원 등의 서비스를 제공함으로써 장애인이 기능 회복과 사회성 향상을 도모할 수 있도록 필요한 정책을 강구하여야 한다.

[시행일 2007.10.12]

제58조 (장애인복지시절)

① 장애인복지시설의 종류는 다음 각 호와 같다.

1. 장애인 생활시설: 장애인이 필요한 기간 생활하면서 재활에 필요한 상담 · 치료 · 훈련 등의 서비스를 받아 사회복귀를 준비하거나 장애로 인하여 장기간 요양하는 시설

2. 장애인 지역사회재활시설: 장애인을 전문적으로 상담 · 치료 · 훈련하거나 장애인의 여가 활동과 사회참여 활동 등에 편의를 제공하는 장애인복지관 · 의료재활시설 · 체육시설 · 수련시설 및 공동생활가정 등의 시설
3. 장애인 직업재활시설: 일반 작업환경에서는 일하기 어려운 장애인이 특별히 준비된 작업환경에서 직업훈련을 받거나 직업 생활을 할 수 있도록 하는 시설
4. 장애인 유료복지시설: 장애인이 필요한 치료 · 상담 · 훈련 등 편의를 제공받고 그에 소요되는 모든 비용을 시설 운영자에게 납부 하여 운영하는 시설
5. 그 밖에 대통령령으로 정하는 시설

② 제1항 각 호에 따른 장애인복지시설의 구체적인 종류와 사업 등에 관한 사항은 보건복지부령으로 정한다.

[시행일 2007.10.12]

第59조 (장애인복지시설 설치)

① 국가와 지방자치단체는 장애인복지시설을 설치할 수 있다.

② 제1항에 규정된 자 외의 자가 장애인복지시설을 설치 · 운영하려면 해당 시설 소재지 관할 시장 · 군수 · 구청장에게 신고하여야 하며, 신고한 사항 중 보건복지부령으로 정하는 중요한 사항을 변경할 때에도 신고하여야 한다. 다만, 제62조에 따른 폐쇄명령을 받고 1년이 지나지 아니한 자는 시설의 설치 · 운영 신고를 할 수 없다.

④ 제2항에 따른 장애인복지시설의 시실기준 · 신고 · 변경신고 및 입소 등에 관하여 필요한 사항은 보건복지부령으로 정한다.

[시행일 2007.10.12]

제60조 (시설 운영의 개시 등)

① 제59조제2항에 따라 신고한 자는 지체 없이 시설 운영을 시작하여야 한다.

② 시설 운영자는 시설 운영을 중단 또는 재개하거나 시설을 폐지하려는 때에는 보건복지부령이 정하는 바에 따라 미리 시장 · 군수 · 구청장에게 신고하여야 한다.

③ 시설 운영자는 제2항에 따라 시설 운영을 중단 또는 재개하거나 시설을 폐지할 때에는 보건복지부령이 정하는 바에 따라 시설 거주자의 권익을 보호하기 위하여 다음 각 호의 조치를 하여야 한다.

1. 시설의 장에게 시설 거주자를 다른 시설로 보내게 하고 그 이행을 확인하는 조치
2. 시설 거주자가 이용료 · 사용료 등의 비용을 부담하는 경우 이를 반환하게 하고 그 이행을 확인하는 조치
3. 보조금 · 후원금 등의 사용 실태 확인과 이를 재원으로 조성한 재산 중 남은 재산의 회수조치
4. 그 밖에 시설 거주자의 권익 보호를 위하여 필요하다고 인정되는 조치

④ 제1항과 제2항에 따른 시설 운영의 개시 · 중단 · 재개 및 시설 폐지의 신고 등에 관하여 필요한 사항은 보건복지부령으로 정한다.

[시행일 2007.10.12]

제61조 (감독)

① 장애인복지실시기관은 장애인복지시설을 설치 · 운영하는 자의 소관업무 및 시설이용자의 인권실태 등을 지도 · 감독하며 필요한 경우 그 시설에 관한 보고 또는 관련 서류 제출을 명하거나 소속 공무원에게 그 시설의 운영상황 · 장부 그 밖의 서류를 조사 · 검사하거나 질문하게 할 수 있다.

② 제1항에 따라 관계 공무원이 그 직무를 할 때에는 권한을 표시하는 증표를 관계인에게 내보여야 한다.

[시행일 2007.10.12]

第62조 (시설의 개선, 사업의 정지, 폐쇄 등)

장애인복지실시기관은 장애인복지시설이 다음 각 호의 어느 하나에 해당하는 때에는 그 시설의 개선, 사업의 정지, 시설의 장의 교체를 명하거나 해당 시설의 폐쇄를 명할 수 있다.

1. 제59조제4항에 따른 시설기준에 미치지 못한 때
2. 정당한 사유 없이 제61조에 따른 보고를 하지 아니하거나 거짓으로 보고한 때 또는 조사 · 검사 및 질문을 거부 · 방해하거나 기피한 때
3. 사회복지법인이나 비영리법인이 설치 · 운영하는 시설인 경우 그 사회복지법인이나 비영리법인의 설립 허가가 취소된 때
4. 시설의 회계 부정이나 시설이용자에 대한 인권침해 등 불법행위, 그 밖의 부당행위 등이 발견된 때
5. 설치 목적을 이루었거나 그 밖의 사유로 계속하여 운영할 필요가 없다고 인정되는 때
6. 이 법 또는 이 법에 따른 명령이나 처분을 위반한 경우

[시행일 2007.10.12]

第63조 (단체의 보호 · 육성)

① 국가와 지방자치단체는 장애인의 복지를 향상하고 자립을 돕기 위하여 장애인 복지단체를 보호 · 육성하도록 노력하여야 한다.

② 국가와 지방자치단체는 예산의 범위 안에서 제1항에 따른 단체의 사업 또는 활동이나 그 시설에 필요한 경비의 전부 또는 일부를 보조할 수 있다.

[시행일 2007.10.12]

제64조 (장애인복지단체협의회)

① 장애인 복지단체의 활동을 지원하고 장애인의 복지를 향상하기 위하여 장애인복지단체협의회(이하 '협의회' 하 한다)를 설립할 수 있다.

② 협의회는 「사회복지사업법」에 따른 사회복지법인으로 하되, 「사회복지사업법」 제23조제1항은 적용하지 아니한다.

③ 협의회의 조직과 운영 등에 관하여 필요한 사항은 정관으로 정한다.

[시행일 2007.10.12]

제6장 장애인보조기구

제65조 (장애인보조기구)

① '장애인보조기구'란 장애인이 장애의 예방·보완과 기능 향상을 위하여 사용하는 의지(義肢)·보조기 및 그밖에 보건복지부장관이 정하는 보장구와 일상생활의 편의 증진을 위하여 사용하는 생활용품을 말한다.

② 보건복지부장관은 제1항에 따른 장애인보조기구의 품질향상 등을 위하여 장애인보조기구의 품목·기준 및 규격을 정하여 고시할 수 있다.

[시행일 2007.10.12]

제66조 (장애인보조기구의교부 등)

① 국가와 지방자치단체는 장애인의 신청이 있을 때에는 예산의 범위 안에서 장애인 보조기구를 교부·대여 또는 수리하거나 장애인보조기구 구입 또는 수리에 필요한 비용을 지급할 수 있다.

② 제1항에 따른 비용의 지급은 장애인보조기구의 교부 또는 수리

가 곤란하다고 인정되는 경우에만 한다.

③ 제1항에 따른 신청을 할 수 있는 자의 범위, 장애인보조기구의 교부 · 대여 · 수리 및 비용 지급의 기준과 방법 등에 관하여 필요한 사항은 보건복지부령으로 정한다.

[시행일 2007.10.12]

제67조 (장애인보조기구업체의 육성 · 연구지원 등)

① 국가와 지방자치단체는 장애인보조기구의 개발 · 보급을 촉진하기 위하여 장애인보조기구를 생산하는 업체(이하 '장애인보조기구업체' 라 한다)에 대한 생산장려금 지급, 기술지원, 연구개발의 장려 등 필요한 조치를 강구하여야 한다.

② 국가와 지방자치단체는 장애인보조기구업체의 육성을 위하여 장애인보조기구업체 중 우수업체를 지정하여 자금을 융자하거나 보조할 수 있다.

③ 국가와 지방자치단체는 제2항에 따라 지정된 우수업체가 지정의 필요성을 상실하였다고 인정될 경우 그 지정을 취소할 수 있다.

④ 제1항부터 제3항까지의 규정에 따른 생산장려금 지급, 기술지원, 우수업체 지정 및 취소, 자금 융자와 보조 등에 관하여 필요한 사항은 보건복지부령으로 정한다.

[시행일 2007.10.12]

제68조 (장애인보조기구 연구개발의 지원 등)

① 보건복지부장관은 장애인보조기구의 품질 향상 등을 위하여 장애인보조기구에 관한 연구개발을 장려하고 보호 · 육성하기 위한 정책을 강구하여야 한다.

② 국가와 지방자치단체는 장애인보조기구에 관한 연구개발활동에 대하여 자금의 보조 등 필요한 지원정책을 강구하여야 한다.

[시행일 2007.10.12]

제69조 (의지 · 보조기 제조업의 개설사실의 통보 등)

① 의지 · 보조기를 제조 · 개조 · 수리하거나 신체에 장착하는 사업(이하 '의지 · 보조기 제조업' 이라 한다)을 하는 자는 그 제조업소를 개설한 후 7일 이내에 보건복지부령이 정하는 바에 따라 시장 · 군수 · 구청장에게 제조 업소의 개설사실을 알려야 한다. 제조업소의 소재지 변경 등 보건복지부령이 정하는 중요 사항을 변경한 때에도 또한 같다.

② 의지 · 보조기 제조업자는 제72조에 따른 의지 · 기사(보조기기사)를 1명 이상 두어야 한다. 다만, 의지 · 보조기 제조업자 자신이 의지 · 보조기 기사인 경우에는 따로 기사를 두지 아니하여도 된다.

③ 의지 · 보조기 제조업자가 제70조에 따른 폐쇄 명령을 받은 후 6개월이 지나지 아니하면 같은 장소에서 같은 제조업을 하여서는 아니 된다.

④ 의지 · 보조기 제조업자는 의사의 처방에 따라 의지 · 보조기를 제조하거나 개조하여야 한다.

[시행일 2007.10.12]

제70조 (의지 · 보조기 제조업소의 폐쇄 등)

① 시장 · 군수 · 구청장은 의지 · 보조기 제조업자가 다음 각 호의 어느 하나에 해당하는 경우에는 그 제조업소의 폐쇄를 명할 수 있다.

1. 제69조제2항을 위반하여 의지 · 보조기 기사를 두지 아니하고 의지 · 보조기제조업을 한 경우
2. 업정지처분 기간에 영업을 하거나 3회 이상 영업정지처분을 받은 경우

② 시장 · 군수 · 구청장은 의지 · 보조기제조업자 의지 · 보조기 제조업을 하면서 고의나 중대한 과실로 의지 · 보조기를 착용

하는 사람의 신체에 손상을 입힌 사실이 있는 때에는 6개월의 범위 안에서 보건복지부령으로 정하는 바에 따라 영업정지를 명할 수 있다.

[시행일 2007.10.12]

제7장 장애인복지 전문인력

제71조 (장애인복지 전문인력 양성 등)

① 국가와 지방자치단체 그 밖의 공공단체는 수화통역사, 점역(點譯)·교정사 등 장애인복지 전문인력, 그 밖에 장애인복지에 관한 업무에 종사하는 자를 양성·훈련하는 데에 노력해야 한다.

② 제1항에 따른 장애인복지전문인력의 범위 등에 관한 사항은 보건복지부령으로 정한다.

③ 국가와 지방자치단체는 제1항에 따른 장애인복지전문인력의 양성업무를 관계 전문기관 등에 위탁할 수 있다.

④ 국가와 지방자치단체는 제1항에 따른 장애인복지전문인력의 양성에 소요되는 비용을 예산의 범위 안에서 보조할 수 있다.

[시행일 2007.10.12]

제72조 (의지·보조기 기사자격증 교부 등)

① 보건복지부장관은 다음 각 호의 어느 하나에 해당하는 자로서 제73조에 따른 국가시험에 합격한 자(이하 '의지·보조기 기사'라 한다)에게 의지·보조기 기사 자격증을 내주어야 한다.

1. 「고등교육법」에 따른 전문대학이나 교육인적자원부장관이 이와 같은 수준 이상의 학력이 있다고 인정하는 학교에서 보건복지부령으로 정하는 의지·보조기 관련 교과목을 이수하고 졸업한 자

2. 보건복지부장관이 인정하는 외국에서 제1호에 해당하는 학교와 같은 수준 이상의 교육과정을 마치고 외국의 해당 의지 · 보조기 기사자격증을 받은 자

② 의지 · 보조기 기사자격증을 분실하거나 훼손한 자에게는 신청에 따라 자격증을 재교부한다.

③ 의지 · 보조기 기사자격증은 다른 자에게 대여하지 못한다.

④ 제1항과 제2항에 따른 자격증의 교부 · 재교부 절차와 그 밖에 그 관리에 관하여 필요한 사항은 보건복지부령으로 정한다.

[시행일 2007.10.12]

제73조 (의지 · 보조기 기사 국가시험의 실시 등)

① 의지 · 보조기 기사 국가시험은 보건복지부장관이 실시하되, 실시시기 · 실시방법 · 시험과목, 그 밖에 시험 실시에 관하여 필요한 사항은 대통령령으로 정한다.

② 보건복지부장관은 제1항에 따른 국가시험의 실시에 관한 업무를 대통령령으로 정하는 바에 따라 시험관리 능력이 있다고 인정되는 관계 전문기관에 위탁할 수 있다.

[시행일 2007.10.12]

제74조 (응시자격 제한 등)

① 다음 각 호의 어느 하나에 해당하는 자는 제73조에 따른 국가시험에 응시할 수 없다.

1. 정신질환자
2. 마약 · 대마 또는 향정신성의약품 중독자
3. 금치산자 · 한정치산자
4. 이 법이나 「형법」 제234조 · 제317조제1항, 「의료법」 「국민건강보험법」 종전의 「국민의료보험법」 「의료보험법」 「의료보호법」 「보건범죄단속에 관한 특별조치법」 「마약법」 「대마관

리법」「향정신성의약품 관리법」 또는 「후천성면역결핍증 예방법」을 위반하여 금고 이상의 형을 선고받고 그 형의집행이 끝나지 아니하였거나 집행을 받지 아니하기로 확정되지 아니한 자

② 부정한 방법으로 제73조에 따른 국가시험에 응시한 자나 국가시험에 관하여 부정행위를 한 자는 그 수험을 정지시키거나 합격을 무효로 한다.

③ 제2항에 따라 수험이 정지되거나 합격이 무효가 된 자는 그 후 2회에 한하여 제73조에 따른 국가시험에 응시할 수 없다.

[시행일 2007.10.12]

第75조 (보수교육)

① 보건복지부장관은 의지 · 보조기 기사에 대하여 자질 향상을 위하여 필요한 보수(補修) 교육을 받도록 명할 수 있다.

② 제1항에 따른 보수교육의 실시 시기와 방법 등 필요한 사항은 보건복지부령으로 정한다.

[시행일 2007.10.12]

第76조 (자격취소)

보건복지부장관은 의지 · 보조기 기사가 다음 각 호의 어느 하나에 해당한 때에는 그 자격을 취소해야 한다.

1. 제72조제3항을 위반해서 타인에게 의지 · 보조기 기사자격증을 대여한 때
2. 제74조제1항 각 호의 어느 하나에 해당하게 된 때
3. 제77조에 따른 자격정지처분 기간에 그 업무를 하거나 자격정지처분을 3회 받은 때

[시행일 2007.10.12]

제77조 (자격정지)

보건복지부장관은 의지 · 보조기 기사가 다음 각 호의 어느 하나에 해당하면 6개월 이내의 범위 안에서 보건복지부령으로 정하는 바에 따라 자격을 정지시킬 수 있다.

1. 의지 · 보조기 기사의 업무를 하면서 고의 또는 중대한 과실로 의지 · 보조기 착용자의 신체에 손상을 입힌 사실이 있는 때
2. 제75조에 따른 보수교육을 연속하여 2회 이상 받지 아니한 때

[시행일 2007.10.12]

제78조 (수수료)

의지 · 보조기 기사 국가시험에 응시하려고 하거나 의지 · 보조기 기사자격증을 교부 또는 재교부 받으려 하는 자는 보건복지부령으로 정하는 바에 따라 수수료를 내야 한다.

[시행일 2007.10.12]

제8장 보칙

제79조 (비용 부담)

제36조제1항, 제38조제1항, 제43조제1항, 제49조제1항, 제50조제1항 · 제2항, 제55조제1항, 제66조제1항 및 제67조제1항 · 제2항에 따른 조치와 제59조제1항에 따른 장애인복지시설의 설치 · 운영에 드는 비용은 예산의 범위 안에서 대통령령으로 정하는 바에 따라 장애인복지실시기관이 부담하게 할 수 있다.

[시행일 2007.10.12]

제80조 (비용 수납)

① 제34조제1항제1호에 따른 조치에 필요한 비용을 부담한 장애인

복지실시기관은 해당 장애인 또는 그 부양의무자로부터 대통령령으로 정하는 바에 따라 장애인복지실시기관이 부담한 비용의 전부 또는 일부를 받을 수 있다.

② 第58조제1항제4호에 따라 장애인 유료복지시설을 설치 · 운영하는 자는 그 시설에 입소하는 자로부터 필요한 비용을 받으려면 미리 시장 · 군수 · 구청장에게 신고하여야 한다.

[시행일 2007.10.12]

第81조 (비용 보조)

국가와 지방자치단체는 대통령령으로 정하는 바에 따라 장애인복지시설의 설치 · 운영에 필요한 비용의 전부 또는 일부를 보조할 수 있다.

[시행일 2007.10.12]

第82조 (압류 금지)

이 법에 따라 장애인에게 지급되는 금품은 압류하지 못한다.

[시행일 2007.10.12]

第83조 (조세감면)

① 이 법에 따라 지급되는 금품, 第58조에 따른 장애인복지시설 및 第63조에 따른 장애인복지단체에서 장애인이 제작한 물품에는 「조세특례제한법」과 「지방세법」, 그 밖의 조세 관계법령이 정하는 바에 따라 조세를 감면한다.

② 국가 및 지방자치단체는 장애인복지시설에 대하여 「기반시설부담금에 관한 법률」이 정하는 바에 따라 부담금을 부과하지 아니할 수 있다.

[시행일 2007.10.12]

第84조 (심사청구)

① 장애인, 장애인의 법정대리인 또는 대통령령으로 정하는 보호자는 이 법에 따른 복지조치에 이의가 있으면 해당 장애인복지실시기관에 심사를 청구할 수 있다.

② 장애인복지 실시 · 기관은 제1항에 따른 심사청구를 받은 때에는 1개월 이내에 심사 · 결정하여 청구인에게 통보하여야 한다.

③ 제2항에 따른 심사 · 결정에 이의가 있는 자는 「행정심판법」에 따라 행정심판을 제기할 수 있다.

[시행일 2007.10.12]

第85조 (권한위임 등)

이 법에 따른 보건복지부장관과, 시 · 도지사의 권한은 그 일부를 대통령령으로 정하는 바에 따라 국립재활원장, 시 · 도지사 또는 시장 · 군수 · 구청장에게 위임하거나 관련 단체 또는 법인에 위탁할 수 있다.

[시행일 2007.10.12]

제9장 벌칙

第86조 (벌칙)

다음 각 호의 어느 하나에 해당하는 자는 1년 이하의 징역이나 500만원 이하의 벌금에 처한다.

1. 제8조제2항을 위반하여 장애인을 이용하여 부당한 영리행위를 한자
2. 제32조제5항을 위반하여 등록증을 양도 또는 대여하거나 양도 또는 대여를 받은 자 및 유사한 명칭 또는 표시를 사용한 자
3. 제33조제2항을 위반하여 업무상 알게 된 개인의 신상에 관한

비밀을 누설한 자

4. 제59조제2항에 따른 신고 또는 변경신고를 하지 아니하고 장애인 복지시설을 설치 · 운영한 자
5. 제60조제3항에 따른 시설 거주자의 권익 보호조치를 위반한 시설운영자
6. 정당한 사유 없이 제61조제1항에 따른 보고를 하지 아니하거나 거짓의 보고를 한 자, 자료를 제출하지 아니하거나 거짓 자료를 제출한 자, 조사 · 검사 · 질문을 거부 · 방해 또는 기피한 자
7. 제62조에 따른 명령 등을 받고 이행하지 아니한 자
8. 제69조제2항을 위반하여 의지 · 보조기 기사를 두지 아니하고 의지 · 보조기 제조업을 한 자
9. 제69조제3항을 위반하여 폐쇄 명령을 받은 후 6개월이 지나지 아니하였음에도 불구하고 같은 장소에서 같은 제조업을 한 자
10. 제70조제1항에 따른 제조업소 폐쇄 명령을 받고도 영업을 한 자

[시행일 2007.10.12]

제87조 (벌칙)

다음 각 호의 어느 하나에 해당하는 자는 300만 원 이하의 벌금에 처한다.

1. 제20조제4항을 위반하여 장애인의 입학 지원을 거부하거나 입학시험 합격자의 입학을 거부하는 등 불리한 조치를 한 자
2. 제72조제3항을 위반하여 타인에게 의지 · 보조기 기사자격증을 대여한 자
3. 제80조제2항을 위반하여 신고를 하지 아니하고 비용을 받은 자

[시행일 2007.10.12]

제88조 (양벌규정)

① 법인의 대표자, 대리인, 사용인, 그 밖의 종업원이 그 법인의 업무에 관하여 제86조 또는 제87조의 위반행위를 하면 그 행위자를 벌할 뿐만 아니라 그 법인에게도 해당 조문의 벌금형을 과(科)한다.

② 개인의 대리인, 사용인, 그 밖의 종업원이 그 개인의 업무에 관하여 제86조 또는 제87조의 위반행위를 하면 그 행위자를 벌할 뿐만 아니라 그 개인에게도 해당 조문의 벌금형을 과한다.

[시행일 2007.10.12]

제89조 (과태료)

① 다음 각 호의 어느 하나에 해당하는 자에게는 300만 원 이하의 과태료를 부과한다.

1. 제32조제3항에 따른 등록증 반환 명령을 거부한 자
2. 제39조제3항을 위반하여 장애인사용자동차등표지를 대여하거나 보건복지부령으로 정하는 자 외의 자에게 양도한 자 또는 부당하게 사용하거나 이와 비슷한 표지 · 명칭 등을 사용한 자
3. 제40조제3항을 위반하여 보조견표지를 붙인 장애인 보조견 등을 동반한 장애인 등의 출입을 정당한 사유 없이 거부한 자
4. 제60조제1항에 따른 시설 운영 개시 의무를 위반한 자
5. 제60조제2항에 따른 시설의 운영 중단 · 재운영 · 시설폐지 등의 신고의무를 위반한 자
6. 제69조제1항을 위반하여 의지 · 보조기 제조업소의 개설 또는 변경 사실을 통보하지 아니한 자
7. 제69조제4항을 위반하여 의사의 처방에 의하지 아니하고 의지 · 보조기 제조하거나 개조한 의지 · 보조기 제조업자

② 제1항에 따른 과태료는 대통령령으로 정하는 바에 따라 시장 ·

군수 · 구청장(이하 '부과권자' 라 한다)이 부과 · 징수한다.

③ 제2항에 따른 과태료 처분에 불복하는 자는 그 처분을 고지받은 날부터 30일 이내에 부과권자에게 이의를 제기할 수 있다.

④ 제2항에 따른 과태료 처분을 받은 차가 제3항에 따라 이의를 제기하면 부과권자는 지체 없이 관할 법원에 그 사실을 통보하여야 하며, 그 통보를 받은 관할 법원은 「비송사건절차법」에 따른 과태료 재판을 한다.

⑤ 제3항에 따른 기간에 이의를 제기하지 아니하고 과태료를 내지 아니하면 지방세 체납처분의 예에 따라 징수한다.

[시행일 2007.10.12]

부칙

부칙

제1조 (시행일)

이 법은 2000년 1월 1일부터 시행한다. 다만, 제60조제2항의 규정에 의한 의지 · 보조기 기사의 의무배치에 관한 사항은 2003년 1월 1일부터 시행한다.

제2조 (설립준비)

① 종전의 규정에 의한 재단법인 한국장애인복지체육회는 이 법 제26조의 개정규정에 의한 재단법인 한국장애인복지진흥회로 본다.

② 재단법인 한국장애인복지진흥회의 설립을 위해 이 법 시행 후 6월 내에 보건복지부장관의 허가를 받아 정관의 변경 등 필요한 조치를 하여야 한다.

③ 이 법 시행 당시 다른 법령에서 한국장애인복지체육회를 인용하고 있는 경우 이 법에 의한 한국장애인복지진흥회를 인용하고 있는 것으로 본다.

제3조 (처분 등에 관한 경과조치)

이 법 시행 전에 종전의 규정에 의하여 행하여진 처분 기타 행정기관의 행위 또는 신청, 기타 행정기관에 대한 행위는 이 법의 규정에 의한 행정기관의 행위 또는 행정기관에 대한 행위로 본다.

제4조 (장애인수첩에 대한 경과조치)

① 이 법 시행 당시 종전의 규정에 의하여 교부된 장애인수첩은 제29조의 개정규정에 의한 장애인등록증으로 본다.

② 시장 · 군수 · 구청장은 이 법 시행 당시 종전의 규정에 의하여 교부된 장애인수첩을 이 법 시행후 1년 이내에 이 법에 의한 장애인등록증으로 변경하여야 한다.

제5조 (장애인복지시설에 대한 경과조치)

이 법 시행 당시 종전의 규정에 의하여 설치된 장애인복지시설은 이 법 시행후 1년 이내에 이 법에 의한 설치기준을 갖추어 각각 장애인생활시설, 장애인지역사회재활시설, 장애인직업재활시설, 장애인유료복지시설 기타 대통령령으로 정하는 시설로 신고하여야 한다.

제6조 (의지 · 보조기제조업소에 대한 경과조치)

이 법 시행 당시 종전의 규정에 의하여 보장구제조, 수리업을 허가받은 자는 이 법에 의하여 의지 · 보조기 제조업소의 개소사실을 통보한 것으로 본다.

제7조 (의지 · 보조기 기사국가시험의 특례)

이 법 시행 후 3년의 범위 내에서 실시하는 의지 · 보조기 기사국가시험은 제63조제1항의 각 호의 규정을 적용하지 아니하며, 제64조제1항의 규정에 불구하고 보건복지부령이 정하는 바에 의하여 시험의 일부를 면제할 수 있다.

제8조 (벌칙에 대한 경과조치)

이 법 시행 전의 행위에 대한 벌칙의 적용에 있어서는 종전의 규정에 의한다.

제9조 (다른 법령과의 관계에 관한 경과조치)

이 법 시행 당시 다른 법령에서 종전의 장애인복지법의 규정을 인용하고 있는 경우 이 법 중 그에 관한 규정이 있는 때에는 이 법의 해당 규정을 인용한 것으로 본다.

부칙 [2001. 1. 29. 법률 제6400호]

제1조(시행일)

이 법은 공포한 날부터 시행한다. 다만, 부칙 제3조제20항은 2002년 3월 1일부터 시행한다.

제2조 및 제3조 생략

부칙 [2001. 4. 7 법률제6460호]

제1조 (시행일)

이 법은 2001년 7월 1일부터 시행한다.

제2조 내지 제4조 생략

부칙 [2003.09.29]

이 법은 2005년 1월 1일부터 시행한다.

부칙 [2004. 3. 5]

이 법은 공포 후 6월이 경과한 날부터 시행한다.

부칙 [2005.7.29 제7630호(국민체육진흥법)]

① (시행일) 이 법은 공포 후 3월이 경과한 날부터 시행한다.

② (다른 법률의 개정) 장애인복지법 일부를 다음과 같이 개정한다.

제25조 중 '체육활동의 증진'을 '재활체육(장애인복지시설 등에서 행하는 체육을 포함한다. 이하 이 조 및 제26조에서 같다)활동의 증진'으로, '체육활동 등'을 '재활체육활동 등'으로 한다.

제26조제1항 중 '체육진흥'을 '재활체육진흥'으로 한다.

제26조제2항 중 '체육진흥'을 '재활체육진흥'으로 한다.

부칙 [2007.4.11 제8367호]

제1조(시행일) 이 법은 공포 후 6개월이 경과한 날부터 시행한다.

제2조(한국장애인복지진흥회에 관한 경과조치)

① 이 법 시행 당시 종전의 규정에 따른 재단법인 한국장애인복지진흥회는 제29조의 개정규정에 따른 재단법인 한국장애인개발원으로 본다.

② 재단법인 한국장애인복지진흥회는 이 법 시행 후 6개월 이내에 보건복지부장관의 허가를 받아 정관의 변경 등 필요한 조치를 하여야 한다.

제3조(처분 등에 관할 일반적 경과조치) 이 법 시행 당시 종전의 규정에 따른 행정기관의 행위나 행정기관에 대한 행위는 그에 해당하는 이 법에 따른 행정기관의 행위나 행정기관에 대한 행위로 본다.

제4조(벌칙이나 과태료에 관한 경과조치) 이 법 시행 전의 행위에 대해 벌칙이나 과태료 규정을 적용할 때에는 종전의 규정에 따른다.

제5조(다른 법률의 개정)

① 가정폭력방지 및 피해자보호 등에 관한 법률 일부를 다음과 같이 개정한다. 제18조제4항제2호 중 '「장애인복지법」 제29조'를 '「장애인복지법」 제32조'로 한다.

② 관세법 일부를 다음과 같이 개정한다.

제91조제5호 중 '장애인복지법 제48조'를 '「장애인복지법」 제58조'로 한다.

③ 노인복지법 일부를 다음과 같이 개정한다.

제39조의6제1항제3호 중 '장애인복지법 제48조'를 '「장애인복지법」 제58조'로 한다.

④ 보호시설에 있는미성년자의 후견직무에 관한 법률 일부를 다음과 같이 개정한다.

제2조제1호 나목 중 '장애인복지법 제48조제1항제1호'를 '「장애인

복지법」 제58조제1항제1호’로 한다.

⑤ 복권 및 복권기금법 일부를 다음과 같이 개정한다.

제30조제1호 중 ‘「장애인복지법」 제29조’를 ‘「장애인복지법」 제32조’로 한다.

⑥ 산업집적활성화 및 공장설립에 관한 법률 · 일부를 다음과 같이 개정한다.

제16조제6항제14호 중 ‘제50조제1항’를 ‘제60조제1항’으로 한다.

⑦ 위치정보의 보호 및 이용 등에 관한 법률 일부를 다음과 같이 개정한다.

제26조제1항제3호 중 ‘장애인복지법 제29조’를 ‘「장애인복지법」 제32조’로 하고, 같은 조 제2항제3호 중 ‘장애인복지법 제48조제1항제1호’를 ‘「장애인복지법」 제58조제1항제1호’로 한다.

⑧ 의료기기법 일부를 다음과 같이 개정 한다.

제2조제1항 각 호 외의 부분 단서 중 ‘장애인복지법 제55조의 규정에 의한 재활보조기구’를 ‘「장애인복지법」 제65조에 따른 장애인 보조기구’로 한다.

⑨ 장애인 고용촉진 및 직업재활법 일부를 다음과 같이 개정한다.

제2조제8호 중 ‘「장애인복지법」 제48조제1항제3호’를 ‘「장애인복지법」 제58조제1항제3호’로 한다.

제8조제2항제2호 중 ‘「장애인복지법」 제48조제1항제2호’를 ‘「장애인복지법」 제58조제1항제2호’로 하고, 같은 항 제3호 중 ‘「장애인복지법」 제48조제1항제3호’를 ‘「장애인복지법」 제58조제1항제3호’로 하며, 같은 항 제4호 중 ‘「장애인복지법」 제53조’를 ‘「장애인복지법」 제63조’로 한다.

⑩ 장애인기업활동 촉진법 일부를 다음과 같이 개정한다.

제2조제1호가목 중 ‘「장애인복지법」 제29조’를 ‘「장애인복지법」 제32조’로 한다.

⑪ 제주특별자치도 설치 및 국제자유도시 조성을 위한 특별법 일부를

다음과 같이 개정한다.

제332조를 다음과 같이 한다.

제332조(장애인복지에 관한 특례) 「장애인복지법」 제36조제2항, 제38조제2항, 제43조제2항, 제49조제2항, 제50조제3항, 제58조제2항, 제59조제4항 및 제66조제3항에서 대통령령 또는 보건복지부령으로 정하도록 한 사항은 도조례로 정할 수 있다.

⑫ 조세특례제한법 일부를 다음과 같이 개정한다.

제88조의2제1항제2호 중 '「장애인복지법」 제29조'를 '「장애인복지법」 제32조'로 한다.

⑬ 중소기업진흥 및 제품구매촉진에 관한 법률 일부를 다음과 같이 개정한다.

제82조제3호 중 '제53조'를 '제63조'로 한다.

제6조(다른 법령과의 관계) 이 법 시행 당시 다른 법령에서 종전의 「장애인복지법」 또는 그 규정을 인용한 경우에 이 법 가운데 그에 해당하는 규정이 있으면 종전의 규정을 갈음하여 이 법의 해당 조항을 인용한 것으로 본다.

1. 보건복지부에서 시행하는 사업

주요사업 명	지 원 대 상	지 원 내 용	비 고
1. 장애 수당 지급	• 국민기초생활보장법에 의한 수급자 및 차상위 계층(120% 이하)의 18세 이상 등록 장애인 (보장시설 장애인은 연령에 상관없이 장애수당만 지급) – 중증장애인: 장애등급이 1, 2급인자(다른 장애가 중복된 3급정신지체인 및 발달장애인 포함) – 경증장애인: 장애등급이 3~6급인자 (※특례수급 장애인이 차상위 계층에 해당 시 장애수당 지급)	• 기초 중증: 1인당 월 130천 원 • 차상위중증: 1인당 월 120천 원 • 기초 및 차상위 경증: 1인당 월 30천 원 • 보장시설 장애인 – 기초 및 차상위 중증: 1인당 월 70천 원 – 기초 및 차상위 경증: 1인당 월 20천 원	읍 · 면 · 동에 신청

주요사업 명	지 원 대 상	지 원 내 용	비 고
2. 장애 아동부양 수당지급	• 국민기초생활보장법에 의한 수급자 및 차상위 계층(120% 이하)의 18세 미만 재가 장애아동 보호자(보호자가 없는 경우 장애아동 당사자) • 중증장애인: 장애등급이 1, 2급인 자(다른 장애가 중복된 3급정신지체인 및 발달장애인 포함) • 경증장애인: 장애등급이 3~6급인자 ※특례수급자 중 장애아동보호자(보호자가 없는 경우 장애아동 당사자)가 차상위 계층에 해당시 장애아동부양수당 지급	• 기초중증: 1인당 월 200천 원 • 차상위중증: 1인당 월 150천 원 • 기초 및 차상위 경증: 1인당 월 100천 원	읍·면·동에 신청
3. 장애인 자녀 교육비 지원	• 소득인정액이 일정금액 이하인 가구의 1~3급 장애인인 중학생·고등학생 및 1~3급 장애인의 중학생·고등학생 자녀 ※소득인정액 기준(가구원/월) -1인: 566,697원 이하 -2인: 954,736원 이하 -3인: 1,264,726원 이하 -4인: 1,567,196원 이하 -5인: 1,827,036원 이하 -6인: 2,092,519원 이하 ※7인 이상 가구는 1인 증가 시마다 265,483원씩 증가	• 고등학생의 입학금 및 수업료 전액 • 고등학생의 교과서대 10만 원(연 1회) • 중학생의 부교재비 32천 원(연 1회) • 중학생, 고등학생의 학용품비 44천 원(학기당 22천 원씩 연 2회)	읍·면·동에 신청

주요사업 명	지 원 대 상	지 원 내 용	비 고
4. 장애인 자립 자금 대여	• 저소득 가구의 장애인 가구주 또는 가구주의 배우자인 장애인 ※국민기초생활보장법상의 수급자 및 차상위 계층은 생업자금을 대여함으로 자립자금대여 대상에서 제외	• 대여한도: 가구당 2,000만 원 이내 • 대여이자: 3%(고정금리) • 상환방법: 5년 거치 5년 분할 상환	읍 · 면 · 동에 신청
5. 장애인 의료비 지원	• 의료급여법에 의한 의료급여 2종 수급권자인 장애인	• 1차 의료급여기관 진료 –본인부담금 1,000원 중 750원 지원(의약분업 적용) –본인부담금 1,500원 중 750원 지원(의약분업 예외) • 2차, 3차 의료급여기관 및 국공립결핵병원 진료 –의료급여수가적용 본인부담진료비 15%(암, 심장 및 뇌혈관 질환은 본인부담진료비 10%) 전액을 지원하되 본인부담금 식대 20%는 지원하지 않음 • 의료급여 적용 보장구 구입시 상한액 범위 내에서 본인부담금(15%) 전액	의료급여증과 장애인등록증을 제시
6. 장애인 등록진단비 지급	• 국민기초생활보장법상의 수급자로서 신규 등록 장애인 및 직권에 의한 등급 재조정 대상 장애인	• 진단서 발급 비용 지원 –정신지체 및 발달장애: 4만원 –기타 일반장애: 1만 5천 원 ※장애판정을 위한 검사비용은 본인 부담	시 · 군 · 구에서 의료기관에 직접 지급

<table>
<tr><th colspan="2">주요사업 명</th><th>지 원 대 상</th><th>지 원 내 용</th><th>비 고</th></tr>
<tr><td colspan="2">7. 장애인 재활 보조 기구 무료 교부</td><td>• 국민기초생활보장법상의 수급자 및 차상위계층으로서 등록 장애인 중 교부 품목자</td><td>• 품 목
–욕창방지용 매트: 1~2급 지체 · 뇌병변 · 심장장애인
–음향신호기의 리모콘과 음성탁상시계: 시각장애인
–휴대용 무선신호기: 청각장애인
–자세보조용구: 뇌병변장애인, 근육병 등 지체장애인 1, 2급</td><td>읍 · 면 · 동에 신청</td></tr>
<tr><td rowspan="3">8. 건강보험 지역 가입자의 보험료 경감</td><td>• 자동차분건강보험료 전액 면제</td><td>• 장애인복지법 규정에 의해 등록한 장애인 소유 자동차
• 지방세법에 의하여 장애인을 위하여 사용하는 자동차로서 지자체가 자동차세를 면제하는 자동차</td><td>건강보험료 책정 시 자동차분 건강보험료 전액 면제</td><td>국민건강보험공단 지사에 확인</td></tr>
<tr><td>• 생활수준 및 경제활동참가율등급별 점수 산정 시 특례적용</td><td>• 등록장애인</td><td>• 건강보험료 책정 시 지역가입자의 연령 · 성별에 상관없이 기본구간(1구간)을 적용하고, 자동차분건강보험료를 면제받는 장애인용자동차에 대하여 모두 기본구간(1구간)을 적용하여 보험료를 낮게 책정</td><td>국민건강보험공단 지사에 신청</td></tr>
<tr><td>• 산출 보험료 경감</td><td>• 지역가입자 중 등록장애인이 있는 세대로 소득이 없어야 하고, 동시에 과표 재산이 5,000만 원 이하이어야 함.</td><td>• 장애등급 1~2급인 경우
: 30% 감면
• 장애등급이 3~4급인 경우
: 20% 감면
• 장애등급 5~6급인 경우
: 10% 감면</td><td>국민건강보험공단 지사에 신청</td></tr>
</table>

<table>
<tr><th>주요사업 명</th><th>지원대상</th><th>지원내용</th><th>비고</th></tr>
<tr><td>9. 장애인 생산품 판매시설 (공판장) 운영</td><td>• 장애인직업재활시설 등에서 물품을 생산하는 장애인</td><td>• 장애인들이 생산한 물품의 판로 확보로 장애인 취업 확대 및 소득 보장
• 설치지역: 시 · 도당 1개소 (16개 지역)</td><td>인근 장애인 생산품 판매시설에 의뢰
문의: 장애인복지시설협회
(T. 02-718-9363)</td></tr>
<tr><td>10. 장애인 직업재활 기금사업 수행기관 운영</td><td>• 등록장애인</td><td>• 장애인이 취업을 통하여 안정된 생활을 할 수 있도록 직업상담, 직업평가, 직업적응훈련, 취업알선, 지원고용, 취업 후 지도 등 취업과 관련된 종합적인 서비스 제공</td><td>사업 수행기관(장애인복지관, 장애인단체, 직업재활시설 등) 내방, 전화등으로 이용신청</td></tr>
<tr><td>11. 보장구</td><td>• 등록장애인
-「보장구급여비 지급청구서」
제출 시 첨부서류
1. 의사발행 보장구 처방전 및 보장구 검수확인서 각 1부.
2. 요양기관 또는 보장구 제작 · 판매자 발행 영수증 1부.
※지팡이 · 목발 · 휠체어(2회 이상 신청 시) 및 흰지팡이의 경우는 위 1호 서류 첨부생략
-「보장구급여비지급청구서」
제출기관
1. 건강보험: 공단
2.의료급여: 시군구청</td><td>• 건강보험대상자: 적용대상 품목의 기준액 범위 내에서 구입비용의 80%를 공단에서 부담
• 의료급여수급권자: 적용대상품목의 기준액 범위 내에서 전부(1종) 또는 85%(2종)를 기금에서 부담
〈적용대상 보장구 및 기준액〉<table><tr><th>분류</th><th>상한액</th><th>내구연한</th></tr><tr><td>• 지체 장애인용 지팡이</td><td>20,000</td><td>2</td></tr><tr><td>• 목발</td><td>15,600</td><td>2</td></tr><tr><td>• 휠체어</td><td>480,000</td><td>5</td></tr></table></td><td>신청기관
-건강보험: 공단
-의료급여: 시 · 군구청</td></tr>
</table>

<table>
<tr>
<td></td>
<td></td>
<td>
<table>
<tr><th>분류</th><th>상한액</th><th>내구
연한</th></tr>
<tr><td>• 의지 · 보조기</td><td>유형별로 상이</td><td>유형별로 상이</td></tr>
<tr><td>• 시각장애용 저시력 보조기
– 안경
– 돋보기
– 망원경
– 콘택트 렌즈
– 의안</td><td>

100,000
100,000
100,000
80,000
300,000</td><td>

5
4
4
3
5</td></tr>
<tr><td>• 흰지팡이</td><td>14,000</td><td>0.5</td></tr>
<tr><td>• 보청기</td><td>240,000</td><td>5</td></tr>
<tr><td>• 체외용 인공 후두</td><td>500,000</td><td>5</td></tr>
<tr><td>• 전동 휠체어</td><td>2,090,000</td><td>6</td></tr>
<tr><td>• 전동 스쿠터</td><td>1,670,000</td><td>6</td></tr>
<tr><td>• 정형외과 구두</td><td>220,000</td><td>2</td></tr>
</table>
</td>
<td></td>
</tr>
<tr>
<td>12. 장애인 자동차 표지 발급</td>
<td>• 장애인 또는 장애인과 세대별주민등록표상 같이 기재되어 있는 배우자, 직계존 · 비속, 직계비속의 배우자, 형제, 자매명의로 등록하여 장애인이 주로 사용하는 자동차 1대</td>
<td>• 장애인전용주차구역 이용(일부에 한함), 10부제 적용 제외, 지방자치단체별 조례에 의거 공영주차장 주차요금 감면 등
※장애인의 보행상 장애 여부에 따라 장애인전용주차구역을 이용할 수 있는 표지가 발급되며, 장애인이 탑승한 경우에만 표지의 효력을 인정</td>
<td>읍 · 면 · 동에 신청</td>
</tr>
</table>

	• 국내거소신고를 한 재외동포와 외국인등록을 한 외국인으로서 보행장애가 있는 사람 명의로 등록한 자동차 1대 • 장애인복지시설 및 단체 명의의 자동차		
13. 장애인 결연 사업	• 시설 입소 장애인 및 재가 저소득장애인	• 결연을 통하여 장애인에게 후원금품 지원, 자원봉사활동, 취업 알선 ※신청기관 – 시설생활 장애인: 한국장애인복지시설협회 (T. 718-9363~4) – 재가장애인: 한국복지재단 (T. 777-9121~4)	
14. 장애인용 LPG연료 세금인상액 지원	• 복지(구입)카드 또는 보호자카드로 수송용 LPG를 이용하는 장애인용 LPG 승용차 소지자	• 지원대상 1~3급 장애인 (2009.12.31까지) • 지원금액 – 월 250ℓ 한도 (리터당 240원 지원)	읍·면·동에 신청
15. 농어촌 재가 장애인 주택 개조사업	• 기초생활보장수급자 및 차상위계층중 등록장애인으로 자가소유자 및 임대주택 거주자	• 가구당 3,800천 원 (1,000가구 지원)	읍·면·동에 신청
16. 실비장애인생활시설 입소이용료 지원	• 아래의 소득조건을 만족하여 실비 장애인생활시설에 입소한 장애인	• 실비장애인생활시설 입소시 입소비용 중 매월 27만 원 지원	국고에서 시·도로 지원하며, 시·군·구에서 해당시설에 지원

	• 소득조건 –등록 장애인이 속한 가구의 가구원수로 나눈 월 평균소득액이 통계청장이 통계법시행령 제3조의 규정에 의하여 고시하는 '06년도의 도시근로자가구 월평균 소득을 평균가구원수로 나누어 얻은 1인당 월 평균소득액 이하인 가구의 등록장애인		

2. 기타 중앙행정기관에서 시행하는 사업

주요사업 명	지 원 대 상	지 원 내 용	비 고
16. 승용자동차에 대한 특별소비세 면제	• 1~3급 장애인 본인 명의 또는 장애인과 주민등록표상 생계를 같이 하는 배우자 · 직계존속 · 직계비속 –직계비속의 배우자 · 형제 · 자매 중 1인과 공동명의로 등록한 승용자동차 1대	• 특별소비세 및 교육세 전액 면세	자동차판매인에게 상담 국세청소관 관할세무서
17. 승용자동차 LPG 연료 사용 허용	• 장애인 또는 장애인과 주민등록표상 거주를 같이 하는 배우자, 직계존 · 비속, 형제 · 자매로 등록한 승용자동차 1대	• LPG 연료사용 허용 (LPG 연료사용차량을 구입하여 등록 또는 휘발유 사용차량을 구입하여 구조변경)	시 · 군 · 구 차량등록기관에 신청 산업자원부 소관

		※LPG 승용차를 사용하던 장애인이 사망한 경우는 동 승용차를 상속받은 자에게도 사용 허용	
18. 차량 구입시 도시 철도채권 구입 면제	• 장애인명의 또는 장애인과 주민등록상 같이 거주하는 보호자 1인과 공동명의로 등록한 보철용의 아래 차량 중 1대 –비사업용 승용자동차 –15인승 이하 승합차 –소형화물차(2.5톤 미만)	• 도시철도채권 구입의무 면제(지하철공사가 진행되고 있는 특별시와 광역시에 해당)	관할 시 · 군 · 구청 차량등록 기관에 신청 (자동차판매사 영업사원에게 문의)
19. 소득세 인적 공제	• 등록장애인	• 소득금액에서 장애인 1인당 연 200만 원 추가 공제 • 부양가족(직계존 비속, 형제 · 자매 등) 공제 시 장애인인 경우 연령제한 미적용	연말정산 또는 종합소득 신고 시 공제신청
20. 장애인 의료비 공제	• 등록장애인	• 당해 년도 의료비 전액	연말정산 또는 종합소득 신고 시 공제신청 세무서 문의
21. 상속세 인적 공제	• 등록장애인 –상속인과 피상속인이 사실상 부양하고 있던 직계존 · 비속, 형제, 자매	• 장애인에 대한 상속세 인적 공제 –공제금액 = 500만 원×(75세–상속당시 나이)	관할 세무서에 신청
22. 장애인 특수 교육비 소득공제	• 등록장애인	• 사회복지시설이나 보건복지부장관으로부터 장애인재활교육시설로 인정받은 비영리법인에 지급하는 특수교육비 전액	연말정산 또는 종합소득 신고 시 공제신청

주요사업 명	지 원 대 상	지 원 내 용	비 고
23. 증여세 면제	• 등록장애인 –장애인을 수익자로 하며, 신탁기간을 장애인의 사망 시까지로 하여 신탁회사에 신탁한 부동산, 금전, 유가증권	• 장애인이 생존기간 동안 증여받은 재산가액의 합계액에 대하여 최고 5억 원까지 증여세 과세가액에 불산입 ※ 중도에 신탁계약을 해지하는 경우 해지시점에서 세금 납부	관할 세무서에 신청
24. 장애인 보장구 부가가치세 영세율 적용	• 등록장애인	• 부가가치세 감면 –의수족, 휠체어, 보청기, 보조기, 지체장애인용 지팡이 및 목발, 시각장애인용 흰지팡이, 청각장애인용 인공달팽이관시스템, 성인용 보행기, 욕창예방용 매트리스 · 쿠션 · 침대, 인공후두, 장애인용기저귀, 점자판과 점필, 시각장애인용 점자정보단말기, 시각장애인용 점자프린트, 청각장애인용 골도전화기, 시각장애인용으로 특수제작된 화면낭독 소프트웨어, 지체장애인용으로 특수제작된 키보드 및 마우스, 청각장애인용 음향표시장치	별도신청 없음 ※텔레비전 자막 수신기 (국가 · 지방자치단체 · 한국농아인협회 의구매시)
25. 장애인용 수입 물품 관세 감면	• 등록장애인	• 장애인용물품으로 관세법시행규칙 [별표 2]에서 정한 101종의 수입물품에 대하여 관세 면제	통관지 세관에서 수입신고 시에 관세 면제 신청

		• 재활병원 등에서 사용하는 지체 · 시각 등 장애인 진료용구에 대하여 관세면제	
26. 장애인 의무고용	• 등록장애인	• 국가 · 지방자치단체: 소속 공무원 정원의 2% 이상 의무 고용 • 50인 이상 고용사업주: 상시 근로자의 2% 이상 의무 고용 - 부담금 부과 단계적 확대 · 200~299인 2006년부터 · 100인~199인 2007년부터 ※100~299인 사업장 최초 5년간 부담금 50% 감면	노동부소관
27. 특허출원료 또는 기술평가청구료 등의 감면	• 등록장애인	• 특허 출원 시 출원료, 심사청구료, 1~3년차 등록료, 기술평가 청구료 면제 • 특허 · 실용신안원 또는 의장권에 대한 적극적인 권리범위 확인심판 시 그 심판청구료의 70% 할인	출원, 심사청구, 기술평가청구, 심판청구 시 또는 등록 시 특허에 감면 신청

3. 지방자치단체에서 조례에 의거 시행하는 사업

주요사업 명	지 원 대 상	지 원 내 용	비 고
28. 장애인용 차량에 대한 등록세 · 취득세 · 자동차세 면제	• 차량 명의를 1~3급(시각은 4급 포함)의 장애인 본인이나 그 배우자 또는 주민등록표상 장애인과 함께 거주하는 직계존 · 비속, 직계비속의 배우자, 형제, 자매 중 1인과 공동명의	• 등록세 · 취득세 · 자동차세 면세	시 · 군 · 구청(세무과)에 신청

	–배기량 2000cc 이하 승용차 –승차정원 7인승 이상 10인승 이하인 승용자동차, 승차정원 15인승 이하 승합차, 적재정량 1톤 이하인 화물차, 이륜자동차 중 1대		
29. 차량 구입 시 지역개발 공채 구입 면제	• 등록장애인 및 1~3급 장애인과 동행하는 보호자 1인 –국공립 공연장 중 대관공연은 할인에서 제외	• 입장요금 무료 ※국공립 공연장(대관공연 제외) 및 공공체육시설 요금은 50% 할인	장애인등록증(복지카드) 제시
31. 공영주차장 주차요금 감면	• 등록장애인 –장애인 자가 운전 차량 –장애인이 승차한 차량	• 지방자치단체의 조례에 의거 할인 혜택 부여 ※대부분 50% 할인혜택이 부여되나 각 자치단체별로 상이	장애인등록증(복지카드) 제시

4. 민간기관에서 자체운영규정에 의하여 실시하는 사업

주요사업 명	지 원 대 상	지 원 내 용	비 고
32. 철도 · 도시철도 요금 감면	• 등록장애인	–등록장애인 중 중증장애인(1~3급)과 동행하는 보호자 1인 KTX, 새마을호, 무궁화, 통근열차: 50% 할인 –등록장애인 중 4~6급 • KTX, 새마을호: 30% 할인(법정휴일을 제외한 주중에 한하여)	장애인등록증(복지카드) 제시

		• 무궁화, 통근열차: 50% 할인 –도시철도(지하철, 전철): 100%	
33. 전화요금 할인	• 장애인 명의의 전화 1대 • 장애인단체, 복지시설 및 특수학교 전화 2대 (청각 · 언어장애인 시설 및 학교는 FAX전용전화 1대 추가 가능)	• 시내통화료 50% 할인 • 시외통화는 월 3만 원의 사용한도 내에서 50% 할인 • 이동전화에 걸은 요금 : 월 1만 원의 사용한도 이내에서 30% 할인 • 114 안내요금 면제	관할 전신전화국에 신청
34. 시 · 청각 장애인 TV 수신료 면제	• 시각 · 청각 장애인이 있는 가정 • 사회복지시설에 입소한 장애인을 위하여 설치한 텔레비전 수상기	• TV 수신료 전액 면제 ※ 시 · 청각장애인 가정의 수신료 면제는 주거 전용의 주택 안에 설치된 수상기에 한함	KBS사업소 또는 관할 한전지점에 신청
35. 공동주택 특별 분양 알선	• 등록장애인인 무주택 세대주(정신지체 또는 정신 및 제3급 이상의 뇌병변장애인의 경우 그 배우자 포함)	• 청약저축에 상관없이 전용면적 85제곱미터 이하의 공공분양 및 공공임대주택 분양 알선	시 · 도에 문의 및 읍 · 면 · 동에신청
36. 무료 법률 구조제도 실시	• 등록장애인 –법률구조공단에서 심의하여 무료 법률구조를 결정한 사건에 한함	• 소송 시 법원에 소요되는 일체의 비용(인지대, 송달료, 변호사 비용 등)을 무료로 법률구조서비스 제공 –무료 법률 상담 –무료 민사 · 가사사건 소송 대리(승소가액이 2억 원 초과 시 실비 상환) –무료 형사변호(단, 보석 보증금 또는 보석보증 보험수수료 본인 부담)	대한법률구조공단 관할 지부에 유선 또는 방문 상담무료전화 132 인터넷: www.klac.or.kr

주요사업 명	지 원 대 상	지 원 내 용	비 고
37. 항공요금 할인	• 등록장애인	• 대한항공(1~4급), 아시아나항공 국내선 요금 50% 할인(1~3급 장애인은 동행하는 보호자 1인 포함) • 대한항공(5~6급 장애인)국내선 30% 할인 ※대한항공은 2006년부터 사전예약제(Booking Class 관리 시스템) 실시로 주말, 성수기, 명절연휴 등 고객 선호도가 높은 항공편(제주노선부터 실시)의 경우 사전예약이 안되면 항공요금 감면 등 구입이 안 될 수 있으므로 동시기에는 사전예약 요망	장애인등록증(복지카드) 제시
38. 연안여객선 여객운임 할인	• 등록장애인	• 연안여객선 여객운임 50% 할인(1~3급 장애인 및 1급 장애인 보호자 1인) • 연안여객선 여객운임 20% 할인(4~6급 장애인)	장애인등록증(복지카드) 제시
39. 이동통신 요금 할인	• 등록장애인, 장애인단체 ※모든 이동통신 사업자 중 개인은 1회선, 단체는 2회선에 한함.	• 이동전화 -신규가입비 면제 -기본요금 및 국내통화 35% 할인 무선호출기 -기본요금 30% 할인	해당 회사에 신청 ※전 이동 통신회사 모든 이동통신회사들
40. 초고속 인터넷 요금할인	• 등록장애인	• 기본정보이용료 30~40% 할인 -PC통신 사업자에 따라 할인대상요금과 할인율이 상이함	해당 회사에 신청

주요사업 명	지원대상	지원내용	비고
41. 고속도로 통행료 50% 할인	• 장애인 또는 장애인과 함께 거주하는 배우자 · 직계존속 · 직계비속 · 직계비속의 배우자 · 형제 · 자매 명의로 등록한 보철용의 아래 차량 중 1대(장애인자동차표지 부착)에 승차한 등록장애인 -배기량 2,000CC 이하의 승용자동차 -승차정원 6~10인승 승용자동차 -승차정원 12인승 이하 승합차 -적재정량 1톤 이하 화물차 ※경차와 영업용차량(노란색 번호판의 차량)은 제외	• 고속도로 통행료 50% 할인 -요금정산소에서 통행권과 할인카드를 함께 제시하면 요금 할인	할인카드 발급 신청 :읍 · 면 · 동 사무소 한국도로공사 문의장애인등록증(복지카드) 제시
42. 전기요금 할인	• 중증장애인(3급 이상)	• 전기요금의 20% 감면 ※구비서류: 장애인등록증, 주민등록등본, 전기요금영수증 각 1부 -문의전화: 국번없이 123 -인터넷: www.kepco.co.kr	-한국전력 관할지사 · 지점에 신청(방문, 전화)

5. 지방이양 사업

주요사업 명	지 원 대 상	지 원 내 용	비 고
43. 청각장애 아동 인공 달팽이관 수술비 지원	• 인공달팽이관 수술로 청력회복이 가능한 저소득 청각장애 아동	• 인공달팽이관 수술비 지원	읍 · 면 · 동사무소에 신청
44. 장애인생활 시설 운영	• 등록장애인 –국민기초생활보 장법상의 수급자 우선 입소	• 생활시설 입소 보호 –의식주 제공 –재활서비스 제공(사회심리 재활, 교육재활, 직업재활, 의료재활)	시 · 군 · 구에 신청
45. 장애인복지 시설치과 유니트 지원	• 치과치료 기본장비가 필요한 장애인 복지시설	• 통원치료가 곤란한 시설 입소 장애인에 대해 치과치료 기본장비인 유니트 설치 지원	
46. 장애인 직업재활 시설운영	• 등록장애인	• 일반사업장 취업이 어려운 저소득 중증장애인에게 자신의 능력과 적성에 맞는 직업생활을 할 수 있도록 보호고용 실시	시 · 군 · 구에 상담
47. 재활병 · 의원 운영	• 등록장애인	• 지원 내용 –장애의 진단 및 치료 –보장구 제작 및 수리 –장애인 심리검사 및 평가 • 국민기초생활보장법상의 수급자는 무료, 그 외의 자는 실비부담	의료급여증과 장애인등록증(복지카드)을 제시
48. 장애인 심부름센터 운영	• 등록장애인	• 사업 내용 –민원업무 대행, 직장 출 · 퇴근, 장보기, 이삿짐 운반, 가사 돕기, 취업안내 등 • 이용요금: 실비 • 사업 주체: 한국시각장애인연합회	해당지역 장애인심부름센터에 필요한 서비스를 요청 문의: 한국시각장애인연합회 (T. 02-950-0114)

주요사업명	지원대상	지원내용	비고
49. 수화통역 센터 운영	•청각 · 언어 장애인	•출장수화통역 –관공서 · 법률관련 기관 방문, 의료기관 진료 등의 경우에 수화통역 필요시 출장통역 실시 •일반인에 대한 수화교육 •청각 · 언어장애인에 대한 고충 상담	해당지역 수화통역센터에 필요한 서비스를 요청 문의: 한국농아인협회 (T. 02-871-4857)
50. 장애인 복지관 운영	•등록장애인 및 가족	•장애인에 대한 상담, 의료재활, 직업재활, 사회생활 적응지도, 사회교육 및 계몽사업 등	해당지역복지관 내방 및 전화 등으로 이용 신청
51. 장애인공동 생활가정 운영	•등록장애인	•가정과 같은 주거환경에 거주하면서 독립적인 생활에 필요한 재활서비스 지원	해당지역 공동생활가정에 이용신청
52. 주간 · 단기 보호시설 운영	•등록장애인	•재가장애인 낮동안 보호 또는 장애인보호자가 출장, 여행 등의 경우 일시적으로 보호 •국민기초생활보장법상의 수급자는 무료, 그 외의 자는 실비부담	해당지역 복지관, 주간 · 단기 보호시설 등을 내방 이용
53. 장애인체육 시설운영	•등록장애인 등	•장애인의 체력증진 및 신체기능회복활동 지원 •국민기초생활보장법상의 수급자는 무료, 그 외의 자는 시설별 산정이용료 부담	해당지역 장애인 체육시설 등으로 이용신청
54. 장애인 재활 지원센터 운영	•등록장애인 및 가족	•장애인에게 재활정보 제공으로 사회참여 확대 및 복지 증진 •사업주체: 한국장애인재활협회 (13개 시 · 도협회) •사업내용 –정부사업, 서비스 등 재활전문 데이터베이스 운영	•인터넷서비스: www.freeget.net •ARS서비스 및 복지사업 상담

		-온라인 상담 및 정보 제공 등 재활지원 -장애인복지 정책개발을 위한 조사·연구	02-835-6456
55. 장애인 재가 복지 봉사 센터 운영	• 등록장애인	• 장애인복지관에 재가복지봉사센터를 부설하여 운영 -재가장애인을 방문, 상담, 의료·교육재활, 직업재활 등의 서비스 제공	해당 복지관에 이용 신청
56. 정신지체인 자립지원 센터운영	• 등록 정신지체 장애인과 가족	• 정신지체인에 대한 상담지원 • 정신지체인의 사회활동 수행보호를 위한 도우미서비스 제공 • 정신지체인 자립지원 프로그램 개발·보급 등	문의:(사)한국정신지체인애호협회 (T. 02-5923~4)
57. 장애인특별 운송사업 운영	• 이동에 장애를 가진 자 (보호자포함)	• 리프트가 장착된 특장차운영 -셔틀 및 콜 운행 병용	시、도지사 운영
58. 편의시설 설치시민 촉진단 운영	• 시·도지사가 선정한 장애인 단체	• 주요업무기능 -편의시설 설치 홍보 및 안내 -편의시설 실태조사 지원 -시설주관기관에 의견제시 등	
59. 지체장애인 편의시설 지원센터 운영	• 한국지체장애인협회 16개 시·도협회	• 주요업무기능 -편의시설 설치 관련 자문·기술적 지원 -기술 및 매뉴얼 개발 등	
60. 여성장애인 가사도우미 파견사업	• 저소득 가정의 등록 여성장애인	• 여성장애인의 임신·출산·육아 및 가사활동 지원을 위한 -가사도우미 파견 -산후조리, 자녀양육, 가사활동 지원	해당지역 시·도립 장애인 복지관에 신청

찾아보기

인물

강영택 84
강위영 27, 163
김은주 45
김정은 36
김정진 185

서경희 178

이미선 84
이삼연 169
이인숙 45
이한위 27, 163

전혜인 225
조정환 84

최민숙 43, 185

Bailey, D. 178
Bronfenbrenner, U. 19, 25, 172, 234

Deal, A. 169
Dunst, C. 169

Friedrich, H. 28

Hackenberg, W. 42

Kniel, H. 172

McCubbin, H. 166

Patterson, J. 166
Peterander, F. 71, 74

Schuchardt, E. 38
Seifert, D. 42, 57

Simeonsson 178
Speck, O. 71, 74

Trivette, C. 169

내 용

ABCX 모델 165, 166
Respite care 232

가족강화모델 173
가족욕구조사 178
가족의 자원 186
가족조사서 178
가족중심 84
가족중심의 접근 82, 84, 234
가족중심평가 178
가족지원 163, 173
가족지원 프로그램 174
가족지원모델 165
가족참여 84
강점에 기초한 실행 174
개별화 가족서비스 163
개별화 가족서비스 계획 76, 84, 165, 233, 235
개별화 가족지원(IFSP) 81
개별화교육계획 76
결손가정 78
공식적인 지원 184
관계적 지원 169, 170
구성적 지원 170
구조적 지원 169, 170
구조주의 20
기능적인 지원 169, 170

대구조 14, 20
대처 167
대처노력 166
대처전략 165

문제중심적 대처전략 168
문제해결 전략 169
문화실조의 가설 77

보조교사 16, 70, 84

보조교사모델 17
부모참여 84
부모훈련모델 173
비공식적인 지원 184
비전문가 73

사회적 관계망 170
사회적 지원 169, 184
사회적 지원망 186
사회적 지지추구 전략 169
상황중심적 관점 167
생태학 19
서비스중심의 실행 184
소구조 14, 19
수행평가 114
수행평가양식 109
심리적 문제 37

아동중심 84
아동중심 접근 82
아동중심교육 13, 70
아동중심의 접근 84
역할분담표 101
연극놀이 213
연극놀이 프로그램 220
예술치료 213
외부구조 14, 20
요구에 기초한 실행 174, 177
의학적 모델 13, 70, 73, 173
인지적 · 행동적 노력 167
인지현상학적 이론 167

자원만족도 185
자원봉사자 105
자원에 기초한 실행 174, 184
자원중심의 실행 184
장애아동중심 234
장애인교육법 15, 16
장애인복지관 200
장애인복지법 197
전문가 중심의 모델 173
전화상담 111
정상화 운동 16
정서중심적 대처전략 168
중간구조 14, 19
중복 ABCX 모델 165, 166
지역사회중심의 중재 184

최소제한환경 16
치료모델 14

파파즈 공부방 211
패러다임 13

협력교사 84, 105
협력교사모델 16, 17

저자 소개

최민숙
이화여자대학교 특수교육과 졸업(문학사)
이화여자대학교 특수교육과 대학원 졸업(문학석사)
독일 훔볼트대학 특수교육과 졸업(철학박사, 유아특수전공)
전 우석대학교 유아특수교육과 교수
현 백석대학교 유아특수교육과 교수

〈저, 역서 및 연구논문〉
독일의 유아특수교육체제
유아특수교육개론(2판)
유아특수교육학(역)
장애유아 통합교육방법(역)
지역사회중심의 장애영유아 가족지원 실행을 위한 가족의 요구와 자원 실태

장애아동 교육을 위한
가족참여와 지원 2판

2002년 1월 15일 1판 1쇄 발행
2006년 3월 10일 1판 3쇄 발행
2007년 8월 30일 2판 1쇄 발행
2009년 11월 10일 2판 2쇄 발행

지은이 • 최민숙
펴낸이 • 김진환
펴낸곳 • 학지사
121-837 서울특별시 마포구 서교동 352-29 마인드월드빌딩 5층
대표전화 • 02) 330-5114 팩스 • 02) 324-2345
등록번호 • 제313-2006-000265호

홈페이지 • http://www.hakjisa.co.kr
커뮤니티 • http://cafe.naver.com/hakjisa

ISBN 978-89-5891-523-2 93370

정가 14,000원

저자와의 협약으로 인지는 생략합니다.
파본은 구입처에서 교환해 드립니다.